Die *Proustiana*, offizielles Mitteilungsorgan der Marcel Proust Gesellschaft, dokumentieren aktuelle Zeugnisse der deutschsprachigen Proust-Rezeption und enthalten Buchbesprechungen sowie Hinweise auf Aktivitäten »autour de Proust«.

PROUSTIANA XXIX

PROUSTIANA XXIX

Mitteilungen
der Marcel Proust Gesellschaft

Herausgegeben von Reiner Speck,
Rainer Moritz und Alexis Eideneier

Insel Verlag

Erste Auflage 2015
Insel Verlag Berlin
© dieser Ausgabe: Marcel Proust Gesellschaft, Köln 2015
Marcel Proust Gesellschaft e.V., Brahmsstraße 17, 50935 Köln
www.dmpg.de
Alle Rechte vorbehalten, insbesondere das der Übersetzung,
des öffentlichen Vortrags sowie der Übertragung
durch Rundfunk und Fernsehen, auch einzelner Teile.
Kein Teil des Werks darf in irgendeiner Form
(durch Fotografie, Mikrofilm oder andere Verfahren)
ohne schriftliche Genehmigung des Verlages reproduziert
oder unter Verwendung elektronischer Systeme
verarbeitet, vervielfältigt oder verbreitet werden.
Vertrieb durch den Suhrkamp Taschenbuch Verlag
Umschlag: Michael Hagemann
Satz: Satz-Offizin Hümmer GmbH, Waldbüttelbrunn
Druck: Druckhaus Nomos, Sinzheim
Printed in Germany
ISBN 978-3-458-17640-4

Inhalt

Aufsätze

Giulia Agostini: Die *andere* Zeit – Maurice Blanchots Proust-Erfahrung 11

Patrick Bahners: Prousts Alexanderroman 34

Claudia Hanisch: Zeichen der Zukünftigkeit bei Proust: Perspektivische Projektionen der Avantgarde in *À la recherche du temps perdu* 64

Andrea Kreuter: »Dans ce Paris dont, en 1914, j'avais vu la beauté ...« Zur Repräsentation der Stadt Paris bei Proust 84

Rebekka Schnell: Marcel Proust und Robert Musil oder die ›Tyrannis des nun ewig so Stehenbleibenden‹ 110

Georg Sterzenbach: Ein Meister des Kaleidoskops. Bruno Schulz: das Rätsel um einen verschollenen *écrit* à la Proust 133

Reden und Referate

Reiner Speck: Begrüßungsrede 143

Jürgen Ritte: »Le temps retrouvé« (Rede zum 30. Gründungstag der Marcel Proust Gesellschaft) 150

Wolfram Nitsch: Laudatio auf Rainer Warning 159

Andreas Isenschmid: »100 Jahre *Du côté de chez Swann*«.
Ein Festvortrag 165

Bernd Eilert: Talent, Misere, Mythos. 16 Pastiches auf
einen Romananfang von Marcel Proust 175

Rezensionen

Alexis Eideneier: Eine Rose in der Dunkelheit. Prousts
wiedergefundene Briefe an seine Nachbarin 187

Boris Roman Gibhardt: Die zweite Realität der
Recherche? Multiple Personen, Wiedergänger,
Dissimulatoren bei Proust und in Proust-Fiktionen 195

Christine Ott: »Große Kunst in neuem Licht«. Karlheinz
Stierles Studie zu Proust und Dante 200

Nachrufe

Alexis Eideneier: In memoriam George Pistorius 204

Wulf Segebrecht: Ein Gedicht ist nicht diktierbar. Zum
Tod der Lyrikerin Elisabeth Borchers 208

Ursula Voß: Erinnerungen an Siegfried Thomas
(1927-2014) 213

Buchvermerke 215
Chronik 218

Publikationen der Marcel Proust Gesellschaft 221
Mitgliederverzeichnis 224

Giulia Agostini
Die andere *Zeit* – Maurice Blanchots Proust-Erfahrung

> Welche Zeitbilder? Was für Zeit-Weisen und Zeit-Rhythmen, Zeit-Zeichen, -Worte und -Wörter, oder auch bloße Zeit-Arabesken, unserem Existieren zusetzen, um es leuchten zu lassen über unsere Existenz- und Lebensgrenzen hinaus?
> Peter Handke, *Der Bildverlust*

> L'angoisse de lire: c'est que tout texte, si important, si plaisant et si intéressant qu'il soit (et plus il donne l'impression de l'être), est vide – il n'existe pas dans le fond; il faut franchir un abîme, et si l'on ne saute pas, on ne comprend pas.
> Maurice Blanchot, *L'Écriture du désastre*

Beim Sprechen über das Werk Maurice Blanchots sieht man sich in besonderem Maße der Schwierigkeit ausgesetzt, einen Anfang zu machen, ist doch für Blanchot ein jeder Anfang nichts als ein *Neuanfang*.[1] Eben dieses zentrale Problem des Anfangs, das immer auch das des Endes bedeutet, stellt sich aber schon bei Proust: Das Paradox der zirkulären und damit unendlichen Struktur der *Recherche*, deren bereits geschriebenes Ende immer auf den erst noch zu schreibenden Anfang zurück- bzw. vorausdeutet, führt dies vor Augen. Und Prousts Korrekturen des letzten Satzes der *Recherche* bestätigen es noch: die auf den Gedankenstrich folgenden letzten Worte des Schluss-Satzes von *Le Temps retrouvé* – »dans le Temps«: also die Worte des Ich, das zu seiner Bestimmung gefunden hat² –, in denen wir immer auch das allererste Wort der *Recherche* – das »Longtemps« des noch unbestimmten, zwischen Schlaf und Wachen gefangenen Ich aus »Combray«³ – *mit* vernehmen, wurden als erste geschrieben, und nur sie wurden auch in jede neue Fassung des Satzes wiederaufgenommen.⁴ Es handelt sich also um einen Roman »en circuit fermé«⁵, der seinem Ende gerade aufgrund seiner Kreisstruktur die »Energie des Anfangs«, ja »die Energie einer *vita nova*« verleiht⁶: der *vita nova* des endlich zum Schriftsteller Berufenen, dessen soeben *sich vollendende* Erzählung (die *Recherche* selbst) mit der in Aussicht gestellten Vollendung des immer erst noch *kommenden* Werkes in eins fällt.

Eben dieser Gedanke des *kommenden* und damit *abwesenden* Werkes ist von größtem Gewicht für Maurice Blanchot, dessen berühmter Essay-Band aus dem Jahre 1959 gleichsam im Zeichen Prousts – und auch Mallarmés – den Titel *Le Livre à venir* trägt und der in der Tat mit einer intensiven Lektüre Prousts (vor dem Hintergrund und in der Verschränkung mit der Homerischen Begegnung mit dem Gesang der Sirenen) einsetzt.⁷ Bemerkenswert scheint mir im Zusammenhang seiner Exegesen des Proustschen *Kosmos* eine zunächst paradox anmutende, doch äußerst prägnante und vielsinnige Wendung, die auch im genannten *Livre à venir* auftaucht: Blanchot spricht von Prousts Werk als einem »vollendet-unvollendeten«⁸, womit er gewiss nicht allein die der *Recherche* eigene Erfahrung der Zeit und ihrer »Extasen«⁹, d. h. die Erfahrung der *anderen* Zeit meint, die es dem Werk als einer »Sphäre« (so Blanchots geometrisch-kosmologische Metapher¹⁰) ermöglicht, sich aufs Neue selbst hervorzubringen, indem es sich vollendet.¹¹ Vielmehr scheint er ein *Doppeltes* zu denken zu geben (das wiederum in engstem Zusammenhang mit der Erfahrung der *anderen* Zeit steht); ein *Doppeltes* – ganz in Entsprechung zur Rotation dieser *Sphäre* des Werkes mit ihren beiden »Hemisphären«: der »himmlischen Hemisphäre« (die das Paradies der Kindheit und das der wesentlichen Augenblicke ist) und der »höllischen Hemisphäre« (nämlich Sodom und Gomorrha, das Werk der zerstörerischen Zeit und der Ernüchterung), die sich aber in ihrer Doppelung jederzeit verkehren können[12]. So weist die Rede vom *Vollendet-Unvollendeten* zum einen auf Prousts »erstaunliche Geduld«[13], d. h. Prousts abwartende, doch beharrliche Suche nach dem *wahren Werk*[14], die ihn von *Jean Santeuil* schließlich zur *Recherche* führt und die gerade deshalb eine *erstaunliche Geduld* ist, weil ihr Herz die *Ungeduld* selbst ist; noch die größten Schriftsteller, so Blanchot, brauchen »Energie« *und* »Trägheit«, »Aufmerksamkeit« *und* »Zerstreuung«, ja sie müssen ein unbedingtes *désœuvrement*, ein »Müßigsein« erfahren, »pour aller jusqu'au bout de ce qui se propose à eux«.[15] – Und wie das Nicht-Werk des *désœuvrement* als unabdingbare Erfahrung für das Werk, das *œuvre*, ist auch diese gleichsam *brennende Geduld* von zentraler Bedeutung für Blanchots eigene Poetik.[16] Prousts Geduld führt ihn also vom frühen *Jean Santeuil* – der scheitert, insofern er »récit pur« sein will,[17] insofern er allein dem »Portrait« der glücklichen Augenblicke gilt, gleichsam ohne dass deren sternenhaftem Glitzern die Weite des Raumes gegeben wäre, auf dem sie doch erst intermittierend zu leuchten kämen – zum Projekt ohne Ende der *Recherche*, das gelingt, insofern es diesen »points étoilés«[18], die die »Möglichkeit des Schreibens«[19] bedeuten, den notwendigen *Hintergrund* gibt.[20] »[P]atience intime, secrète, par laquelle il s'est donné le temps«: nur indem sich Proust *selbst* Zeit gegeben hat – »[…] donné le temps«: mit diesem Proustschen Echo endet Blanchots Proust-Lektüre in *Le Livre à venir* auf der Note der Zeit[21] – hat sich ihm also auch die Erfahrung der *anderen* Zeit gegeben. Doch mit der Rede vom *Vollendet-Unvollendeten* ist zum anderen auch der versteckte Riss gemeint, der dem Ideal restloser Ganzheit und Identität der *Recherche* widerstrebt und diese im Geheimen zu zersprengen droht.[22] – Auf diesen Riss hat übrigens zunächst Georges Bataille, einer der engsten Freunde Blanchots, hingewiesen.[23] (Man denke hier nur an die Faszination des späten Albertine-Romans im Vergleich zur widerstreitenden Faszination der poetologischen Passagen aus *Du côté de chez Swann* und *Le Temps retrouvé*.[24]) Und mit dieser mehrdeutigen Bestimmung des Proustschen Werkes als »œuvre achevée-inachevée« trifft Blanchot womöglich ins »imaginäre Zentrum«[25] seines eigenen Schaffens.

Im Folgenden werden wir mit Blanchot nun der Proustschen Erfahrung auf den Grund gehen, die in gleicher Weise die Erfahrung Prousts *und* die Proust-Erfahrung Blanchots bedeutet. Dabei gilt es zunächst, den Ort der Proust-Lektüren Blanchots in seinen literaturkritischen und zugleich -theoretischen Texten zu bestimmen, um dann unsere Aufmerksamkeit auf die gedankliche Essenz dieser Lektüren im Zeichen des Imaginären und der *anderen* Zeit zu richten. Schließlich möchten wir auf der Folie von Blanchots Proust-Erfahrung als einer Erfahrung radikaler Andersheit einen kurzen Blick auf sein fiktionales Werk werfen.

I

Die beiden zentralen Mythen des Blanchotschen Werkes sind zweifellos der Mythos von Orpheus und seiner Augen-Blicks-Erfahrung und der (auch für seine Proust-Lektüre entscheidende) des Gesangs der Sirenen, die beide auf ihre Weise die Frage nach der Möglichkeit und den Bedingungen von Literatur gestalten; hinzu kommt der Mythos des Narziss, jedoch gleichsam in seiner *Negation*. Denn für Blanchot, der wie kein anderer in der Nachfolge Mallarmés im Zusammenhang mit der *Unpersönlichkeit* von Sprache und Literatur gesehen wird, ist der Dichter wesentlich *Anti*-Narziss, und das bedeutet, dass sein Werk ihm in radikaler Weise fremd ist: er kann sich nicht selbst im Spiegel betrachten, sich nicht selbst lesen, ja für ihn gilt »*Noli me legere*«[26]. Dem stehen der Versuch des Dialogs (den Narziss gerade unterlässt, indem er Echo nicht erhört) und die Hinwendung zum Anderen gegenüber, die Blanchot nicht zuletzt in der kontinuierlichen Auseinandersetzung mit dem Werk anderer Autoren praktiziert.[27] Und so hat auch das Schreiben Blanchots zumindest zwei Seiten: zum einen das fiktionale Werk, zu dem die frühen Romane und die *récits* der 1950er und 60er Jahre gehören; zum anderen das ungebrochen anwachsende, literaturkritische Essay-Werk, das einer immensen Fülle von Autoren (von Heraklit über Cervantes und Pascal, Sade, Nietzsche, Lautréamont und Flaubert zu Henry James, Kafka, Musil, Borges und Beckett sowie Celan, um wenigstens einige zu nennen) gilt und das die fiktionalen Texte seit den späten 60er Jahren nahezu völlig ablöst. Im Zusammenhang der Erkundung dessen, was eigentlich *Literatur* sei, kommt diesem Werk zunehmend auch eine *philosophische* Bedeutung zu. So wird denn auch seine *écriture critique* einer tiefen Wandlung unterworfen: In *L'Entretien infini* aus dem Jahre 1969 weicht der interpretierende, dem Gestus des *éclaircissement*[28] gehorchende Essay der philosophisch-antiphilosophischen Reflexion, ja der Artikel selbst gestaltet sich bisweilen als Gespräch zweier Stimmen oder als Gegenüberstellung einzelner Fragmente.

Blanchots explizite kritische Auseinandersetzung mit Proust erstreckt sich, mit größeren Zäsuren, über einen Zeitraum von vierzig Jahren; und wenn diese Auseinandersetzung bisweilen auch marginal erscheinen mag, ist sie doch von höchstem Rang für sein Denken. Sie setzt bereits im Jahr 1943 ein – gleichsam im Horizont von Batailles *L'Expérience intérieure* (das eine »Digression über die Dichtung und Marcel Proust« enthält) und der Proust gewidmeten Studie von Ramon Fernandez[29] – als Blanchot seinen Artikel über »Die Erfahrung Prousts« in seinen ersten Essay-Band *Faux pas* aufnimmt.[30]

Diesen Titel »L'expérience de Proust« und die damit bezeichnete außergewöhnliche Entdeckung der *Zeitenthobenheit*, ja der Zeit »à l'état pur«[31], die »die Angst [vor dem Tod] endgültig zum Schweigen bringt« und die Idee des Werkes in Sprache überführt[32], greift Blanchot gut zehn Jahre später mit einem grundlegenden Text wieder auf: es handelt sich um den bereits erwähnten Text, der als zweiter Teil des gewichtigen ersten Kapitels (mit der Überschrift »Le chant des sirènes«) in *Le Livre à venir* (1959) Eingang findet, wo wir auf dichterischer Schifffahrt mit Proust gleichsam dem Gesang der Sirenen und seiner Verwandlung in Literatur begegnen.[33] Dem gegenüber stehen Reflexionen über Prousts *hintergründige* Darstellung der schlafenden Albertine; diese tauchen erstmals in einer Constants Roman *Adolphe* und seiner Protagonistin Ellénore geltenden Studie auf, die 1949 in Blanchots zweitem Essay-Band *La Part du feu* aufgenommen wird;[34] Beobachtungen über Albertine finden sich bei Blanchot dann erst wieder im zweiten Teil (mit dem Titel »La communauté des amants«) des späten, 1983 erschienenen Bandes *La Communauté inavouable*, wo die Schlafende neuerlich in der Überblendung mit einer anderen weiblichen Figur, diesmal der namenlosen *Elle* aus Marguerite Duras' *La Maladie de la mort* erscheint – einem Text, der übrigens selbst wiederum an Blanchots *récit L'attente l'oubli* aus dem Jahr 1962 erinnert.[35]

Die »Begegnung mit dem Imaginären« im Zeichen Homers (denn so lautet der Titel des Homerischen Teils: »La rencontre de l'imaginaire«[36]), d. h. die entscheidende Erfahrung der *anderen* Zeit in *Le Temps retrouvé* als Prousts Begegnung mit dem Gesang der Sirenen[37] und Prousts luzide Beobachtung der schlafenden Albertine, ja die keineswegs beliebige *Metapher* des Schlafs[38] bilden also die Fluchtpunkte der Proust-Lektüre Blanchots. Doch es fragt sich, was diese Lektüre wirklich auszeichnet, ja worauf sie *hinaus*will.

II

Wie der in seiner Negation, gleichsam *en creux* wirksame Narziss-Mythos, der für Blanchot die Aufgabe der Hinwendung zu Echo als der Stimme der Inspiration, als dem schlechthin *Anderen* bedeutet, und wie der Orpheus-Mythos, den Blanchot als Begegnung mit der *anderen* Nacht (»*autre* nuit«) der Inspiration begreift,[39] figuriert auch die Erfahrung des Gesangs der Sirenen die Begegnung mit einem solchen *Anderen*, ja mit der *anderen* Zeit (»*autre* temps«) der Verwandlung des Gesangs ins Imaginäre der Literatur. All diese Momente der Andersheit sind konstitutiv für die Entstehung des Kunstwerks; sie sind allesamt Erfahrungen eines *dehors*, eines sogenannten *Außen*. So ist Prousts wundersame Erfahrung der Aufhebung der Zeit, ja der Zeit »à l'état pur«, die durch die zufällige *Koinzidenz*, die vollkommene *Identität* zweier sinnlicher Empfindungen in Vergangenheit und Gegenwart ausgelöst wird (wie etwa der längst vergangene Augenblick des Stolperns im Baptisterium von San Marco in Venedig mit dem jetzigen im Innenhof der Guermantes *in eins* fällt: denn es ist ja nicht bloß das *Echo* der früheren, sondern gerade *dieselbe* Empfindung) und die damit die Zeit überwinden lässt, für Blanchot in ihrer »notwendigen und fruchtbaren« Widersprüchlichkeit eigentlich die Entdeckung der Zeit als eines *Raumes*, als eines *anderen Ortes* – kurzum: als eines *Außen* der Zeit.[40] Denn warum, so fragt Blanchot, sollte das, was *außerhalb* der Zeit ist (»en dehors du temps«), auch nur blitzhaft die *reine* Zeit (»un peu de temps à l'état pur«) freisetzen?[41] Doch nur deshalb, weil Proust hier die »unvergleichliche, einzigartige Erfahrung der Extase der Zeit« macht:

> [...] Proust a fait aussi l'expérience incomparable, unique, de l'extase du temps. Vivre l'abolition du temps, vivre ce mouvement, rapide comme l'›éclair‹, par lequel deux instants, infiniment séparés, viennent (*peu à peu quoique aussitôt*)

à la rencontre l'un de l'autre, s'unissant comme deux présences qui, par la métamorphose du désir, s'identifieraient, c'est parcourir toute la réalité du temps, en la parcourant éprouver le temps comme espace et lieu vide, c'est-à-dire libre des événements qui toujours ordinairement le remplissent.[42]

Diese *Extase* ist ganz im Wortsinne als »Heraus-Ragen« zu verstehen; es handelt sich um die Zeit des *récit* selbst, also nicht etwa eine Zeit, die »*hors du temps*« wäre, sondern die als *dehors*, die raumhaft empfunden wird, als »jener imaginäre Raum«, der gleichsam den *Urgrund*, oder treffender den *Ungrund* der Kunst bildet.[43] Und damit lässt die Erfahrung der Verwandlung der Zeit in einen »imaginären Raum«, d. h. einen den Bildern, dem Imaginären eigenen Raum, den Blanchot sonst auch den *espace littéraire* nennt, Proust das »Wesen« der Literatur selbst treffen.[44]

Ebenso begreift Blanchot Homers (bzw. Odysseus') Schifffahrt dem Gesang der Sirenen entgegen (die als Fabelwesen selbst nicht existieren und *doch sind*) wieder als auf ein *Außen* gerichtet, als eine *Extravaganz*, die ebenso in ihrem Wortsinne zu verstehen ist: als eine Art »Hinaus-Schweifen«, ja als »Bewegung auf einen Punkt hin«, der *außerhalb dieser auf ihn gerichteten Bewegung* keinerlei Wirklichkeit für sich beanspruchen kann, *obwohl* er überhaupt erst *die die Bewegung auslösende Anziehung* darstellt.[45] Ein Gleiches gilt für den »fabelhaften Punkt« (»point fabuleux«) der blitzhaften Proustschen Koinzidenz des Gegenwärtigen, des Vergangenen und selbst des Zukünftigen, weil doch an diesem Punkt *mit der Literatur* auch die Zukunft des Werkes – von diesem *kommenden Werk* haben wir eingangs schon gesprochen – gegeben wird;[46] ein *Punkt*, der also deshalb »fabuleux« genannt werden muss, weil er als solcher gar nicht existiert (und *doch ist*) und weil er *Fabeln* generiert, ja Literatur allererst möglich macht[47] – und der auch das »geheime und imaginäre Zentrum« der *Sphäre* des Werkes, der *Recherche* darstellt,[48] die sich auf ihn immer aufs Neue »wie auf ihren Ursprung«[49] bezieht.

Auch der andere Fluchtpunkt von Blanchots Proust-Lektüre, die Betrachtung der schlafenden Albertine in *La Prisonnière*, steht im Zeichen der *anderen* Zeit, im Zeichen des *dehors*. – Und Albertine erscheint nicht zufällig *im Schlaf* als »grande déesse du Temps«[50]. Denn die Serie der Schlaf-Szenen *rhythmisiert* nicht nur Prousts Albertine-Roman, indem sie als Zeichen der verstreichenden Tage der Gefangenschaft fungiert (die vier Szenen entsprechen bekanntlich den vier großen Erzählabschnitten der vier *journées*[51]); vielmehr wird der Schlaf selbst von einem *Rhythmus*, dem Gleichmaß des *Atems* der Schlafenden regiert, der die Szene in oftmals mariner Metaphorik als beständiges Geräusch untermalt: so ist in der ersten Betrachtung der Schlafenden vom »zéphir marin« und vom sanften Wellengang ihres Atems die Rede, ja der Erzähler hat sich gar auf Albertines Schlaf »eingeschifft«.[52] Dabei tritt das an sich *hintergründige* Moment des Rhythmus, der gleichsam der »Hintergrund des Intelligiblen«[53] ist, jedoch in den *Vordergrund*, ebenso wie die schlafende Albertine (von ihrer Wahrnehmung als »longue tige en fleur« bis zur nun unpersönlichen »ganzen Landschaft« ihres Schlafes[54]) zunehmend in *gros plan*-Ansicht erscheint, der Hintergrund also wieder in den Vordergrund gerückt wird.

Und in der bald rein *physiologischen* Funktion des Atems, der in seinem beständigen Fließen »weder die Dichte des Redens noch des Schweigens hat«[55], ja in dieser Neutralität – *ni… ni…* – tritt dieselbe *Hintergründigkeit* in Erscheinung und lässt Albertine erst erkennen: ganz bei sich, jede Zerstreuung ins Außen ganz in sich selbst bergend,[56] ja »Albertine soustraite à tout«[57], gleichsam von allem losgelöst, jedes Bandes enthoben, doch um sich der Welt *erst zu geben*.[58] Eben dieser »intimité du dehors inaccessible«[59], der paradoxen Zugänglichkeit eines sonst Unzugänglichen, die sich in Albertines Schlaf manifestiert, gilt Blanchots Interesse:

> Si le sommeil nous montre la vie d'Albertine soustraite à tout et rendue sensible dans cet éloignement universel, c'est qu'il nous présente, plutôt que les êtres, leur mise entre parenthèses, leurs relations suspendues et, de ce fait, incarnées à l'état pur […].[60]

Der Schlaf verwandelt die Nacht erst in *Möglichkeit*;[61] und somit erweist sich seine Hintergründigkeit als erkenntnistheoretische Dimension, ja in seiner Neutralität wirkt das *Außen* des Schlafs als Sinndimension, als *Distinktionsdimension* (Hogrebe) jeden Seins.[62] Doch diesem Gelingensmoment wohnt immer schon ein Scheitern inne: bald schon erscheint die schlafende Albertine als Tote,[63] und noch am Ende der *Recherche* bleiben die Schlafende und die Tote unverbunden: »Profonde Albertine que je voyais dormir et qui était morte.«[64] Ein Abgrund zwischen Schlaf und Tod tut sich an dieser Stelle auf; und im Gegensatz zur blitzhaften Koinzidenz des Gegenwärtigen, des Vergangenen und selbst des Zukünftigen bleibt hier ein Rest, der das Werk der zerstörerischen Zeit nicht gänzlich aufheben lässt. Doch ebenso wie die *himmlische* Hemisphäre nicht ohne die *höllische* zu denken ist, ist für Blanchot auch der Rest, selbst als *uneingestandener*, ja gerade als *uneingestehbarer*[65] – man denke auch an den unauflöslichen Rest der *Unverständlichkeit*, den die sich in ihrer Bedeutung für immer entziehenden, todesverfallenen drei Bäume von Hudismesnil darstellen[66] – ein *notwendiger*. Er ist notwendig, weil er das *kommende* Werk, ja »das Ganze trägt und hält«.[67] Blanchots Proust-Erfahrung ist also eine Erfahrung des Identischen *und* des Nicht-Identischen; und deren Koinzidenz ist wiederum unmöglich. Diese Erfahrung des Nicht-Identischen, des Anderen *begründet* so (im wahren Sinne des Wortes: *Grund, Ungrund*) sein eigenes fiktionales Schaffen und lässt es gleichsam vor einem Proustschen Hintergrund entstehen.

III

Werfen wir nun einen kurzen Blick auf einen jener Texte, der eine der bedeutenden Schwellen im Gesamtwerk Blanchots (nämlich die vom Roman zum *récit*) markiert. Es handelt sich um die zweite Fassung von *Thomas l'obscur*, die als *récit* im Jahre 1950 die frühere (wesentlich längere) Roman-Fassung des gleichnamigen Textes von 1941 ablöst. Im vergleichenden Rückblick seiner kurzen Vorbemerkung stellt Blanchot der »figure complète« des frühen *Thomas* nun die neue Version gleichsam als die Suche nach einem »centre imaginaire« gegenüber;[68] und vielleicht wiederholt sich in Blanchots geduldig-ungeduldiger Arbeit an *Thomas*, den er einer geheimen Notwendigkeit gehorchend schließlich auf seinen *anderen* Vagabunden reduziert (»autre vagabond«, wie er 1988 selbst in einem Brief schreibt),[69] gar Prousts Erfahrung der *anderen* Zeit, die ihm seine beharrliche Suche nach der Kunst (von *Jean Santeuil* zur *Recherche*) schließlich gewährt. Denn *Thomas l'obscur* steht (wie auch die späteren *récits*) im Zeichen unbestimmbarer Andersheit, eines *Außen*, das Blanchot in privilegierter Form ja gerade auch in der Proustschen Erfahrung erkennt.

Wesentliche Figuren dieses *dunklen* Textes sind die aufeinander bezogenen Erfahrungen des Schreibens und des Lesens, ja die *Ergründung* der Literatur. So ist das Eingangskapitel lesbar als ein *acte de franchissement* Thomas', als eine Allegorie des Heraustretens des künftigen Autors in ein *Außen* der Literatur, in einen Bereich, aus dem Literatur erst hervorgeht.[70] Wir befinden uns am Meer und sehen, wie sich Thomas von einer stärkeren Welle berührt, also gleichsam einem Ereignis *von außen* folgend,[71] ins Wasser gleiten lässt; beim Schwimmen verwandelt er sich zusehends, er wird *eins* mit dem Meer, ja findet *zu sich*.

Il nageait, monstre privé de nageoires. [...] il chercha à se

> glisser dans une région vague et pourtant infiniment précise, quelque chose comme un lieu sacré, à lui-même si bien approprié qu'il lui suffisait d'être là, pour être; c'était comme un creux imaginaire où il s'enfonçait parce qu'avant qu'il y fût, son empreinte y était déjà marquée. Il fit donc un dernier effort pour s'engager totalement. Cela fut facile, il ne rencontrait aucun obstacle, il se rejoignait, il se confondait avec soi en s'installant dans ce lieu où nul autre ne pouvait pénétrer.[72]

Dieser nur für ihn bestimmte Ort, an dem er *ist*, indem er nur *da ist* (»il lui suffisait d'être là, pour être«), entspricht wiederum Blanchots Bestimmung des *Schlafs* als der Koinzidenz meiner *Bleibe* und meines *Seins*: »le fait du sommeil est ce fait que, maintenant, mon séjour est mon être«[73]. – Und *so* wie das die schlafende Albertine betrachtende *Ich* sich auf ihren Schlaf »einschifft« und damit vom Wellengang ihres Atems erfasst, ja gleichsam selbst Teil des Meeres wird, das ihr Schlaf ist und das in seiner neutralen Hintergründigkeit erst Sinndimensionen eröffnet – *so* tritt auch Thomas aus sich heraus, indem er sich dem Rhythmus des Meeres überlässt und dort *zu sich* findet, ja auf seinen eigenen Ursprung trifft. Aus diesem »creux imaginaire«, dem sein eigener Abdruck eingeprägt ist, noch bevor er dort ankommt, wird sein *Schreiben*, sein *Werk* hervorgehen – genau wie das Werk aus dem »point fabuleux« der Proustschen Begegnung mit dem Imaginären, der Begegnung desjenigen *Ereignisses*, das das Erzählen, Literatur möglich macht.[74]

Und es scheint nur folgerichtig, dass Blanchot auch das *Lesen* als eine Erfahrung *anderer* Art begreift. So spricht er von der »tâche sérieuse«[75], der *Aufgabe*, und der »passion sérieuse de lire«[76], die aber im doppelten Sinne von Leidenschaft und *passio*, also als Leidens-Erfahrung zu verstehen ist: nahezu lakonische Bestimmungen der Lektüre, die die Intensität der Erfahrung des lesenden Thomas (im IV. Kapitel) nur andeuten können. »Il lisait. Il lisait avec une minutie et une attention insurpassables. Il était, auprès de chaque signe, dans la situation où se trouve le mâle quand la mante religieuse va le dévorer.«[77] Lesen heißt für Thomas *gelesen*,[78] ja *verschlungen* zu werden, es bedeutet sich einzulassen auf die Begegnung mit etwas Unzugänglichem, von dem sich nur sagen lässt, dass es *nicht existiert* und *doch ist*. Es ist also die Erfahrung eines »autre vide«,[79] das den Lesenden geradezu heimsucht, ja es ist der unerbittliche *Kampf*[80] mit dem in ein Untier, einen »ange noir« verwandelten Wort, der Kampf, der sich schließlich jedoch in seiner »unvergleichlichen Würde und Großartigkeit« zeigen wird:

> C'est dans cet état qu'il se sentit mordu ou frappé, il ne pouvait le savoir, par ce qui lui sembla être un mot, mais qui ressemblait plutôt à un rat gigantesque, aux yeux perçants, aux dents pures, et qui était une bête toute-puissante. [...] Mais la lutte avec l'affreuse bête qui s'était enfin révélée d'une dignité, d'une magnificence incomparables, dura un temps qu'on ne put mesurer.[81]

Wie das Schreiben ist das Lesen die Erfahrung eines *Außen*. Und wieder kommt auch hier die Hintergründigkeit des Schlafes ins Spiel, wenn der Leser nach seinem Kampf trotz seines unaufhörlichen Wachens beim Betrachter schließlich den Eindruck eines Schlafenden erweckt,[82] dessen »Schlaf« aber die *Möglichkeit* des Erkennens bedeutet, ja das *kommende* Werk in sich trägt.

Blanchot greift damit nicht nur Mallarmés,[83] sondern auch Prousts Konzeption des Lesens auf und gibt ihm gleichsam eine neue Wende. Denn *Lektüre* heißt für Proust nicht nur die Erinnerung an den Ort und die Zeit, zu der sie stattfand (so dass die besten Bücher also diejenigen wären, von denen man sich erinnert, in welchem Sessel man sie gelesen hat, wie jüngst Jean-Philippe Toussaint mit Blick auf Proust, und nicht ohne Ironie, schrieb[84]). Über diese Erinnerungsmacht hinaus bedeutet das Lesen für Proust vielmehr, wenn auch *nicht* unser *geistiges Leben selbst*, so doch die *Initiation* zu diesem: es ist *Anregung* – »notre sagesse commence ou celle de l'auteur finit«[85] – und damit doch auch *Aufgabe*, ja »tâche sérieuse« im Sinne Blanchots.

Nun mag aber der *Ernst* dieser Erfahrung, dieser Aufgabe des Lesens auch in ihrer wesentlichen Unabschließbarkeit liegen: noch die *vollendete* Lektüre bleibt ein immer *unvollendetes* Werk. Und eben darin gründet ihre *Freiheit*, gleichsam »aber nicht jetzt«, sondern – wie man mit einer an Blanchot gemahnenden Wendung Peter Handkes sagen könnte – »ZU EINER ANDEREN ZEIT«:

> Diese andere Zeit bedeutete nicht etwa die Zukunft oder die Vergangenheit, sie war ihrem Wesen nach eine ANDERE Zeit als die, in der ich sonst lebte und in der ich vor und zurück dachte. Es war ein durchdringendes Gefühl von einer ANDEREN Zeit, in der es auch andere Orte geben musste als irgendwo jetzt, in der alles eine andere Bedeutung haben musste als in meinem jetzigen Bewusstsein, in der auch die Gefühle etwas anderes waren als jetzt die Gefühle und man selbst im Augenblick gerade erst in dem Zustand, in dem vielleicht die unbelebte Erde damals war, als nach jahrtausendelangem Regen zum ersten Mal ein Wassertropfen fiel, ohne sofort wieder zu verdampfen.[86]

---

1 »L'insaisissable est ce à quoi l'on n'échappe pas. [...] l'idée fixe n'est pas un point de départ, une position d'où l'on pourrait s'éloigner et progresser, elle n'est pas commencement, mais recommencement.« Maurice Blanchot, *L'Espace littéraire*, Paris: Gallimard, 1955, S. 348.

2 Marcel Proust, *Le Temps retrouvé*, *À la recherche du temps perdu*, IV, hg. v. Jean-Yves Tadié, Paris: Gallimard (Pléiade), 1987-89, S. 625. Im Folgenden zitieren wir die Pléiade mit dem Kurztitel *Recherche* gefolgt von Band und Seitenzahl.

3 *Du côté de chez Swann*, Recherche I, S. 3.
4 Cf. »Introduction générale«, *Recherche* I, S. LXX, sowie die Reproduktion der letzten Seite des XX. und letzten Cahiers des definitiven Manuskripts, *Recherche* IV, S. 1319.
5 Mit einem Wort Michel Leiris', cf. Denis Holliers »Préface« zu seiner Ausgabe von Michel Leiris, *La Règle du jeu*, Paris: Gallimard (Pléiade), 2003, S. IX.
6 Cf. nochmals Denis Holliers »Préface«, *ibid.*, S. X. Cf. auch Jean-Yves Tadié, *Proust et le roman. Essai sur les formes et techniques du roman dans ›À la recherche du temps perdu‹*, nouvelle édition revue et corrigée, Paris: Gallimard, 2003 [1971], S. 255, sowie Angelika Corbineau-Hoffmann, *Marcel Proust: ›À la recherche du temps perdu‹*, Tübingen/Basel: Francke, 1993, S. 98: »Von seinem Ende her gewinnt der Text den Impuls für seinen Anfang.«
7 »Toujours encore à venir, toujours déjà passé, toujours présent dans un commencement si abrupt qu'il vous coupe le souffle, et toutefois se déployant comme le retour et le recommencement éternel [...] – tel est l'événement dont le récit est l'approche.« Maurice Blanchot, *Le Livre à venir*, Paris: Gallimard, 1959, S. 18.
8 *Le Livre à venir*, S. 36, sowie später in einem kurzen, in der anlässlich Becketts Tod erschienenen Sondernummer von *Critique* n° 519-520 [1990]: »Oh tout finir«, jetzt in *La Condition critique. Articles, 1945-1998*, hg. v. Christophe Bident, Paris: Gallimard, 2010, S. 458.
9 *Le Livre à venir*, S. 18, S. 22.
10 Blanchot greift in seinem Werk wiederholt auf signifikante geometrisch-kosmologische Metaphern (etwa Punkt, Gerade, Kreis, Sphäre) zurück, wie hier mit Blick auf Proust, wenn er den Raum seines Werkes als den der »Sphäre« und seine Zeit als »temps sphérique« begreift. Cf. den Abschnitt »L'espace de l'œuvre, la sphère«, *Le Livre à venir*, S. 33-36.
11 *Le Livre à venir*, S. 34.
12 *Ibid.*, S. 33 sq.
13 »L'étonnante patience« – so der Titel des zweiten Unterkapitels von »L'expérience de Proust«, *Le Livre à venir*, S. 29.
14 »[...] les grandes œuvres de ce temps, Proust, Joyce, Musil et même Kafka, œuvres achevées-inachevées, mais d'où n'est pas absente,

dans ce qu'on ne peut guère appeler leur échec, ›*une forme d'apparition de la vérité*‹ et surtout un souci de glorifier, sinon l'auteur, du moins l'art, en portant à son extrême limite la littérature traditionnelle (même si on la nomme moderne).« »Oh tout finir«, jetzt in *La Condition critique. Articles, 1945-1998*, S. 457-59, hier S. 458.

15 Cf. die die Proust-Lektüre in *Le Livre à venir* beschließenden Zeilen (S. 37).

16 Cf. das der Inspiration geltende Orpheus-Kapitel »Le regard d'Orphée« in *L'Espace littéraire*, S. 225-232, hier S. 232: »[...] l'impatience doit être le cœur de la profonde patience, l'éclair pur que l'attente infinie, le silence, la réserve de la patience font jaillir de son sein, non pas seulement comme l'étincelle qu'allume l'extrême tension, mais comme le point brillant qui a échappé à cette attente, le hasard heureux de l'insouciance.«

17 Cf. den Abschnitt »L'échec du récit pur«, *Le Livre à venir*, S. 30-33.

18 *Ibid.*, S. 33.

19 *Ibid.*, S. 33.

20 *Ibid.*, S. 30 sq., sowie zum Impressionismus des jungen Proust Jean-Yves Tadié, *Proust et le roman. Essai sur les formes et techniques du roman dans ›À la recherche du temps perdu‹*, nouvelle édition revue et corrigée, Paris: Gallimard, 2003 [1971], S. 284; weiterhin *Le Livre à venir*, S. 32 sq.

21 *Ibid.*, S. 37.

22 Cf. eine Bemerkung Blanchots in seinem »Prière d'insérer pour *L'attente l'oubli*« von 1962, jetzt in *La Condition critique. Articles, 1945-1998*, S. 302: »Il est vrai que le roman moderne, roman d'un monde sans cohérence, a surtout donné lieu à des recherches de la continuité en tous sens, œuvres de cohésion massive où cependant la rupture est dissimulée plutôt que maîtrisée et finalement rendue secrètement active (celles de Proust, Joyce, Faulkner, Broch…).«

23 Cf. Georges Bataille, *L'Expérience intérieure*, Paris: Gallimard, 1954 [1943], S. 165-169 (»Digression sur la poésie et Marcel Proust«, S. 156-175). Außerdem Rainer Warning, »Gefängnismusik: Feste des Bösen in *La Prisonnière*«, Id. *Proust-Studien*, München: Fink, 2000, S. 109-140, hier S. 115.

24 Cf. zu dieser Gegenpoetik Rainer Warning, »Supplementäre Individualität: Albertine endormie«, Id. *Proust-Studien*, S. 77-107, hier S. 80.

25 *Le Livre à venir*, S. 34. Ebenso zentrale Vorstellung, cf. das *Avertissement* von Blanchots *Thomas l'obscur*, Paris: Gallimard, 1950.

26 *L'Espace littéraire*, S. 17. Cf. weiterhin »Après coup«, *Après coup précédé par Le ressassement éternel*, Paris: Minuit, 1983, S. 85-100, hier S. 85 sq.

27 Cf. auch die als *Echo* begriffene Inspiration in *L'attente l'oubli*.

28 Cf. nochmals die Vorbemerkung zu *L'Espace littéraire*.

29 Im März 1943 erscheint Fernandez' *Proust* in der Reihe »A la gloire de...« der Éditions de la Nouvelle Revue Critique; der Text wurde bei Grasset in der Reihe »Les Cahiers Rouges« mit einem Vorwort von Dominique Fernandez 1979 wieder aufgelegt.

30 Cf. Maurice Blanchot, *Faux pas*, Paris: Gallimard, 1943, S. 53-58.

31 *Ibid.*, S. 57.

32 *Ibid.*, S. 54. *Faux pas* steht im Zeichen dieser Bewegung »De l'angoisse au langage« – so der Titel des ersten Teils des Bandes, der um Fragen nach der (inneren) Erfahrung, nach dem Verhältnis von Sprechen und Schweigen und der Möglichkeit von Literatur kreist.

33 Cf. *Le Livre à venir*, S. 19-37 (»L'expérience de Proust«).

34 Cf. »Adolphe ou le malheur des sentiments vrais«, *La Part du feu*, Paris: Gallimard, 1949, S. 221-237, hier S. 230-233.

35 Cf. den Abschnitt »La maladie de la mort« des zweiten Teils von *La Communauté inavouable*, Paris: Minuit, 1983, S. 58-67.

36 Cf. *Le Livre à venir*, S. 9-18 (»La rencontre de l'imaginaire«).

37 Cf. *ibid.*, S. 23.

38 *La Part du feu*, S. 233 (»Adolphe ou le malheur des sentiments vrais«).

39 Cf. *L'Espace littéraire*, S. 213 sq. (»Le dehors, la nuit«).

40 Cf. *Le Livre à venir*, S. 21 sq.

41 *Ibid.*, S. 21; zu den Zitaten aus Prousts *Le Temps retrouvé* cf. *Recherche* IV, S. 450 und S. 451.

42 Cf. *Le Livre à venir*, S. 22. Zu dieser paradoxen (Proustschen) Zeiterfahrung des »peu à peu quoique aussitôt« cf. *ibid.*, S. 26-28,

sowie zur Verkehrung des »incessamment quoique par intermittence« *ibid.*, S. 34.

43 Cf. *ibid.*, S. 22. Zur Metapher des *Ungrunds*, die Schelling Jakob Böhme entlehnt, cf. Friedrich Wilhelm Joseph Schelling, *Philosophische Untersuchungen über das Wesen der menschlichen Freiheit und die damit zusammenhängenden Gegenstände*, hg. v. Thomas Buchheim, Hamburg: Meiner, 1997, S. 78: »[W]ie können wir es anders nennen als den Urgrund oder vielmehr *Ungrund*? Da es vor allen Gegensätzen vorhergeht, so können diese in ihm nicht unterscheidbar, noch auf irgend eine Weise vorhanden sein. Es kann daher nicht als die Identität; es kann nur als die absolute *Indifferenz* beider bezeichnet werden. [...] Die Indifferenz ist nicht ein Produkt der Gegensätze, noch sind sie implicite in ihr enthalten, sondern sie ist ein eignes von allem Gegensatz geschiedenes Wesen, an dem alle Gegensätze sich brechen, das nichts anderes ist als eben das Nichtsein derselben, und das darum auch kein Prädikat hat als eben das der Prädikatlosigkeit, ohne dass es deswegen ein Nichts oder ein Unding wäre.«

44 Cf. *Le Livre à venir*, S. 23.

45 Cf. *Le Livre à venir*, S. 14 zu dieser »extravagance«, diesem »mouvement vers un point«. Cf. hierzu auch Italo Calvino in »I livelli di realtà in letteratura«: »Una delle più belle pagine di Maurice Blanchot interpreta il canto delle Sirene come un al di là dell'espressione da cui Ulisse, dopo averne sperimentato l'ineffabilità, si ritrae, ripiegando dal canto al racconto sul canto.« *Una pietra sopra*, Milano: Mondadori, 1995, S. 374-390, hier S. 389.

46 Cf. *Le Livre à venir*, S. 25. Jean-Luc Nancy spricht im Zusammenhang des dichterischen *Kalküls* (gegenüber dem des philosophischen Systems) ebenfalls von einem solchen *Außen* als einem *absoluten*, d. h. »los-gelösten« (im Wortsinne, wie *ex-tase* und *extravagance* bei Blanchot) Punkt *synoptischer* Koinzidenz: »[La synopse] exige l'espace de temps d'une visée et d'un coup ajusté, l'instant – et peut-être avec lui la syncope.« »Le calcul du poète«, *Les Lieux divins* suivi de *Le Calcul du poète*, Mauvezin: Éd. T.E.R., 1997, S. 51-86, hier S. 55.

47 Cf. *Le Livre à venir*, S. 19.

48 Cf. *ibid.*, S. 34.

49 Cf. *ibid.*, S. 35.
50 In der vierten und letzten der Schlaf-Szenen von *La Prisonnière*, cf. *Recherche* III, S. 888.
51 Cf. hierzu auch Rainer Warning, »Supplementäre Individualität: Albertine endormie«, Id. *Proust-Studien*, S. 77-107, hier S. 85.
52 *La Prisonnière*, *Recherche* III, S. 578-580. Bei Marguerite Duras kehrt diese Verbindung von Meer und Atem wieder, ja der Rhythmus wird zum beständigen Spiel von Abwesenheit und Anwesenheit. Cf. weiterhin Blanchots Überlegungen zum Schlaf vor dem Hintergrund der »grands rythmes naturels« in *L'Espace littéraire* (»Le sommeil, la nuit«), S. 358.
53 So spricht María Zambrano vom Rhythmus (etwa des Herzschlags, des Atems, der Tage) als dem »constante fondo sobre el que se destaca la voz de lo inteligible«, cf. »Poema y sistema«, *Hacia un saber sobre el alma*, Madrid: Alianza Editorial, 1987, S. 51-57, hier S. 52.
54 Cf. *La Prisonnière*, *Recherche* III, S. 578 sq.
55 Cf. *ibid.*, S. 621: »n'a l'épaisseur ni de la parole ni du silence«.
56 Cf. *ibid.*, S. 578: »Elle avait rappelé à soi tout ce qui d'elle était en dehors, elle s'était réfugiée, enclose, résumée, dans son corps.«
57 *Ibid.*, S. 621.
58 Cf. »Le sommeil, la nuit«, *L'Espace littéraire*, S. 357-362, hier S. 359.
59 *La Communauté inavouable*, S. 63.
60 *La Part du feu*, S. 233 (»Adolphe ou le malheur des sentiments vrais«).
61 Cf. »Le sommeil, la nuit«, *L'Espace littéraire*, S. 357-362, hier S. 358.
62 Cf. Wolfram Hogrebe, *Die Wirklichkeit des Denkens*, hg. v. Jens Halfwassen und Markus Gabriel, Heidelberg: Winter, 2006, S. 40, sowie Id., *Echo des Nichtwissens*, Berlin: Akademie Verlag, 2007.
63 Cf. die dritte Schlafszene in *La Prisonnière*, *Recherche* III, S. 862.
64 *Le Temps retrouvé*, *Recherche* IV, S. 624.
65 Es sei an folgende Bemerkung Blanchots (der um die Bedeutsamkeit des *Uneingestandenen*, ja des *Uneingestehbaren* weiß) erinnert: »[…] œuvres de cohésion massive où cependant la rupture est dissimulée plutôt que maîtrisée et finalement rendue secrète-

ment active (celles de Proust, Joyce, Faulkner, Broch...).« »Prière d'insérer pour *L'attente l'oubli*« [1962], *La Condition critique. Articles, 1945-1998*, S. 302.

66 Cf. *À l'ombre des jeunes filles en fleurs*, *Recherche* II, S. 76-79. Cf. hierzu auch Blanchot, *Le Livre à venir*, S. 28, sowie Bataille, *L'Expérience intérieure*, S. 165-168. In *Le Temps retrouvé* erscheinen auch die doch bloße verzweifelte Schatten gebliebenen Bäume irrtümlich und wie verklärt in der Reihe der Glücksmomente (cf. *Recherche* IV, S. 445): das verdrängte Unglück bleibt uneingestanden.

67 So Friedrich Schlegel in seinem Aufsatz »Über die Unverständlichkeit« [1800]: »Wahrlich es würde euch bange werden, wenn die ganze Welt, wie ihr es fordert, einmal im Ernst durchaus verständlich würde. Und ist sie selbst, diese unendliche Welt, nicht durch den Verstand aus der Unverständlichkeit oder dem Chaos gebildet?« Es ist eben der *Rest*, der »das Ganze trägt und hält«. *Kritische Schriften*, hg. v. Wolfdietrich Rasch, München: Hanser, 1956, S. 348 sq. Unabdingbar scheint uns an dieser Stelle der Verweis auf Schelling, mit dem das systematische Denken des *nie aufgehenden Restes* seinen Anfang nimmt: »Dieses ist an den Dingen die unergreifliche Basis der Realität, der nie aufgehende Rest, das, was sich mit der größten Anstrengung nicht in Verstand auflösen lässt, sondern ewig im Grunde bleibt. Aus diesem Verstandlosen ist im eigentlichen Sinne der Verstand geboren. Ohne dies vorausgehende Dunkel gibt es keine Realität der Kreatur; Finsternis ist ihr notwendiger Erbteil.« Friedrich Wilhelm Joseph Schelling, *Philosophische Untersuchungen über das Wesen der menschlichen Freiheit und die damit zusammenhängenden Gegenstände*, S. 32.

68 Cf. Maurice Blanchot, *Thomas l'obscur*, S. 7. Der Text lautet im Ganzen wie folgt: »Il y a, pour tout ouvrage, une infinité de variantes possibles. Aux pages intitulées *Thomas l'Obscur*, écrites à partir de 1932, remises à l'éditeur en mai 1940, publiées en 1941, la présente version n'ajoute rien, mais comme elle leur ôte beaucoup, on peut la dire autre et même toute nouvelle, mais aussi toute pareille, si, entre la figure et ce qui en est ou s'en croit le centre, l'on a raison de ne pas distinguer, chaque fois que la figure complète n'exprime elle-même que la recherche d'un centre imaginaire.«

69 »[...] que je devais céder à l'exigence d'un texte de Thomas l'obscur, réduit à son autre vagabond. [...] Nous ne sommes donc pas maîtres de ce [qui] s'impose à nous. [...] je le répète, personne n'est maître de l'infini.« So Blanchot in seinem Brief an S. Madaule vom 2. März 1988, cf. Maurice Blanchot/Pierre Madaule, *Correspondance 1953-2002*, hg. v. Pierre Madaule, Paris: Gallimard, 2012, S. 44 sq.

70 »Thomas quitte le rivage et se livre à la mer, il devient un nageur, il s'immerge dans un nouveau milieu, dans un nouveau risque. Une limite est donc franchie, un front ou une frontière traversés, annonçant tant d'autres actes de franchissement: l'entrée dans la nuit, l'entrée dans la littérature [...].« Jean Starobinski, »*Thomas l'obscur*, chapitre premier«, in: *Critique* 229 (1966), S. 498-513, hier S. 500.

71 »L'acte de descendre dans la mer n'est pas consécutif à une délibération intérieure: il fait suite immédiatement à un événement du dehors – *une vague plus forte l'ayant touché*.« Ibid. S. 500.

72 *Thomas l'obscur*, S. 12. Cf. auch Jean Starobinski, »*Thomas l'obscur*, chapitre premier«, S. 508 sqq.

73 Cf. *L'Espace littéraire*, S. 359 sq.

74 Cf. *Le Livre à venir*, S. 19 und nochmals S. 25, sowie auch die Wendungen »comme vers son origine« (S. 35) und »centre imaginaire« (S. 34), von dem bereits im *Avertissement* zu *Thomas l'obscur* die Rede ist.

75 Der Epilog von Blanchots récit *L'Arrêt de mort* schließt in der Originalausgabe von 1948 mit den Worten »Que cela soit donc rappelé à qui lirait ces pages en les croyant traversées par la pensée du malheur. Et plus encore, qu'il essaie d'imaginer la main qui les écrit: s'il la voyait, peut-être lire lui deviendrait-il une tâche sérieuse.« Dieser Text wurde in die Ausgaben seit 1971 nicht mehr aufgenommen; S. Madaule hat ihn in seiner Ausgabe des Briefwechsels mit Blanchot abgedruckt, cf. Maurice Blanchot/Pierre Madaule, *Correspondance 1953-2002*, S. 19 sq. Cf. weiterhin Pierre Madaule, *Une tâche sérieuse*, Paris: Gallimard, 1973.

76 So im Brief an S. Madaule vom 21. Mai 1975, cf. Maurice Blanchot/Pierre Madaule, *Correspondance 1953-2002*, S. 24.

77 *Thomas l'obscur*, S. 27.

78 *Ibid.*, S. 28.
79 »Il était aux prises avec quelque chose d'inaccessible, d'étranger, quelque chose dont il pouvait dire: cela n'existe pas, et qui néanmoins l'emplissait de terreur et qu'il sentait errer dans l'aire de sa solitude. Toute la nuit, tout le jour [...] avec cet être [...]. C'était une modulation dans ce qui n'existait pas, une manière différente d'être absent, un autre vide dans lequel il s'animait.« *Ibid.*, S. 30.
80 »lutte« *ibid.*, S. 33, sowie »agonie« auch im etymologischen Sinne von *Kampf*, *ibid.*, S. 32.
81 *Ibid.*, S. 32 sq.
82 »Son corps, après tant de luttes, devint entièrement opaque et, à ceux qui le regardaient, il donnait l'impression reposante du sommeil, bien qu'il n'eût cessé d'être éveillé.« *Ibid.*, S. 33. Nicht nur das *Wort* verwandelt sich also beim Lesen; und wie Thomas sich bereits beim Schwimmen in Kapitel I, seinem Eintreten in die Literatur, in das Schreiben *verwandelt* (er wird *eins* mit dem Meer), so *verwandelt* er sich gleichsam auch beim Lesen, nämlich in den scheinbar tief Schlafenden. Diese schöpferische Bedeutung des Schlafs betont Blanchot auch in seinem Text über die notwendige Verwandlung des Autors: »Le romancier [...] va donc, par le même chemin que tout autre artiste, *vers ces étranges ténèbres dont le contact lui donne le sentiment de s'éveiller dans le plus grand sommeil*, vers cette *présence pure* où il aperçoit toutes choses si nues et si réduites que nulle image n'est possible, en un mot vers ce *spectacle primordial* où il ne se lasse pas de contempler ce *qu'il ne peut voir que par une totale transformation de lui-même*.« »Mallarmé et l'art du roman«, *Faux pas*, S. 194, unsere Hervorhebungen.
83 »Lire – Cette pratique – Appuyer, selon la page, au blanc, qui l'inaugure son ingénuité [...].« Stéphane Mallarmé, »Le Mystère dans les Lettres«, *Œuvres complètes*, II, hg. v. Bertrand Marchal, Paris: Gallimard (Pléiade), 2003, S. 234.
84 Cf. »Lire Proust«, *L'urgence et la patience*, Paris: Minuit, 2012, S. 61-68, hier S. 68. Toussaints Poetik der Verschränkung von *urgence* und *patience* scheint durchaus Blanchots *(Un)Geduld* nahe. Cf. außerdem Proust, *Sur la lecture*, Paris: Sillages, 2011, S. 41 sq.
85 Cf. Proust, *Sur la lecture*, S. 49 und S. 51 (zur »initiation«).

86 Peter Handke, *Der kurze Brief zum langen Abschied*, Frankfurt a.M.: Suhrkamp, 1972, S. 27 sq.

Patrick Bahners
Prousts Alexanderroman

Marcel Proust begegnete im Mai 1911 auf dem jährlichen Ball der Tageszeitung *L'Intransigeant* der Prinzessin Marthe Bibesco, der Gattin eines rumänischen Diplomaten, die damals fünfundzwanzig Jahre alt war. Drei Jahre vorher hatte er ihr einen Brief über *Les Huit Paradis* geschrieben, ihre von den Pariser Feuilletons enthusiastisch aufgenommenen Memoiren einer Reise an den Hof des Schahs von Persien. Proust saß allein auf einem Stuhl, inmitten der freudig erhitzten Festgesellschaft in einen Pelzmantel gehüllt, der ihm überdies zu groß war, mit hochgeschlagenem Kragen. Das Blut war aus seinem Gesicht gewichen, und mit seinem schwarzen Bart sah er aus wie ein armenischer Christus im Grabe. Er bewegte sich nicht und wartete auf die Prinzessin. So steht es jedenfalls in dem Erinnerungsbuch von Marthe Bibesco, das um diesen Abend kreist, *Au bal avec Marcel Proust*, erschienen 1928, sechs Jahre nach Prousts Tod[1]. Ihr Tanzpartner, berichtet die Prinzessin, hatte von Proust die Anweisung erhalten, sie ihm zuzuführen. So stand sie vor ihm, obwohl sie sich von ihm hatte fernhalten wollen. Er fragte sie, ob sie ein zweites Buch schreibe. Ja, sagte sie, sie schreibe ein Buch über das Glück, und der Held sei Alexander der Große. Proust, so die Prinzessin weiter, schien bestürzt darüber, dass sie einen glücklichen Menschen aus Alexander gemacht hatte. Er setzte zu einem langen Vortrag an, einer Lobrede auf den Misserfolg. Als sie davontanzte, rief er ihr nach, er habe sein Geld immer schlecht angelegt, denn das Wichtige im Spiel sei das Verlieren.

Alexandre asiatique ou l'histoire du plus grand bonheur possible erschien im Frühjahr 1912 bei Hachette[2]. Proust bedankte sich am 24. April 1912 für das Exemplar, das die Autorin ihm hatte schicken lassen. In seinem Brief beschwört er zunächst die Gestalt der Prinzessin, wie er sie auf dem Ball erlebt hatte: »so schön, so beredt, jedoch so feindselig«[3]. Das Geschenk habe ihn zu einem glücklichen Zeitpunkt erreicht, kurz vor dem Jahrestag und der Neuauflage des Balls, dem er diesmal allerdings ohnehin habe fernbleiben wollen. Proust eröffnet der Prinzessin, dass das Buch große Bewunderung in ihm ausgelöst habe, allerdings auch große Traurigkeit. Unglücklicherweise habe die Lektüre ihm nämlich bewiesen, dass ihre Meinungsverschiedenheit nicht bloß ein gesellschaftliches Missverständnis gewesen sei, sondern viel tiefer gehe und die Ideen berühre – grundsätzliche Vorstellungen von der Kunst und vom Leben.

Das schmale Buch ist eine Nacherzählung der Alexanderlegende mit symbolistischen Zutaten, eine Kette szenischer Miniaturen, Buchmalerei in Prosa. Täglich habe sie von morgens bis abends in der Bibliothèque Nationale die Quellen studiert, berichtet die Autorin, vor allem die Werke zweier persischer Epiker aus dem zehnten und dem zwölften Jahrhundert nach Christus, Firdusis *Buch der Könige* und das *Eskandar-Name*, das *Alexander-Buch* Nizamis[4]. Die vorletzte Station von Alexanders Lebensreise in der Fassung der Prinzessin Bibesco ist ein Land, das von der Sonne regiert wird und nichts als Sand produziert[5]. Elf Tage lang wandert der König der Makedonen durch dieses Wüstenreich, ohne ein Auge zuzutun. Am zwölften Tag sieht er eine hölzerne Säule, die bis zu den Wolken reicht. Oben auf der Säule befindet sich das große Nest eines grünen Vogels. Das Tier spricht eine menschliche Sprache, begrüßt Alexander als den siegreichen Herrn der Welt und stellt ihm unaufgefordert eine Diagnose. Zwecklos sei es, dass er sich an seiner Erschöpfung laben wolle: Wer keinen Geschmack an der Freude habe, entkomme dem Schmerz nicht. Was er ihm da sage, fragt Alexander den geflügelten Wortmacher, den er als göttlichen Vogel apostrophiert. Antwort: Nichts, was er nicht schon wisse. Aber wo er schon einmal da sei, solle er ihm die Frage beantworten, woher es komme, dass er in die Wüste fliehe, der doch über alle Gerechtigkeit und jedes Unglück erhaben sei. Unbefriedigend sei ein Tag der puren Freude, versetzt Alexander, kein Mensch sei so verzweifelt wie er. Gibt es denn, will der König wissen, einen Wunsch, den wir ein Leben lang bewahren können, ohne ihn zu befriedigen? Der Vogel weiß die Antwort und offenbart in einem Freudenschrei, welcher Gattung er angehört: Man muss sterben wollen und aus der Asche wiedergeboren werden wollen! Damit hat Alexanders Lebensrätsel seine Lösung gefunden. Der Schluss des Schlusskapitels lautet in der Übersetzung Rilkes: »Sein Glück, verstanden als ein Gelingen des Erwünschten, macht, daß er stirbt zu Babylon im vierzehnten Jahre seiner Herrschaft und in dem zweiunddreißigsten seines Alters. Er hatte, um glücklich zu sein, nichts mehr nötig, als nicht leben.«[6]

Proust nimmt Anstoß an diesem Ende der Geschichte, daran, dass diese Fabel der Entsagung am Begriff des Glücks als Wunscherfüllung festhält. Ihm sei, schreibt er der Prinzessin, »nichts fremder, als in der unmittelbaren Empfindung, geschweige denn in der materiellen Erfüllung die Gegenwart des Glücks zu suchen«. Der asiatische Alexander, der in Babylon den Tod eines Philosophen stirbt und ein von Rilke sorgfältig nachgebildetes Epitaph ohne jeden panegyrischen Schmuck erhält, ist, so darf man diese Kritik verstehen, immer noch zu sehr Herrscher – als Herr seiner selbst. »Eine Empfindung, sei sie auch noch so selbstlos, ein Duft, ein Schimmer sind, solange sie gegenwärtig sind, noch zu sehr in meiner Gewalt, als dass ich durch sie glücklich zu sein vermöchte. Wenn sie mich an eine andere Empfindung erinnern, wenn ich sie zwischen Gegenwart und Vergangenheit auskoste (und nicht in der Vergangenheit, es ist unmöglich, das hier zu erklären), machen sie mich glücklich.« Die Erklärung folgte in den sieben Bänden von Prousts Roman *À la recherche du temps perdu*.

Nachdem Proust den Abgrund zwischen seiner Glücksidee und den Vorstellungen der Prinzessin ausgemessen hat, baut er ihr galanterweise eine Brücke aus den Worten ihres Helden. »Alexander hat recht«, zitiert er aus dem Gespräch mit dem Vogel, »wenn er sagt, dass aufhören zu hoffen der Verzweiflung gleichkommt.«[7] Wo aber der Phönix durch das metaphysische Lehrstück der Hoffnung auf Wiedergeburt sicherstellen will, dass dem Herrn der Welt für alle Zeit noch etwas zu wünschen übrig bleibt, da unterscheidet der Psychologe Proust die Wunschdynamik des Trieblebens von der theologischen Tugend der Hoffnung. »Wenn ich aber nicht aufhöre zu begehren, so hoffe ich doch niemals.« Er postuliert die Existenz von Gesetzen, durch die uns einerseits »entrissen wird, was man behalten zu können glaubte«, und uns andererseits »letztlich die Dinge zufallen, auf die wir niemals geglaubt hätten rechnen zu können«. Erkenntnis und Wirksamkeit dieser moralischen Ökonomie, die uns dafür entschädigt, dass wir uns täuschten, als wir besitzen zu können glaubten, »was uns im Augenblick des Begehrens schön erschien«, setzen voraus, dass »man nicht mehr nur an sein eigenes Vergnügen denkt«. Noch einmal zitiert er Alexander: »Entschiedener hört man auf, das zu erhoffen, was man schon einmal besessen hat, als das, was man nicht besitzen wird.«[8] Indem der Exeget diese Sentenz aus dem Zusammenhang löst, nimmt er den Radikalismus der Selbstbeobachtung (»On cesse plus radicalement d'espérer«) beim Wort. Er schreibt die Legende um, lässt fort, dass sich Alexander angeblich doch mit einem Brocken Zukunftshoffnung abspeisen ließ.

Himmelweit entfernt scheint Prousts Existenz »ohne Reisen, ohne Spaziergänge, ohne Gesellschaft, ohne Licht« von der Lebensform des Welteroberers. Aber in der Bedürfnislosigkeit, wörtlich: der großen Nüchternheit seines Alltags vermutet er den äußeren Umstand, »der die Fortdauer des Sehnens bei mir verbürgt«. So kann sich der Schriftsteller am Schreibtisch verblüffenderweise doch zum Doppelgänger Alexanders stilisieren. Proust fragt die Prinzessin, die sokratische Fragetechnik des weisen Vogels nachahmend: »Gleicht nicht der Tod, den Sie preisen, dem Leben, das ich führe?« Benjamin Disraeli, der es als Autor von Romanen aus der politischen Gesellschaft zum Premierminister gebracht hatte, erhielt sich die Gunst Königin Viktorias, indem er sich nach der Veröffentlichung ihrer Tagebuchblätter aus dem schottischen Hochland herausnahm, sie mit der Anrede »We authors, Ma'am« in den majestätischen Plural der Berufsschriftstellerei einzubeziehen[9]. Mit einer ähnlich extravagant übertreibenden Schmeichelei beschließt Proust seinen Brief an die Prinzessin. Er versichert ihr, er werde ihr blau eingeschlagenes oder jedenfalls im elektrischen Licht seiner Klause blau erscheinendes Buch bei der Arbeit stets zur Hand haben, als »Rezeptbuch, in dem ich vielleicht Heilmittel, auf jeden Fall aber Gifte entdecken werde«. So wolle er sich bemühen, »Alexander und die Prinzessin Bibesco besser zu verstehen, die mir in mancher Hinsicht noch unverständlich sind«. Am 14. November 1913 kam bei Grasset der erste Band von Prousts Roman heraus, *Du côté de chez Swann*, gedruckt auf Kosten des Autors. Proust schickte der Prinzessin Bibesco ein Widmungsexemplar[10].

Der Name Alexanders des Großen kommt einmal in der *Recherche* vor. Die Stelle findet sich im zweiten Band, *A l'ombre de jeunes filles en fleurs*, veröffentlicht 1919[11]. Der Erzähler resümiert die Kutschfahrten, die er und seine Großmutter während ihres Urlaubs im Seebad Balbec in der Normandie auf Einladung der altadligen Marquise de Villeparisis unternommen haben. Am Übermaß der Höflichkeiten erkennt man die standesgemäße Erziehung der alten Dame aus dem Faubourg Saint-Germain: Um ja keinen Dünkel zu zeigen, nutzt Madame de Villeparisis in der kurzen Zeit des Ferienaufenthalts jede Chance zum Umgang mit ihren bürgerlichen Bekannten. Ein für alle Mal vom Geist ihrer Kaste geprägt, verkennt sie, dass die gesellschaftlichen Kreise inzwischen durchlässiger sind als in ihrer Jugend und die Fortsetzung der Begegnungen in Paris eine Frage ihrer Wünsche ist. »Dadurch aber sind – wie der blendende Glanz der Küste, die vielfarbigen Strahlungen und der Tiefseeschimmer der Räume, ja sogar die Reitstunden, durch die die Söhne von Handeltreibenden wie Alexander der Große zur Gottheit erhoben wurden – die täglichen Liebenswürdigkeiten, die Madame de Villeparisis uns erwies, zugleich mit der augenblicksbedingten sommerlichen Leichtigkeit, mit der meine Großmutter sie entgegennahm, in meiner Erinnerung als charakteristische Züge des Badelebens eingegraben geblieben.« (2, 428)[12]

In diesem Tableau der Erinnerungen an Balbec bildet eine Betrachtung über das Hintergründige am sozialen Wandel, die Ungleichzeitigkeit von Einstellungen und Verhaltensweisen, den Kontext für die Parenthese mit der Erwähnung Alexanders des Großen. (Im Original wird er Alexander von Makedonien genannt.) Der Erzähler ist in Combray in eine dörfliche Welt selbstverständlich geordneter Beziehungen hineingewachsen. In Balbec kommt er an einen Ort der zeitweiligen Durchmischung der Schichten, deren Codes er zunächst identifizieren und entschlüsseln muss[13]. Das wird dadurch erschwert, dass die Badegäste selbst erst herausfinden müssen, welches Benehmen ihr Status von ihnen verlangt. Der Badeurlaub, der den Anschein gleicher Bedingungen für alle herstellt, die ihn bezahlen können, ist ein junges Phänomen, das Grand-Hotel ein Neubau. Hier ist, wie der Erzähler notiert, selbst Madame de Villeparisis, die die Stadt Paris im Namen führt, verunsichert, obwohl sie ihr Mobiliar und ihre Dienerschaft mitgebracht hat, um sich nicht an eine neue Umgebung gewöhnen zu müssen. Freie Zeit, Attribut der Vornehmheit, wird gemeinschaftlich genossen: Das sorgt für Missverständnisse, in die sich sogar die Angestellten des Hotels verstricken lassen, die doch wissen, dass sie mit ihrer Arbeit ein System der subtil abgestuften Privilegien der Unterbringung und Verpflegung aufrechterhalten. An die soziologische Deutung der Liebenswürdigkeit der Marquise schließt der Erzähler eine kleine Begebenheit an, die sich nach der Rückkehr von einer der Kutschfahrten ereignet hat. Der Hoteldirektor empfängt die Ausflügler, die ihm auf Aufforderung von Madame de Villeparisis ihre Mäntel reichen, damit sie aufs Zimmer gebracht werden. Dem Gesicht des Direktors kann man ablesen, dass er gekränkt ist. Kühl stellt die Marquise fest: Er hat vergessen, dass er ein Domestik ist.

Die »kleine Schar« der fahrradfahrenden Mädchen, in die der Erzähler sich verliebt, stellt für ihn auch in sozialer Hinsicht ein Mysterium dar. Er steigert sich in die Vorstellung hinein, sie seien niedriger, sogar zwielichtiger Herkunft, findet dann aber heraus, dass ihre Eltern der Inbegriff des Respektablen sind. Sie repräsentieren das wohlhabende, konservative, fromme Ortsbürgertum, die traditionelle Führungsschicht der Provinz, der die neureichen Badegäste die Schau stehlen, an der den Honoratioren gar nicht gelegen ist. Konventionelle Kontrastfiguren zu den Amazonen mit der emblematischen Ausrüstung der modernen Mobilität sind die jungen Herren zu Pferde, die den Neuling am Anfang aber genauso faszinieren. Bei ihrer Einordnung unterläuft dem Erzähler der umgekehrte Fehler. Da das Reiten die Fortbewegungsart der Adligen ist, blickt er gedankenlos zu ihnen auf. Ob diese Sportsmänner nun »mit dem Racket in der Hand heraustraten und einen Tennisplatz aufsuchten oder auf Pferden ausritten, die mein Herz mit Hufen traten, ich sah ihnen mit leidenschaftlicher Neugier nach im blendenden Licht des Strandes, das die Proportionen im sozialen Gefüge verzerrt« (2, 356)[14].

Das Wissen um die tatsächlichen Quellen des Geldes, mit dem die Pferde bezahlt werden, ist nicht geeignet, die Blendung zu heilen. »Es half nichts, dass ich in Erfahrung gebracht hatte, die jungen Leute, die jeden Tag vor dem Hotel aufsaßen und spazieren ritten, seien die Söhne eines fragwürdigen Besitzers eines Modewarengeschäfts, dessen Bekanntschaft mein Vater nie hätte machen mögen: das ›Badeleben‹ verwandelte sie für meine Augen in Reiterstandbilder von Halbgöttern, und das Beste, was ich erhoffen konnte, war, sie würden niemals ihre Blicke auf einem so armen Jungen ruhen lassen, wie ich einer war, der ich den Speisesaal des Hotels nur verließ, um mich in den Sand zu setzen.« (2, 368)[15] Der idealisierende Blick, der aus den sportlichen Altersgenossen Musterexemplare des klassischen Übermenschentums macht, ist die Perspektive einer eingebildeten Ohnmacht, die sich in Unterwerfungsphantasien gefällt. Erst malt sich der Schüchterne aus, wie er sich den Reitern in die Bahn wirft, um sein Herz zertrampeln zu lassen, dann will er sich unsichtbar machen, weil Halbgötterblicke töten können. Der selbstironische Ton gibt zu erkennen, dass der Erzähler, wie er vermerkt, aus einem »lächerlichen Alter« berichtet, einer Epoche des Lebens, in der »man den Verstand nicht befragt« und sich durch voreilige Schlüsse zu unvorsichtigen Gesten hinreißen lässt. »Ganz von Ungeheuern und Göttern umringt, kennt man fast keine Ruhe.« In den Kurzschlusshandlungen, improvisierten Pathosformeln für einmalige Verwendung, erkennt er im Rückblick allerdings eine Spontaneität, die in dem Maße verlorengeht, wie man sich der Gesellschaft anpasst. Die Pointe dieser Dialektik der pädagogischen Aufklärung lautet: Die Jugend »ist die einzige Zeit, in der man etwas lernt« (2, 436f.)[16].

Das Schicksal der lebenden Reiterstandbilder bezeugt einen Lernprozess des Erzählers. Beim dritten Auftritt der Modewarengeschäftserben hat sich die Stimmung gewandelt. Die Befangenheit des Fußgängers ist verflogen, in der Erinnerung des Erzählers gehört das Kommen und Gehen der Reiter zur Landschaft von Balbec. Der blendende Glanz der Küste verzerrt die Wahrnehmung nicht mehr, sondern bleibt selbst als Phänomen unter Phänomenen im Gedächtnis. In der Nähe von Balbec hat der Erzähler den Maler Elstir kennengelernt.

Auf einem impressionistischen Strandpanorama ist Platz für ein Sujet des modernen Lebens wie die berittenen Parvenus. Bei der dritten Erwähnung der Reiter, die nach farbigen Strahlungen und schimmernden Räumen scheinbar aus der Reihe der malerischen Effekte fallen, tritt ein realistisches Detail hinzu, das dem Erzähler zunächst entgangen ist. Die Kurzwarenhändlersöhne bekommen Reitunterricht, können also noch nicht richtig reiten, sondern müssen es lernen. Mit demselben Pinselstrich bekommt die mythologische Kostümierung ihre individuelle Note: Nicht beliebigen Halbgöttern gleichen die Reitschüler, sondern dem vergöttlichten Alexander. Der Effekt dieser Ergänzungen ist, dass die Ironie nicht mehr auf Kosten des Erzählers geht. Die Erinnerung an seine naive Idealisierung der jungen Herren im Sattel wird überblendet mit deren Arbeit am eigenen Bild. Indem sie vor dem Hotel am helllichten Tag üben, wie man aufs Pferd kommt, stellen sie unwissentlich aus, dass sie Aufsteiger sind. Der Erzähler stammt aus der *bourgeoisie de robe*, sein Vater ist Beamter im Außenministerium. Ist die Arbeit an Idealporträts seine Sublimierung eines Ehrgeizes, den zu zeigen in seiner Herkunftswelt unfair ist? Die Selbstironie wird übersetzt in Selbstkritik: Ein Stadium des Bildungsprozesses, in dem der Erzähler zum Schriftsteller wird, ist die bürgerliche Ästhetik der Apotheose.

Alexander als Rollenmodell der Hobbyreiter: Der Effekt ist komisch. Für den Eindruck eines grotesken Missverhältnisses sorgt aber weniger die abstrakte Größe des Königs der Makedonen als ein konkreter Umstand aus dem Stoff seines Lebens, eine Anekdote, die sein Bild für alle Zeiten bestimmt hat. Alexander, der Reiter: Bei diesem Stichwort sieht man den Prinzen vor sich, der dem Vater und den Höflingen vorführt, wie sich der wilde Bukephalos bändigen lässt[17]. Kann man sich einen Alexander vorstellen, der Reitstunden bekommt? Er hatte den berühmtesten Privatlehrer der Welt, musste von Aristoteles aber wohl nicht im Reiten unterwiesen werden. Jedermann kenne die Geschichte von Alexander und Bukephalos, notiert Montaigne[18]. Da die Natur aus Alexander und Caesar nun einmal zwei Wundermänner der Kriegskunst habe machen wollen, sei sie auch genötigt gewesen, sie mit außerordentlichen Fähigkeiten auszurüsten. Alexander zähmte den Bukephalos, indem er ihn dazu brachte, in die Sonne zu sehen. Durch Beobachtung des Pferdes war er nämlich zu dem Schluss gekommen, dass es deshalb so wild ausschlug, weil ihm die Bewegung des eigenen Schattens Angst einjagte.

Im vierten Band der *Recherche*, *Sodome et Gomorrhe*, berichtet der Erzähler über einen Ausritt im Wald[19]. Albertine, seine Favoritin aus der »kleinen Schar«, ist inzwischen seine Geliebte. Um sie zu zerstreuen, mietet er Pferde, da sie den Reitsport liebt. An einem Tag, da er sie in der Obhut ihrer Tante zurücklässt, ist er es, der sich aufs Pferd schwingt und »einen verborgenen Weg« einschlägt, der »zwischen dichtem Unterholz« verläuft und ihn durch »wilde Schluchten« (4, 639) bis an die »kahlen Felsen« der Küste führt (4, 640). Ein »altes Ich«, das »für einen Augenblick an die Stelle des gegenwärtigen« getreten ist, hat das Pferd gesattelt; indem er sich in diese unwirtliche Gegend locken lässt, gibt er einem »Fluchtbedürfnis« nach (4, 639). »Plötzlich scheute mein Pferd. Es hatte einen seltsamen Laut gehört, ich hatte Mühe, es zu bändigen und nicht abgeworfen zu werden.« Auf der Suche nach der Quelle der akustischen Irritation hebt er die Augen zum Himmel, wo sich ihm ein optisches Ereignis darbietet: »ich […] sah fünfzig Meter über mir in der Sonne zwischen zwei großen Flügeln aus funkelndem Stahl, die es trugen, ein Wesen, dessen undeutliche Gestalt mir der eines Menschen zu gleichen schien«. Der Reiter begegnet seinem Nachfolger, dem Flieger, und erklärt sich das Erlebnis dieses Schocks der Modernität mit einem Muster aus der antiken Kulturgeschichte. »Ich war tief bewegt, wie es ein Grieche gewesen sein mag, der zum ersten Mal einen Halbgott erblickte.«

Als humoristisches Thema wurde die Verbindung des Reitens mit dem Halbgötterkult während des ersten Balbec-Aufenthalts eingeführt. Jetzt kehrt sie als Schicksalsmotiv wieder. Der Pilot scheint »über seine Bahn im ungewissen zu sein« (4, 640). Positiv gewendet: Vor ihm liegen »alle Straßen des Weltraums, des Lebens« offen. So sähe der Erzähler sich selbst auch gerne, aber ihn hat die Routine der Liebesbeziehung »zum Gefangenen gemacht«. Der Schluss des Schauspiels: Der Flieger »stieß weiter vor, kreiste minutenlang über dem Meer, fasste dann plötzlich einen Entschluss, als gebe er einer der Schwerkraft entgegengesetzten Anziehung nach, als kehre er in seine Heimat zurück, und mit einem leichten Schlag seiner goldenen Flügel stieg er senkrecht zum Himmel empor« (4, 641)[20]. Mühelos vollbringt der geflügelte Mann mit der Himmelfahrt seine eigene Vergöttlichung.

Zweimal kommt der Erzähler auf diesen Anblick zurück. Im fünften Band, *La Prisonnière*, erwähnt er, dass er zur Freude Albertines den Flugplatz regelmäßig als abendliches Ausflugsziel wählte, »weil für mich [...] die beinahe mythologische Begegnung mit einem Flieger, die mein Pferd scheuen ließ, zu etwas wie einem Sinnbild der Freiheit geworden war« (5, 145)[21]. Und im letzten Band, *Le temps retrouvé*, löst ein Fliegeralarm im Ersten Weltkrieg die Erinnerung aus: »Manchmal beleuchtete ein feindliches Flugzeug, das ziemlich niedrig flog, den Punkt, an dem es eine Bombe abwerfen wollte. Ich fand meinen Weg nicht mehr. Ich dachte an den Tag, an dem ich bei meinem Ritt nach La Raspelière wie einem Gott, vor dem mein Pferd sich aufbäumte, einem Flugzeug begegnet war. Ich stellte mir vor, dass jetzt die Begegnung anders ausfallen, dass der Gott des Bösen mich vernichten würde.« (7, 208 f.)[22] In dieser Vision sind Mann und Maschine endgültig verschmolzen: Das Flugzeug selbst ist der Gott. Der Flieger ist schon bei seinem ersten Auftauchen im vierten Band ein Todesbote. Sein Erscheinen steht unter dem Gesetz des Vorwissens. Der Erzähler erkennt, dass ihn sein Pferd in die Landschaft aus Elstirs Aquarell *Junger Mann, einem Zentauren begegnend* gebracht hat, und diese Erinnerung gibt ihm, bevor das Pferd das Knattern des Flugzeugmotors hört, den Gedanken ein, das ihm »wie diesem jungen Mann aus vorzeitlichen Tagen, den Elstir dargestellt hat«, an diesem »Platz so völlig außerhalb der gegenwärtigen Welt« eine »Gestalt aus der Mythologie« entgegentreten könnte. So stehen ihm, als er zur Sonne emporblickt, schon die Tränen in den Augen, weil das Geräusch ihn wissen lässt, dass er zum ersten Mal einen der in jenen Tagen noch seltenen Aeroplane sehen wird. »Da, wie wenn man in einer Zeitung ein besonders aufwühlendes Wort herannahen fühlt, wartete ich nur noch auf den Anblick des Flugzeugs, um in Tränen auszubrechen.« (4, 640)[23]

Das *fait divers*, das die Himmelsschrift ankündigt, ist der Tod Albertines bei einem Reitunfall. Die Nachricht wird im sechsten Band, *La Fugitive*, in die Erzählung als Telegramm eingerückt: »Sie ist bei einem Ausritt von ihrem Pferd gegen einen Baum geschleudert worden.« (6, 92)[24] Als Verbindungsglied dient eine Zeitungsnotiz. »Ich schlug die Zeitung auf. Sie enthielt die Nachricht, dass die Berma gestorben war.« Vom Tod der großen Tragödin erfährt der Erzähler in der Zwischenzeit des Aufschubs vor dem Eintreffen der Nachricht von Albertines Tod, als die Geliebte ihn schon verlassen hat, aber er sich noch einbildet, ihre Rückkehr werde leicht zu bewerkstelligen sein. Die Paraderolle der Berma war Racines Phädra. In den Versen, die ihm seit der Kindheit vertraut sind, die er zunächst sich selbst vorsprach und dann auf der Bühne hörte, erkennt der Erzähler im Rückblick »die Kundgabe von Gesetzen, die ich an mir selbst erfahren musste« (6, 67)[25]. Dabei handelt es sich um Gesetze der Mechanik der Glücksverfehlung, wie Proust sie im Brief an die Prinzessin Bibesco skizzierte. »Es gibt in unserer Seele Dinge, an denen wir mehr hängen, als wir selbst wissen. Entweder leben wir ohne sie, tun es aber, weil wir aus Furcht zu scheitern oder zu leiden, von einem Tag zum anderen aufschieben, uns in ihren Besitz zu bringen. [...] Oder aber die Sache ist in unserem Besitz, dann aber meinen wir, sie falle uns zur Last, und würden uns gern von ihr befreien; so war es mir mit Albertine ergangen.« (6, 68)[26]

Phädras Verhältnis zu ihrem Stiefsohn Hippolytos deutet der Erzähler »als eine Art Prophezeiung der Liebesepisoden meiner eigenen Existenz« (6, 70)[27]. Sie gesteht ihm ihre Liebe, als er im Begriff ist fortzugehen, nachdem sie bis dahin versucht hat, feindselige Gefühle in ihm zu wecken. Als Hippolytos ihre Liebeserklärung zurückgewiesen hat, gibt sie vor, er habe sie missverstanden. Doch als er sich daraufhin entschuldigt, korrigiert sie ihn: Nur zu gut habe er sie verstanden, der Grausame. Phädra hätte »nach erreichtem Glück das Gefühl haben können, es sei nicht viel wert« (6, 69)[28]. Aber da das Glück unerreichbar ist, soll die Weigerung von ihm kommen. Dann erfährt sie, dass er eine andere liebt. Da lässt sie ihn verleumden »und überantwortet schließlich denjenigen, der sie nicht will, einem Geschick, dessen Grauen ihr keineswegs zum Trost gereicht«, weil ihr Selbstmord unmittelbar auf seinen Untergang folgt (6, 70)[29]. Das Gebrüll eines Seeungeheuers hat die Pferde des Hippolytos scheu gemacht; sein Wagen wird gegen einen Felsen geschleudert, und die Pferde schleifen ihn zu Tode[30]. Den Erzähler sucht die Frage nach seiner Schuld heim, war Albertine doch »aus meiner Gefangenschaft entronnen, um auf einem Reitpferd, das sie ohne mich nicht besessen hätte, den Tod zu finden« (6, 126)[31]. Beim Ausritt in die Todeslandschaft der kahlen Felsen hat der Erzähler den fatalen Ritt Albertines als eingebildeter Gefangener vorweggenommen. Den biographischen Hintergrund der Albertine-Dichtung bildet der Tod von Prousts Chauffeur Alfred Agostinelli bei einem Flugunfall vor der Küste von Antibes[32].

Die schillernde Meereskulisse gibt dem heiteren Erinnerungsgemälde mit den Reitschülern von Balbec bei erneuter Betrachtung etwas Ominöses. In den Biographien Alexanders des Großen ist die Vergöttlichung der Stoff des letzten Kapitels. Das Leben der Söhne des Königs der Modewaren resümiert der Erzähler in kühnster, ungerührter Raffung, wenn er das Besteigen der Pferde mit der Apotheose in eins fallen lässt.

Auf das Panoramabild mit der Zentralfigur der überaus liebenswürdigen Madame de Villeparisis folgt im zweiten Band nach ein paar von der Unglücksmiene des Direktors angeregten Anekdoten aus dem Schatzkästlein der Marquise und einem Gespräch zwischen dem Erzähler und seiner Großmutter über die Marquise und den Tod der erste Auftritt einer Hauptfigur der *Recherche*, des Großneffen von Madame de Villeparisis, des Marquis de Saint-Loup. Dieser junge Mann muss in Balbec keine Reitstunden nehmen, weil er in Saumur die Kavallerieschule besucht. Der Erzähler setzt ihn in Szene, wie er ihn an jenem ersten Tag, einem sehr heißen Nachmittag, gesehen hat. Robert de Saint-Loup erscheint vor seinem Element, dem er entstiegen zu sein scheint: »Er kam vom Strand, und das Meer, das die großen Fenster der Halle bis zur Hälfte erfüllte, diente ihm als Hintergrund, vor dem er sich in voller Figur abhob, wie auf gewissen Porträts, mit denen die Maler unter Verzicht auf die leiseste Fälschung der Wirklichkeit, nur durch die Wahl einer geeigneten Umrahmung für ihr Modell – Polorasen, Golfplatz, Rennbahn, Deck einer Segeljacht –, ein modernes Gegenstück zu den Gemälden geben wollen, auf denen die Maler der Frührenaissance ein menschliches Antlitz im Vordergrund vor einer Landschaft zeigen.« Saint-Loup geht durch die Halle, und vor der Tür erwartet ihn ein standesgemäßes Attribut, wie es die Porträtmaler ebenfalls zur bündigen Charakterisierung einzusetzen lieben, ein »mit zwei Pferden bespannter Wagen« (2, 435)[33]. Nonchalant führt der Marquis sogleich ein Kunststück vor, indem er dem Kutscher die Zügel aus der Hand nimmt und sein Gespann losfahren lässt, während er gleichzeitig einen Brief öffnet. Für die Verbindung der Pferde mit dem Meer steht im griechischen Mythos der Gott Poseidon, der auf Bitten des von der Verleumdung getäuschten Vaters Theseus dem Hippolytos das mörderische Monster entgegenschickt[34].

In einem Wagen mit zwei Pferden macht auch Saint-Loups Tante ihre Ausfahrten. Bei einer dieser Exkursionen will der Erzähler ein Fischermädchen damit beeindrucken, dass er in so vornehmer Gesellschaft und mit einem so prächtigen Fahrzeug unterwegs ist. »Ich wollte, dass sie gerade das erführe, um von mir eine große Meinung zu bekommen«, im Original: »une grande idée de moi«. Ihn selbst versetzen schon die bloßen Worte, mit denen er diese große Idee nahelegen möchte, in eine Erregung, die er nicht beherrschen kann. »Als ich aber die Worte ›Marquise‹ und ›zwei Pferde‹ ausgesprochen hatte, kam plötzlich eine große Befriedigung über mich.« Der Maulheld mit feuchter Hose zieht eine positive Bilanz des abgekürzten Abenteuers. Die Dorfschönheit, bildet er sich ein, wird sich an ihn erinnern, und diesen Erfolg verbucht er als »gewaltsame Eroberung ihres Geistes« und »unkörperliche Inbesitznahme« (2, 417)[35].

Noch bevor der Erzähler den Großneffen von Madame de Villeparisis zu Gesicht bekommt, gibt er sich der Vorstellung hin, sie müssten die besten Freunde werden, was auch tatsächlich eintritt. Zunächst muss der Erzähler aber dahinterkommen, dass die Mechanik der ruckhaften Begrüßungsgesten, die ihn an Saint-Loup irritiert, kein Ausdruck angeborener Arroganz ist, sondern »etwas rein Erlerntes« ohne expressiven Wert, »eine mondäne Gepflogenheit«, der gemäß »seine Mutter, die auf seine untadelige Erziehung den größten Wert legte, seinen Körper dressiert hatte« (2, 439)[36]. Sein Monokel scheint ihm wie ein Schmetterling voranzutanzen, und so geht ihm naturgemäß auch sein Ruhm voraus. Bloch, ein jüdischer Bekannter des Erzählers mit literarischen Ambitionen, wirbt um

Saint-Loup, indem er ihn »am Strande der wogendröhnenden Amphitrite« begrüßt, ihn mit dem vollen Adelstitel anredet und homerische Ehrennamen hinzudichtet: »vom Ares geliebter Reitersmann« und »Rossebezähmer« (2, 462)³⁷. Die Epitheta-Kanonade verfehlt ihre Wirkung und soll den Leser amüsieren. Dass die Klischees deplatziert sind, macht sie allerdings nicht unwahr. Im dritten Band, *Le côté de Guermantes*, in dem die Adelswelt ins Zentrum rückt, können wir Saint-Loup als Rossebezähmer bewundern. Der Erzähler besucht seinen Freund in der Garnison in Doncières und wird auf dem Kasernenhof Zeuge folgender Szene: »Ein Fähnrich, der auf dem Hof ein Pferd zuritt und vor allem, ohne auf den Gruß der vorüberkommenden Soldaten zu achten, damit beschäftigt war, es springen zu lassen, doch jeden mit Invektiven überschüttete, der ihm in den Weg kam, lächelte Saint-Loup gerade zu; als er jedoch sah, dass ein Freund bei ihm war, grüßte er korrekt. Doch sein Pferd bäumte sich hoch auf, und Schaum flog ihm ums Maul. Saint-Loup warf sich ihm entgegen, fasste es beim Zügel, brachte es zur Ruhe und kam wieder zu mir.« (3, 96)³⁸ Saint-Loup besänftigt das Pferd und allein durch seine Gegenwart auch den unverschämten Fähnrich. Er demonstriert die adlige Tugend der Leutseligkeit, die wie durch Magie auf den Adressaten seiner Liebenswürdigkeiten übergeht. Das vertraute Lächeln, das der Rüpel unterdrückt, als er bemerkt, dass Saint-Loup nicht allein ist, lässt zugleich die Möglichkeit eines intimen Verhältnisses jenseits des Ehrenkodex aufblitzen.

Später im gleichen Band, nach seiner Rückkehr von einer Stationierung in Marokko, nimmt Saint-Loup den Erzähler in ein Restaurant mit, in dem sich Anhänger und Gegner des Hauptmanns Dreyfus um die Tische streiten. Der Patron hat für eine Zweiklassengesellschaft Vorkehrungen getroffen und verweigert dem Erzähler, der ohne Saint-Loup in der Tür erscheint, einen Platz im Saal der Aristokraten. Als Saint-Loup eintrifft und mit dem Wirt verhandelt, studiert der Erzähler ausgiebig die Physiognomie seines Freundes. Er sieht in ihm einen Typus, der dem »unsterblichen Ruhm Frankreichs« dient: das Rittertum in voller Blüte (3, 574)[39]. Sogleich gibt Saint-Loup ein Beispiel der ritterlichen Anmut, indem er um einer kleinen Freundschaftsgeste willen eine akrobatische Glanzleistung vollführt. Er hat gesehen, dass der Erzähler neben der Tür im zugigen Saal für die bürgerliche Klientel sitzt, und leiht sich für ihn den Kamelhaarmantel eines aristokratischen Freundes. Niemand soll seinetwegen aufstehen, als er mit der Trophäe den Saal betritt. Er schwingt sich daher auf die roten Samtbänke, die an der Wand entlanglaufen, lässt sich durch die elektrischen Schnüre zwischen den Tischen nicht stören und nimmt »wie ein Turnierpferd geschickt jedes Hindernis« (3, 577)[40]. Beifall kommt auf, als er, um hinter seinen Freunden aus dem Jockey-Club zu passieren, auf die Kante des Rückenpolsters steigt und sich darauf in vollkommenem Gleichgewicht weiterbewegt. »Als er endlich bei mir angekommen war, bremste er seinen Schwung mit der Exaktheit eines Kommandeurs vor der Tribüne eines Herrschers, verneigte sich und reichte mir höflich ergeben den Vikunjamantel, den er gleich darauf, als er neben mir saß, ohne dass ich dabei eine Bewegung zu machen brauchte, als leichten warmen Umhang um meine Schultern breitete.« (3, 578)[41]

Für den Spender wie für den Empfänger des Mantels wird es »der Abend der Freundschaft«, den der Erzähler schon Revue passieren lässt, während er noch andauert, »ganz erfüllt von dem Vergnügen, mit dem ich ihn in kurzem Galopp hatte näherkommen und mit Grazie sein Ziel erreichen sehen« (3, 579)[42]. Bürgerliche hätten sich den Balanceakt nicht getraut, aus Furcht, sich lächerlich zu machen. Dass Saint-Loup dieses Bedenken gar nicht in den Sinn kommt, beweist, wie der Erzähler in einem Essay zur Genealogie der aristokratischen Moral ausführt, dass ihm der Hochmut der Vorfahren zwar nicht im Herzen, wohl aber in den Knochen sitzt. Wie ein Sportreporter im Radio verewigt der Erzähler den Hindernislauf in einer sprachlichen Nachschöpfung, einem Bravourstück des langen Atems. Geschmackssicherheit, Furchtlosigkeit und Großzügigkeit, »das waren« – wir schalten uns kurz vor Schluss zu – »die Tugenden (alle gehören wesensmäßig zum Adel), die hinter diesem Körper – der nicht undurchlässig und dunkel war, wie es meiner gewesen wäre, sondern sinnerfüllt und klar – aufschimmerten, wie durch ein Kunstwerk hindurch die unermüdlich wirkende Kraft, die es geschaffen hat, und die Bewegungen von Roberts leichtfüßigem Lauf der Wand entlang ebenso klar verständlich und reizvoll machten wie die von Reitern auf einem Marmorfries« (3, 581)[43].

Aus einer Marginalie auf einem Skizzenblatt geht hervor, dass Proust als Illustration der Parthenonfries vorschwebte (II, 1936). Man kann auch an den Alexandersarkophag im Museum von Istanbul denken. Alexander, dessen Pferd sich im Angriff aufbäumt, während dasjenige seines persischen Gegners schon in die Knie gegangen ist, trägt den Löwenhelm seines Schutzgotts Herakles. Seiner Mutter Olympias soll vorausgesagt worden sein, sie werde ein Löwenjunges zur Welt bringen. Bevor Saint-Loup den Saal des Grand-Hotels in Balbec betritt, stellen sich die Gäste auf die sagenhafte Frechheit des Salonlöwen ein, »son impertinence du jeune ›lion‹« (II, 88).

Man hatte den Saal »der Sonne wegen halb verdunkelt«, als der Erzähler »im mittleren Durchgang, der vom Strand zur Straße führte, einen jungen Mann, groß, schlank, mit freiem Hals, stolz erhobenem Haupt und durchdringendem Blick einherkommen sah, dessen Haupt so hell war und dessen Haare so golden schimmerten, als hätten sie alle Strahlen der Sonne in sich aufgesogen« (2, 434)[44]. Stéphane Chaudiers Kommentar zur Stelle: »Saint-Loup est une divinité solaire.«[45] Der erste Satz des Kapitels über die Jugend des Helden im Alexanderbuch der Prinzessin Bibesco lautet: »Souvent on l'a comparé au Soleil.«[46] Mit diesem Bild bringt die Autorin Züge Alexanders in Verbindung, die die persische und syrische Tradition einerseits und die griechische andererseits ihm übereinstimmend zuerkennen: die Fähigkeit, die Pferde zu bändigen, eine angenehme Stimme, faszinierende Augen und eine außerordentliche körperliche Konstitution. Den Eroberer Arabiens nennt die Prinzessin »l'adolescent au visage du soleil«[47]. Diese Formel zitiert Proust in seinem Brief: Das Buchgeschenk habe den Schatten vertrieben, den die Erinnerung an den Ball sogar auf das Buch von den acht Paradiesen geworfen habe – so sei der asiatische Alexander tatsächlich mit einem Sonnengesicht bei ihm eingetreten[48].

Marie Miguet-Ollagnier kommentiert in ihrer Untersuchung des Pferdemotivs bei Proust die Verwandlung des über Tisch und Bänke fliegenden Kavallerieoffiziers Saint-Loup in den Reiter eines antiken Marmorreliefs mit dem Satz: »Le héros proustien remonte mentalement vers l'âge d'or de la Grèce, patrie innocente de l'homosexualité, et il croit voir un éphèbe à cheval.«[49] Der Erzähler und sein bester Freund Robert sind ein ideales Freundespaar wie Achilles und Patroklos, die Vorbilder für Alexander und seinen besten Freund Hephaistion. Saint-Loup präsentiert dem Erzähler den Mantel wie ein Kommandeur seinem Herrscher ein erbeutetes Feldzeichen – ein Kommandeur wie Hephaistion, der Befehlshaber von Alexanders Kavallerie. Genauso gut lässt sich aber die Überreichung des Mantels umgekehrt als Schutzgeste eines Herrschers lesen. Für diese Variante des feudalen Treuebundes gilt, dass die Rollen austauschbar sind – sie lassen sich invertieren. Alexander legte ein kostbares Gewand im persischen Geschmack auf den Scheiterhaufen des Hephaistion[50] und ließ zu seinen Ehren ein Löwendenkmal errichten[51]. Der rote Samt der Bänke im Restaurant wird auf den zweiten Blick näher als »Purpurplüsch« beschrieben. Den kostbar aussehenden Bezug hat Saint-Loup »tatsächlich und symbolisch« mit Füßen getreten, wie einen »prachtvollen Läufer, der meinem Freund nur deshalb gefiel, weil er ihm erlaubte, graziöser und geschwinder zu mir zu gelangen« (3, 580f.)[52]. Purpur war der Stoff der persischen Hofkleidung, der durch Alexander in den Westen gekommen sein soll. Indem der Erzähler Saint-Loup zum antiken Heros modelliert[53], löst er ihn nicht aus der Tradition der Guermantes heraus. Alexander der Große war eine Lieblingsfigur der französischen Ritterdichtung des Mittelalters[54]. Die Familie Guermantes ist vielfach mit der Geschichte der christlichen Ritterorden verknüpft, der Templer und Malteser. Saint-Loup, der klassische »cavalier« (II, 707), ist auch der vollkommene »chevalier«.

Wie der Pilot mit seinem Gehäuse verwachsen ist, so dass der Erzähler je nach Stimmung das Wesen zwischen den Flügeln einen Gott nennt oder den ganzen Apparat mit den Flügeln, so wird der über die Bänke fegende Saint-Loup mit einem Reiter, aber auch selbst mit einem Pferd verglichen. Er ist, wie Marie Miguet-Ollagnier pointiert, fast ein »homme-cheval«[55], und das heißt: Seine Gestalt nähert sich dem Zentauren an, jenem Fabelwesen, das der Erzähler in Elstirs Welt zu sehen erwartete, als ihm in der Sonne der Flieger erschien. Der Zentaur Chiron war der Lehrer des Achilles, und der koptische Alexanderroman berichtet, dass das Heer der Makedonen nach einer Schlacht in Indien schon um den in Gefangenschaft geratenen König getrauert habe, bis Alexander auf dem Rücken des Chiron angeritten gekommen sei und den Befehl zum Marsch in die gedrosische Wüste gegeben habe[56]. In der *Recherche* ist der Zentaur der heraldische Doppelgänger von Saint-Loups Onkel, dem Baron de Charlus, dem Urbild des lüsternen Homosexuellen (4, 26). Im Laufe des Romans findet der Erzähler heraus, dass die Leute sich eben doch nicht täuschen, die »wegen der ungewöhnlichen Schönheit« des jungen Löwen »etwas Weibisches« an Saint-Loup entdecken und entsprechende sexuelle Präferenzen vermuten (2, 435)[57]. Die Gerüchte, die über die »vier Platoniker« umlaufen, die unzertrennliche Gruppe von vier jungen Männern, zu der Saint-Loup und der Eigentümer des Mantels aus südamerikanischem Kamelhaar gehören, treffen zu, und dass der Erzähler sie, »soweit sie Saint-Loup betrafen, in aller Form dementieren« konnte (3, 569)[58], beruhte auf Unwissenheit. Man wird in Charlus den Lehrer seines Neffen sehen müssen.

»Et l'histoire de sa vie s'achève sur le discours d'un oiseau.«[59] Über diesen Satz im letzten Kapitel von *Alexander asiatique* – in Rilkes Übersetzung: »Und die Geschichte seines Lebens geht aus in der Rede eines Vogels«[60] – schrieb Proust der Verfasserin, er zeige jene zarte Grazie der Worte, die seinen eigenen literarischen Versuchen immer fehlen werde: die Vollkommenheit selbst, die unnütze Reichtümer verwirft und in der Auslassung besteht[61]. Es scheint auf der Hand zu liegen, dass Prousts Roman sich dem Gesetz dieser Schönheit nicht unterstellt hat. Stoffliche und formale Erwägungen mussten eine Imitation des asketischen Sensualismus der Prinzessin Bibesco ausschließen. Es ist etwas Apartes, dass es der Prinzessin gelungen ist, Alexander den Großen in eine Umgebung der Bewegungslosigkeit, der vollkommenen Windstille zu versetzen. Dagegen gesteht Prousts Erzähler am Ende des ersten Bandes beim Spaziergehen im Bois de Boulogne, die »Vorstellung von Vollkommenheit«, die er von früheren Rundgängen an diesem Ort mitbringe, beziehe sich »auf die schnittige Form der toll dahinjagenden, wespenleichten Pferde, deren Augen wie die der grausamen Rosse des Diomedes blutunterlaufen waren« (1, 612)[62]. Diese Pferde trifft der Erzähler nicht mehr an, weil die Automobile die Kutschen verdrängt haben. Die Diadochen von Balbec nehmen den Reitunterricht just in dem historischen Moment auf, da die vornehmeren Schichten zur motorisierten Fortbewegung übergegangen sind. Der Thrakerkönig Diomedes[63] fütterte seine Pferde mit Menschenfleisch. Herakles zähmte sie, nachdem er ihnen, wie Diodor berichtet, ihren Herrn zum Fraß vorgeworfen hatte[64]. Gustave Moreau, dessen »Toter Dichter, von einem Zentauren getragen«⁶⁵ wohl das Vorbild für Elstirs Aquarell »Junger Mann, einem Zentauren begegnend« ist, hat Diomedes, der von seinen Pferden gefressen wird, gemalt: Herakles hat ihm nicht vorher den Gnadentod gegeben; er wird von den Tieren zerfleischt⁶⁶. Von solchen Bildern hat der Erzähler sich also mitreißen lassen, wenn er als Schuljunge am Wegesrand im Bois de Boulogne stand und Madame Swanns Kutsche an ihm vorbeirauschte. Die mythologische Anspielung nimmt die Höllenfahrt der späteren Bände vorweg, den Abstieg in die Unterwelt des Sadismus und Masochismus. Diodor merkt an, dass die Nachkommen der Rosse des Diomedes noch bis in die Epoche Alexanders des Großen überlebt haben sollen. Die unter dem Namen des Kallisthenes überlieferte Version des Alexanderromans klassifiziert Bukephalos als Menschenfresser⁶⁷.

Im letzten Band der *Recherche* verliert Saint-Loup in dem Männerbordell, das sein Onkel Charlus finanziert, sein Kriegskreuz. Er fällt am zweiten Tag nach seiner Rückkehr an die Front, als er den Rückzug seiner Leute deckt. Der Erzähler schließt sich in sein Zimmer ein und betrachtet in seiner Trauer noch einmal die Bilder ihrer Freundschaft, mit dem ersten angefangen: »Ich erinnerte mich an seine erste Ankunft in Balbec, wie er im weißlichen Wollanzug mit seinen dem Meer gleich grünlichen und bewegten Augen die Halle neben dem Speisesaal durchschritt, dessen große Fenster auf das Meer hinausgingen.« Im Abend der Freundschaft sieht er das Opfer vorweggenommen, das der Freund gebracht hat. Aus »dem Bedürfnis, alles, was er besaß, in den Dienst der anderen zu stellen«, hatte er »in seiner letzten Stunde« einen Schützengraben angegriffen, »so wie er eines Abends auf den Polstersitzen des Restaurants entlanggelaufen war, damit ich nicht aufstehen musste« (7, 229)⁶⁸. Saint-Loup hatte an diesem Abend bestritten, dass der deutsche Kaiser kriegerische Absichten verfolge, und einen Krieg unter den technischen Gegebenheiten des zwanzigsten Jahrhunderts zu einem Ding der moralischen Unmöglichkeit erklärt (3, 579). Er stirbt nicht als Eroberer, sondern als Verteidiger des Vaterlands und seiner Männer[69], ist insofern ein Antityp zu Alexander von Makedonien.

Mit Alexander hat er das Schicksal des frühen Todes gemein, den die Überlebenden für vorgezeichnet halten wollen. Im Rückblick findet der Erzähler in der dezenten Ritterlichkeit Saint-Loups die Spuren »einer halb unbewussten, halb bewussten Trauer« (7, 234)[70]. Der Sage zufolge ist das Geschlecht der Guermantes aus der Verbindung eines Vogels mit einer Göttin hervorgegangen. In einem Brief von der Front berichtete Saint-Loup dem Erzähler, er sei »beim Anhören des ersten Vogelgezwitschers im Morgengrauen« am Rand eines sumpfigen Waldes berauscht gewesen, »als habe zu ihm der Vogel aus jenem ›sublimen Siegfried‹ gesprochen, den er nach dem Krieg wieder zu hören hoffte« (7, 92)[71]. So geht auch die Geschichte seines Lebens aus in der Rede eines Vogels.

Erstmals erschienen in: *Fröhliche Altertumswissenschaft*. Festbuch für Wolfgang Will zum 65. Geburtstag, hrsg. v. Rüdiger Kinsky und Jan Timmer, Bonn 2014, Seite 171-193. Nachdruck mit freundlicher Genehmigung des Verlags Dr. Rudolf Habelt.

1 *Au bal avec Marcel Proust*, par la princesse Bibesco. *Cahiers Marcel Proust* N. S. 2, Paris 1956, 80 ff.
2 Im Folgenden zitiert nach der Ausgabe Paris 1927, mit Radierungen von Léon Toublanc.
3 *Correspondance de Marcel Proust*, hrsg. v. Philip Kolb, Bd. 11: 1912, Paris 1985, 108 ff. Marcel Proust, *Briefe zum Leben*. Übersetzt von Uwe Daube, Frankfurt am Main 1978, 362 ff. Das Original des Briefes befindet sich in der Bibliotheca Proustiana Reiner Speck, Köln. Abbildung und Transkription: *Cher ami … Votre Marcel Proust. Marcel Proust im Spiegel seiner Korrespondenz*, hrsg. v. Jürgen Ritte und Reiner Speck, Köln 2009, 120 f. 320 f. Siehe auch den älteren Katalogeintrag: Marcel Proust. Zwischen

Belle Epoque und Moderne, hrsg. v. Reiner Speck und Michael Maar, Frankfurt am Main 1999, 249.
4 *Au bal avec Marcel Proust*, 70f.
5 *Alexandre asiatique*, 84ff.
6 Ebd., 87: »Son bonheur, entendu comme la réussite de la chose souhaitée, fait qu'il meurt à Babylone dans la quatorzième année de son règne et la trente-deuxième de son âge.« – Rainer Maria Rilke, *Übersetzungen, Sämtliche Werke*, hrsg. v. Ernst Zinn, Bd. 7, Frankfurt am Main 1997, 123. Rilke übersetzte auch das erste Kapitel »Von der Geburt Alexanders«.
7 *Alexandre asiatique*, 85: »Et cesser d'espérer, n'est-ce pas le désespoir même?«
8 Ebd.: »On cesse plus radicalement d'espérer ce qu'on tient, dit Alexandre, que ce qu'on n'aura pas.«
9 Elizabeth Longford, *Victoria R. I.*, London 1964, 375.
10 Ebenfalls in der Bibliotheca Proustiana Reiner Speck. Abbildung: *Cher ami… Votre Marcel Proust*, 2.
11 Arabische Zahlen beziehen sich auf die sieben Bände der Frankfurter Ausgabe mit der von Luzius Keller revidierten Übersetzung von Eva Rechel-Mertens: *Unterwegs zu Swann*, 1994; *Im Schatten junger Mädchenblüte*, 1995; *Guermantes*, 1996; *Sodom und Gomorrha*, 1999; *Die Gefangene*, 2000; *Die Flüchtige*, 2001; *Die wiedergefundene Zeit*, 2002. Römische Zahlen beziehen sich auf die vier Bände der von Jean-Yves Tadié herausgegebenen Pléiade-Ausgabe, Paris 1987-1989.
12 »Et par là, – tout autant que la splendeur aveuglante de la plage, que le flamboiement multicolore et les lueurs sous-océaniques des chambres, tout autant même que les leçons d'équitation par lesquelles des fils de commerçants étaient déifiés comme Alexandre de Macédoine – les amabilités quotidiennes de Mme de Villeparisis et aussi la facilité momentanée, estivale, avec laquelle ma grand'mère les acceptait, sont restées dans mon souvenir comme caractéristiques de la vie de bains de mer.« (II, 84)
13 Vgl. Edward J. Hughes, *Proust, Class, and Nation*, Oxford 2011, 111-155.
14 »soit qu'ils en sortissent pour se rendre raquette en mains à un terrain de tennis, ou montassent sur des chevaux dont les sabots me

piétinaient le cœur, je les regardais avec une curiosité passionnée, dans cet éclairage aveuglant de la plage où les proportions sociales sont changées« (II, 35).

15 »J'avais beau avoir appris que les jeunes gens qui montaient tous les jours à cheval devant l'hôtel étaient les fils du propriétaire véreux d'un magasin de nouveautés et que mon père n'eût jamais consenti à connaître, la ›vie de bains de mer‹ les dressait, à mes yeux, en statues équestres de demi-dieux et le mieux que je pouvais espérer était qu'ils ne laissassent jamais tomber leurs regards sur le pauvre garçon que j'étais, qui ne quittait la salle à manger de l'hôtel que pour aller s'asseoir sur le sable.« (II, 43)

16 »l'âge ridicule«; »on n'y consulte pas l'intelligence«; »Tout entouré de monstres et de Dieux, on ne connaît guère le calme.« »est le seul temps où l'on ait appris quelque chose« (II, 90).

17 Plut. Alex. 6.

18 *Les essais de Michel de Montaigne*, hrsg. v. Pierre Villey und Verdun-Louis Saulnier, Paris ³1978, 288.

19 Vgl. Marie Miguet-Ollagnier, Le cheval: du réel à l'imaginaire dans l'œuvre de Proust, *Bulletin d'informations proustiennes* 25 (1995), 115-128, hier 124.

20 »Épousant les formes de la falaise, tour à tour elle montait, puis, resserrée entre des bouquets d'arbres épais, elle s'enfonçait en gorges sauvages.« »les rochers dénudés«; »quelque ancien moi [...] remplaçait pour un instant le moi actuel«; »ce désir d'évasion« (III, 416); »Tout à coup mon cheval se cabra; il avait entendu un bruit singulier, j'eus peine à le maîtriser et à ne pas être jeté à terre, puis je levai vers le point d'où semblait venir ce bruit mes yeux pleins de larmes, et je vis à une cinquantaine de mètres au-dessus de moi, dans le soleil, entre deux grandes ailes d'acier étincelant qui l'emportaient, un être dont la figure peu distincte me parut ressembler à celle d'un homme. Je fus aussi ému que pouvait l'être un Grec qui voyait pour la première fois un demi-Dieu.« »Cependant l'aviateur sembla hésiter sur sa voie; je sentais ouvertes devant lui – devant moi, si l'habitude ne m'avait pas fait prisonnier – toutes les routes de l'espace, de la vie; il poussa plus loin, plana quelques instants au-dessus de la mer, puis prenant brusquement son parti, semblant céder à quelque attraction inverse de celle de la pesanteur, comme

retournant dans sa patrie, d'un léger mouvement de ses ailes d'or il piqua droit vers le ciel.« (III, 417)

21 »depuis le jour où près La Raspelière la rencontre quasi mythologique d'un aviateur, dont le vol avait été pour moi comme une image de la liberté« (III, 612).

22 »Parfois seulement, un avion ennemi qui volait assez bas éclairait le point où il voulait jeter une bombe. Je ne retrouvais plus mon chemin, je pensais à ce jour, en allant à la Raspelière, où j'avais rencontré, comme un dieu qui avait fait se cabrer mon cheval, un avion. Je pensais que maintenant la rencontre serait différente et que le Dieu du mal me tuerait.« (IV, 412)

23 »Alors, comme quand on sent venir dans un journal une parole émouvante, je n'attendais que d'avoir aperçu l'avion pour fondre en larmes.« (III, 417)

24 »Elle a été jetée par son cheval contre un arbre pendant une promenade.« (IV, 58)

25 »J'ouvris le journal, il annonçait une représentation de la Berma.« »l'énoncé des lois que je devais expérimenter dans ma vie« (IV, 41).

26 »Il y a dans notre âme des choses auxquelles nous ne savons pas combien nous tenons. Ou bien si nous vivons sans elles, c'est parce que nous remettons de jour en jour, par peur d'échouer, ou de souffrir, d'entrer en leur possession. […] Ou bien si la chose est en notre possession, nous croyons qu'elle nous est à charge, que nous nous en déferions volontiers. C'est ce qui m'était arrivé pour Albertine.« (IV, 41 f.)

27 »sorte de prophétie des épisodes amoureux de ma propre existence« (IV, 43).

28 »Mais il n'aurait pas eu cette indignation, que, devant le bonheur atteint, Phèdre aurait pu avoir le même sentiment qu'il valait peu de chose.« (IV, 42)

29 »et envoie ainsi celui qui ne veut pas d'elle à un destin dont les calamités ne la consolent d'ailleurs nullement elle-même, puisque sa mort volontaire suit de près la mort d'Hippolyte« (IV, 43).

30 Racine, *Phädra*, Akt V, Szene 6, v. 1498-1570.

31 »de ma prison elle s'était évadée pour aller se tuer sur un cheval que sans moi elle n'eût pas possédé« (IV, 81).

32 Die Apotheose Agostinellis zeichnet Anita Albus, *Im Licht der*

Finsternis. Über Proust, Frankfurt am Main 2011, 181-191 nach.

33 »Il venait de la plage, et la mer qui remplissait jusqu'à mi-hauteur le vitrage du hall lui faisait un fond sur lequel il se détachait en pied, comme dans certains portraits où des peintres prétendent sans tricher en rien sur l'observation la plus exacte de la vie actuelle, mais en choisissant pour leur modèle un cadre approprié, pelouse de polo, de golf, champ de courses, pont de yacht, donner un équivalent moderne de ces toiles où les primitifs faisaient apparaître la figure humaine au premier plan d'un paysage.« »voiture à deux chevaux« (II, 89).

34 Zur Meeresmythologie vgl. Bernhard Zimmermann, »Präsenz der Antike in Marcel Prousts À la recherche du temps perdu«, in: *Marcel Proust. Die Legende der Zeiten im Kunstwerk der Erinnerung*, hrsg. v. Patricia Oster und Karlheinz Stierle, Köln 2007, 46-60, hier 46-50.

35 »C'était cela que je voulais qu'elle sût pour prendre une grande idée de moi. Mais quand j'eus prononcé les mots ›marquise‹ et ›deux chevaux‹, soudain j'éprouvai un grand apaisement.« »cette prise de force de son esprit, cette possession immatérielle« (II, 76).

36 »une chose purement apprise«; »une simple habitude mondaine […] à laquelle sa mère, qui tenait à ce qu'il fût admirablement bien élevé, avait plié son corps« (II, 91).

37 »vous, cavalier aimé d'Arès, de Saint-Loup-en-Bray, dompteur de chevaux, puisque je vous ai rencontré sur le rivage d'Amphitrite, résonnant d'écume« (II, 106).

38 »Un sous-officier qui essayait un cheval dans la cour, très occupé à le faire sauter, ne répondant pas aux saluts des soldats, mais envoyant des bordées d'injures à ceux qui se mettaient sur son chemin, adressa à ce moment un sourire à Saint-Loup et, s'apercevant alors que celui-ci avait un ami avec lui, salua. Mais son cheval se dressa de toute sa hauteur, écumant. Saint-Loup se jeta à sa tête, le prit par la bride, réussit à le calmer et revint à moi.« (II, 373 f.)

39 »à la gloire immortelle de la France« (II, 702).

40 »sans s'y embarrasser Saint-Loup les sauta adroitement comme un cheval de course un obstacle« (II, 705).

41 »Enfin arrivé à ma hauteur, il arrêta net son élan avec la précision

d'un chef devant la tribune d'un souverain, et s'inclinant, me tendit avec un air de courtoisie et de soumission le manteau de vigogne, qu'aussitôt après, s'étant assis à côté de moi, sans que j'eusse eu un mouvement à faire, il arrangea, en châle léger et chaud, sur mes épaules.« (II, 705)

42 »le soir de l'amitié«; »Tout rempli encore du plaisir que j'avais eu à le voir s'avancer au petit galop et toucher gracieusement au but« (II, 706).

43 »telles étaient les qualités, toutes essentielles à l'aristocratie, qui derrière ce corps non pas opaque et obscur comme eût été le mien, mais significatif et limpide, transparaissaient comme à travers une œuvre d'art la puissance industrieuse, efficiente qui l'a créée, et rendaient les mouvements de cette course légère que Robert avait déroulée le long du mur, intelligibles et charmants ainsi que ceux de cavaliers sculptés sur une frise« (II, 707).

44 »quand, dans la travée centrale qui allait de la plage à la route, je vis, grand, mince, le cou dégagé, la tête haute et fièrement portée, passer un jeune homme aux yeux pénétrants et dont la peau était aussi blonde et les cheveux aussi dorés que s'ils avaient absorbé tous les rayons du soleil« (II, 88).

45 Stéphane Chaudier, *Proust et le langage religieux*. La cathédrale profane, Paris 2004, 341.

46 *Alexandre asiatique*, 10.

47 Ebd., 19.

48 *Correspondance*, Bd. 11, 108.

49 Miguet-Ollagnier, *Le cheval*, 123.

50 Ael. VH 7, 8.

51 Robin Lane Fox, *Alexander the Great*, London 1986, 434.

52 »comme ces banquettes de pourpre effectivement et symboliquement trépignées, pareilles à un chemin somptueux qui ne plaisait à mon ami qu'en lui permettant de venir vers moi avec plus de grâce et de rapidité« (II, 707).

53 Zum Paragone mit der Bildhauerei vgl. Dirk Kocks, »Die Bildhauerei als Metapher in der Recherche. Zur Parallelisierung von Kreationsprozessen der Kunst und des Lebens bei Proust«, in: *Marcel Proust. Lesen und Schreiben*, hrsg. v. Edgar Mass und Volker Roloff, Frankfurt am Main 1983, 153-169.

54 Paul Meyer, *Alexandre le Grand dans la littérature française du moyen âge*, 2 Bde., Paris 1886. Speziell zum Verhältnis von Alexander und Bukephalos vgl. Susanne Friede, *Die Wahrnehmung des Wunderbaren. Der Roman d'Alexandre im Kontext der französischen Literatur des 12. Jahrhunderts*, Tübingen 2003, 237-244.

55 Miguet-Ollagnier, *Le cheval*, 123.

56 Alexander Demandt, *Alexander der Große. Leben und Legende*, München 2009, 324.

57 »à cause de son extraordinaire beauté surtout, certains lui trouvaient même un air efféminé« (II, 88).

58 »quatre platoniciens«; »Je pus les démentir de la façon la plus formelle en ce qui concernait Saint-Loup.« (II, 699)

59 *Alexandre asiatique*, 86.

60 Rilke, *Übersetzungen*, 123.

61 *Correspondance*, Bd. 11, 110.

62 »L'idée de perfection que je portais en moi, je l'avais prêtée alors [...] à la maigreur de ces chevaux furieux et légers comme des guêpes, les yeux injectés de sang comme les cruels chevaux de Diomède« (I, 417).

63 Margaret Topping, *Proust's Gods. Christian and Mythological Figures of Speech in the Works of Marcel Proust*, Oxford 2000, 48 verwechselt ihn mit dem gleichnamigen Helden aus dem Trojanischen Krieg.

64 Diod. 4, 15, 3 f.

65 Musée Gustave Moreau, Paris.

66 Musée des Beaux-Arts de Rouen; Abbildung: Topping, *Proust's Gods*, 49.

67 Elizabeth Baynham, »Who Put the ›Romance‹ in the Alexander Romance? The Alexander Romances within Alexander Historiography«, *Ancient History Bulletin* 9.1 (1995), 1-13.

68 »Tout cela, le bon comme le mauvais, il l'avait donné sans compter, tous les jours, et le dernier, en allant attaquer une tranchée par générosité, par mise au service des autres de tout ce qu'il possédait, comme il avait un soir couru sur les canapés du restaurant pour ne pas me déranger.« (IV, 426)

69 Dazu Michael Sprinker, *History and Ideology in Proust. À la recherche du temps perdu and the Third French Republic*, Cam-

bridge 1994, 167: »Heroism is a consequence, the text avers, of an especially powerful male bonding between officers and enlisted men.«

70 »une tristesse à demi inconsciente, à demi consciente« (IV, 429).

71 »pour me dire que, quand à l'aube il avait entendu un premier gazouillis à la lisière de cette forêt, il avait été enivré comme si lui avait parlé l'oiseau de ce ›sublime Siegfried‹ qu'il espérait bien entendre après la guerre« (IV, 334).

Claudia Hanisch
Zeichen der Zukünftigkeit bei Proust:
Perspektivische Projektionen der Avantgarde in
»À la recherche du temps perdu«

Prousts Recherche *im Wandel der Zeit*[1]

Für die vorliegende und sichtbar zukunftsorientierte Betrachtung des Proustschen Romanwerkes, dessen erstmalige Publikation *Du côté de chez Swann* im November 1913 historisch gesehen freilich noch der Belle Époque verpflichtet ist, erweist sich eine komparatistische Annäherung an die künstlerische Moderne des 20. Jahrhunderts[2] vor allem im Spiegel des Ersten Weltkrieges als unerlässlich: Wenngleich sich die *Recherche* aufgrund ihres zentralen kompositorischen Prinzips der Erinnerung zwar in einem ständigen Dialog mit der Vergangenheit befindet, bahnt sich thematisch wie auch darstellungsästhetisch mit dem Epochenumbruch bei Proust bereits eine Ästhetik der Zukunft an, welche so eindeutig im Zeichen eines neuen technischen und medialen Zeitalters aufzufassen ist.[3] Rasante Entwicklungen in Kommunikation und neue Erfahrungen von Geschwindigkeit, ausgelöst durch die Verbreitung der neuen Verkehrsmittel wie Zug, Automobil und Flugzeug, erzeugen bei »Marcel«,[4] dem Protagonisten der *Recherche*, tiefgreifende Verschiebungen der Perspektive. Im Rausch der Beschleunigung wird im Grunde ein Konglomerat neuer Wahrnehmungserfahrungen bei Proust zunehmend über eine Formensprache kommuniziert, wie sie auf ähnliche Weise die Bewegungen der historischen Avantgarde in Literatur, Malerei, Musik und in verschiedenen Variationen des Theaters präsentieren.

Diesen Ansatz aufgreifend, sind in den letzten zehn Jahren

immer mehr wissenschaftliche Beiträge um kunstästhetische Positionen des 20. Jahrhunderts in Prousts Roman entstanden. Bis auf wenige Ausnahmen jedoch beschränkt sich die Thematik um eine Verbindung der *Recherche* zur historischen Avantgarde auf verhältnismäßig kurze Studien zu dieser Thematik.[5] Entsprechend hervorzuheben ist an dieser Stelle unbedingt Luzius Keller, der in vereinzelten Aufsätzen immer wieder die Nähe Prousts zu Verfahren des Kubismus, Futurismus und der späteren surrealistischen Bewegung betont: Wie der Proustforscher in seinem erst 2014 veröffentlichten Aufsatz »Proust und die Avantgarde« herausstellt, zeigt sich in *À la recherche du temps perdu* vor allem eine Gegenüberstellung von Impressionismus und Avantgarde – eine Gegenüberstellung, die sich in einem Mosaik intermedialer Dispositive für Keller vorrangig im Jahre 1913 herauskristallisiert, als erstmals Prousts *Du côté de chez Swann*, Igor Strawinskys epochales *Sacre du Printemps* sowie Picassos und Braques kubistische Collagen entstehen.[6] Dieser Wendepunkt innerhalb verschiedener künstlerischer Ausformungen in den ersten Dekaden des 20. Jahrhunderts dokumentiert auf gleiche Weise einen Paradigmenwechsel vor dem Hintergrund der Ereignisse des Ersten Weltkrieges, welcher in den historischen Avantgarde-Entwicklungen eine Radikalisierung jeglicher Form- und Farbgesetze hervorbringt. Eine komparatistische Untersuchung zur Präsenz medialer und technischer Dispositive der Moderne bei Proust erscheint also gerade deshalb aufschlussreich, weil der französische Romancier spätestens mit *Le Temps retrouvé* unter Beweis stellt, dass die kunsttheoretischen Anschauungen der historischen Avantgarde keinesfalls nur fragmentarisch in den Roman integriert sind, sondern in Hinblick auf die Poetik der *Recherche* insgesamt eine sichtbar kohärente Darstellungsstruktur entfalten. Entsprechend inszeniert Proust sprachliche Collageverfahren in einer Art intermedialem Panorama, das sich teils aus künstlerischen Auffassungen der Kubisten, teils aus solchen der Futuristen zusammensetzt. Letztere manifestieren sich in zahlreichen dynamisierten Tableaus von »Marcel«, in denen eine neue Erfahrbarkeit von Technik und Geschwindigkeit außerdem Inhalte der futuristischen Manifeste Filippo Tommaso Marinettis aus dem Jahre 1909 nachzuzeichnen scheint. Doch dominieren nicht nur die Erlebnisse mit neuen Verkehrs- und Kommunikationsmitteln die verschobene Perspektive des Proustschen Protagonisten: So lassen insbesondere Reaktionen aus den Künstlerkreisen der Neuen Musik und der Ballets Russes,[7] der italienischen Futuristen ebenso wie der sich später entwickelnden surrealistischen Gruppe um André Breton politische Missstände in Europa erkennen, die damit ein Abbild sozialer Diskontinuität und Verfremdung schaffen und sich ansatzweise auch bei Proust widerspiegeln.

Ähnlich wie in diesen Kunstbewegungen bekunden genauso die unzähligen perspektivisch verzerrten Erinnerungsbilder »Marcels« eine Ästhetik der radikalen Durchbrechung bestehender Sehgewohnheiten. Als Konsequenz der hohen Wahrnehmungsbelastung des Menschen realisieren sowohl Proust als auch die historischen Avantgarden zumindest in darstellungsästhetischer Hinsicht eine vergleichbare künstlerische Ausgestaltung, indem sie den Krieg sowie das Verhältnis gegenüber Mensch und moderner Technik fortwährend in den Vordergrund rücken und somit beide auf eine Ablehnung der Wirklichkeit abzielen. In einer Serie von kubistisch, futuristisch und surrealistisch stilisierten Œuvres führt der Protagonist seinem Betrachter eindeutig die Tragweite eines neuen technischen Zeitalters und vor allem die Auswirkungen des Ersten Weltkrieges vor Augen: In teils unentwirrbaren Bewegungsbildern werden historische Gegebenheiten hier entschlüsselt, um Empfindungen der Verzweiflung und Unsicherheit zu reflektieren. Die Schilderung von historischen Ereignissen im Roman stellt sich dem Proustleser währenddessen keineswegs als bloßer Abriss geschichtlicher Tatsachen dar,[8] sondern schreibt sich in ihrer perspektivischen Durchleuchtung für alle Zeit in das Erinnerungswerk der *écriture proustienne* ein.

Perspektivische Projektionen der historischen Avantgarde: Der Erste Weltkrieg

Entgegen verschiedenen Positionen der Proustforschung, der Romancier habe die Ereignisse des Ersten Weltkrieges in *À la recherche du temps perdu* weniger perspektivisch betrachten können als die Dreyfus-Affäre, da er bereits 1922 verstarb,[9] deuten andere Studien wiederum auf gegenteilige Ansichten hin.[10] Die Ästhetisierung des Ersten Weltkrieges ist bei Proust demnach vielmehr als eine Anklage der aristokratischen und großbürgerlichen Gesellschaft zu verstehen, deren Habgier und Hypokrisie »Marcel« durch die Verschiebungen während des Krieges aufzudecken versucht. Dennoch definiert sich dieses Ereignis im Roman keineswegs über eine kontinuierliche Zeitfolge, sondern enthüllt sich dem Leser über die individuelle Sicht des Protagonisten auf das Kriegsgeschehen und die gesellschaftlichen Umwälzungen. In diesem Zusammenhang ist unbedingt Prousts Auseinandersetzung mit dem Gesamtkonstrukt Mensch und Maschine zu nennen: Im Zeitalter der technischen Revolution spiegeln sich dort vor dem Hintergrund des Ersten Weltkrieges ganz offensichtlich verschobene Perspektiven des Protagonisten gegenüber der technischen Entwicklung des Aeroplans wider, wie ein Ausschnitt aus *Le Temps retrouvé* genauer veranschaulicht. Ich beziehe mich dazu auf die Frankfurter Ausgabe von Luzius Keller:

Flugzeuge stiegen noch immer wie Feuerwerkskörper auf, um sich den Sternen zuzugesellen, und Scheinwerfer ließen langsam über den durch sie gefächerten Himmel wie blassen Sternenstaub ihre wandernden Milchstraßen ziehen. Indessen reihten sich Aeroplane mitten unter die Sternbilder ein, und man hätte sich in der Tat in einer anderen Hemisphäre wähnen können, wenn man solch »neue Sterne« gewahrte. (Frankfurter Ausgabe, VII, S. 161 f.)[11]

»Marcels« Vorstellung vom Flugzeug als Sinnbild einer vollkommen neuen Raum-Zeit-Erfahrung gemahnt hier nicht nur an eine dem Aeroplan ähnlich huldigende Beschreibung aus Kafkas *Die Aeroplane in Brescia* von 1909,[12] sondern auch an die futuristische Strömung der *Aeropittura*. Im Jahre 1929 geht diese Entwicklung aus dem sogenannten II. Futurismus hervor und gründet auf einem Manifest Marinettis, das an der »Eroberung des Luftraumes als Möglichkeit, die Welt mit neuen Augen zu sehen«, festhält.[13] Mit der Idee von einer Glorifizierung künstlichen Lichtes erklärt die Künstlergruppe um diesen II. Futurismus die Verschmelzung von Licht und Bewegung als zentrale Maxime ihres künstlerischen Schaffenswerkes und knüpft so an die frühen Werke der italienischen Futuristen an. Hervorzuheben sei an dieser Stelle ein Auszug aus Marinettis futuristischem Manifest, in dem die Faszination der Gesellschaft für technische Innovationen in alle Lebensbereiche Einzug hält:

»Wir werden die großen Menschenmengen besingen, die die Arbeit, das Vergnügen oder der Aufruhr erregt; [...] besingen werden wir die nächtliche, vibrierende Glut der Arsenale und Werften, die von grellen elektrischen Monden erleuchtet werden; die gefräßigen Bahnhöfe, die rauchende Schlangen verzehren; die Fabriken, die mit ihren sich hochwindenden Rauchfäden an den Wolken hängen; die Brücken, die wie gigantische Athleten Flüsse überspannen, die in der Sonne wie Messer aufblitzen; die abenteuersuchenden Dampfer, die den Horizont wittern; die breitbrüstigen Lokomotiven, die auf den Schienen wie riesige, mit Rohren gezäumte Stahlrosse einherstampfen und den gleitenden Flug der Flugzeuge, deren Propeller wie eine Fahne im Winde knattert und Beifall zu klatschen scheint wie eine begeisterte Menge.«[14]

In diesem ersten Manifest der Futuristen scheint es bereits, als habe sich der Mensch im Gewirr endloser Perspektiven längst verloren. Marinettis überladenes Bild einer neuen Epoche, in der elektrisches Licht oder die Verbreitung des Automobils die menschliche Wahrnehmung radikal modifizieren, steht symptomatisch für eine Veränderung der Sichtweise in den historischen Avantgarden seit Beginn des 20. Jahrhunderts. Auch »Marcel« rückt in der oberen Darstellung das Universum durch die Präsenz der Flugzeuge mit ihren grellen Scheinwerfern in greifbare Nähe zum menschlichen Individuum.[15] Prousts Protagonist misst dem Aeroplan hier die gleiche Bedeutung bei wie dem ewigen Licht der Sterne und verschiebt die Flugmaschine auf eine Ebene der Kunstwirklichkeit, welche ausschließlich seiner Imagination entspringt. »Marcel« nimmt die Aeroplane sogar auf gleiche Weise wahr wie die doch so unerreichbar und unzerstörbar anmutenden Gestirne.[16] Bei dem französischen Autor und Schauspieler Antonin Artaud, der ab 1920 in Paris lebt und dort der Künstlergruppe um Breton angehört, zeigen sich in dieser Hinsicht vergleichbare Ansätze. In Artauds surrealistischem Text *RÊVES* aus *La Révolution Surréaliste* von 1925 verschmelzen Mensch und Maschine miteinander, teils als real nachempfundene Impression während einer Luftaufnahme, teils als imaginierte Erlebnis-Wirklichkeit:

Die Luft war voll von hartem Dröhnen, gleich dem Licht, das sie erfüllte. [...] Schließlich waren wir nur noch zu zweit oder dritt auf den Tragflächen des Flugzeugs. Es hing am Himmel. Ich befand mich in einem unangenehm-labilen Gleichgewicht. [...] Wir mußten vermeiden, die Tragflächen der Maschine zu betreten; ich fühlte jedoch ihre Festigkeit unter mir. »Ich falle nämlich!« brüllte ich; ich wußte sehr wohl, daß ich nicht fliegen kann. Und ich fühlte, wie alles auseinanderzubrechen drohte. Ein Schrei: »Schießt die Rettungsschlingen ab!« Und sofort hatte ich das Gefühl, daß meine Beine von einem schneidend scharfen Lassoschlag weggerissen wurden, das Flugzeug glitt unter meinen Füßen weg, und ich hing, mit den Füßen oben aufgehängt, im leeren Raum. Ich wußte niemals recht, ob mir das nicht wirklich zugestoßen war.[17]

Proust konnte zwar aus Gründen der Chronologie nur noch die Anfänge des Surrealismus verfolgen, doch sind dessen ungeachtet Verbindungen bei Proust und Artaud unübersehbar, wie die Bewunderung des Aeroplanes sowohl in Artauds *RÊVES* als auch in *À la recherche du temps perdu* deutlich macht: Artauds Erzähler ebenso wie »Marcel« zeigen sich beeindruckt von der kolossalen Maschine. Dennoch warnen beide zugleich vor der zerstörerischen Kraft dieser technischen Errungenschaft. Bei beiden zeichnet sich eine Atmosphäre von Schrecken, Unsicherheit und Entfremdung ab, die vor dem Hintergrund des Ersten Weltkrieges eindeutige Spuren in der Écriture der Autoren hinterlassen hat.

Entgegen Marinettis Auffassung vom Krieg als »einzige Hygiene der Welt«[18] jedoch bewundert »Marcel« in *Le Temps retrouvé* keinesfalls den Krieg par excellence, sondern stellt vielmehr durch ihn bedingte gesellschaftliche Umwälzungen heraus. Auf »Marcels« frühere Erinnerung an einen Aeroplan als nahezu göttliche Erscheinung folgen nun Empfindungen von Bedrohung gegenüber dieser Luftwaffe. In eine Tötungsmaschine verwandelt, hat dieses Kampfinstrument als Zeichen für die zerstörerische Gewalt des technisierten Krieges nunmehr die Macht über den Menschen übernommen: »Ich dachte an den Tag, an dem ich bei meinem Ritt nach La Raspelière wie einem Gott, vor dem mein Pferd sich aufbäumte, einem Flugzeug begegnet war. Ich stellte mir vor, daß jetzt die Begegnung anders ausfallen, daß der Gott des Bösen mich vernichten würde.« (Frankfurter Ausgabe, IV, S. 208 f.)[19] Wenn »Marcel« also in seinen Betrachtungen gegenüber der Verbreitung künstlichen Lichtes und dem wissenschaftlich-technischen Wandel insgesamt auf kunsttheoretische Positionen der italienischen Futuristen aufmerksam macht, dann vielmehr im Sinne einer Erfahrung von Angst und Entfremdung: Der Protagonist von Prousts *Recherche* entwirft nun nicht mehr wie in seinen vorangegangenen impressionistischen Tableaus malerisch-romantische Landschaften, in die ein Flugzeug majestätisch in allen nur erdenklichen Lichtfarben in den Himmel dringt – der Aeroplan hat sich stattdessen in eine Militärmaschine mit hell leuchtenden Scheinwerfern verwandelt, welche jeden Feind aufzuspüren vermag.

Auch »Marcels« Frauenbekanntschaften und insbesondere die unzähligen Albertine-Tableaus in *La Prisonnière, La Fugitive* oder *Le Temps retrouvé* weisen auf eine ähnliche Formensprache voraus, wie sie die Kubisten, Futuristen und im Ansatz bereits die surrealistische Gruppe um Breton zur Schau stellen. Hier wird Albertine, deren Gestalt sich Prousts Protagonist immer wieder entzieht, durch künstlerische Techniken der Avantgarde-Bewegungen verformt und so in eine Kunstwirklichkeit verlagert:

> Wie hatte sie mir tot erscheinen können, wo ich doch jetzt, um an sie zu denken, nur über die Bilder verfügte, die ich, als sie noch lebte, abwechselnd vor Augen hatte: schnell und gebeugt über ihr mythologisches Rad, bei Regen im Harnisch ihres kriegerischen Gummimantels, der ihre Brust wölbte, das Haupt bedeckt mit dem Schlangenhelm, verbreitete sie Angst und Schrecken auf den Straßen von Balbec; […] (Frankfurter Ausgabe, VI, S. 109f.)[20]

Die Beschreibung seiner Geliebten mithilfe verschiedener Kriegstermini veranschaulicht, inwiefern »Marcel« an dieser Stelle Verwandlungen inszeniert, um eine Erweiterung des Bewusstseins zu evozieren: Die einzigen Erinnerungen an Albertine, die der Protagonist noch zu aktivieren imstande ist, präsentieren sie als kriegerisches Wesen, das wie der Kriegsgott Mars einen Schlangenhelm trägt[21] und in einer militärisch aussehenden Rüstung in Form eines aus Gummi gefertigten Mantels in den Krieg zu ziehen scheint. »Marcel« lässt mit dieser Metamorphose noch einmal die erschütternden Ereignisse in Paris Revue passieren, die im Sinne einer Vertauschung von Land und Meer nunmehr an das Balbecsche Meeresufer verschoben werden. Eine solche Flucht »Marcels« aus der Realität als Zeichen der Verarbeitung von Kriegserlebnissen zeigt sich zudem verstärkt in einem fragmentarisierten Bild seiner Freundin, wie aus zwei nachfolgenden Schilderungen aus *La Fugitive* und *La Prisonnière* hervorgeht. Darin nimmt der Protagonist Albertine wie eine zerbrochene Skulptur wahr:

»Ein Teil ihres Kinns war zerfallen wie verwitterter Marmor, doch ich fand daran nichts Ungewöhnliches. [...] Plötzlich aber war ich entsetzt bei dem Gedanken, daß diesem durch mein Gedächtnis heraufbeschworenen Wesen, an das sich alle meine Reden richteten, keine Wirklichkeit mehr entsprach, da die verschiedenen Teile des Gesichts zerstört waren, denen allein der ständige Antrieb des heute vernichteten Lebenswillens die Einheit einer Person hatte geben können.« / »Eine Tote sah ich wirklich vor mir, als ich kurz darauf in ihr Zimmer trat. Sie war eingeschlafen, sobald sie sich hingelegt hatte; die Bettücher [sic], die sich wie ein Leichentuch um ihren Körper rollten, waren in ihrem schönen Faltenwurf gleichsam zu Stein erstarrt.« (Frankfurter Ausgabe, VI, 185 f. / V, S. 515)[22]

Der körperliche Zerfall Albertines, der wie durch Abtragung einzelner Gesteinsschichtungen erneut den Prozess einer unausgesetzten Metamorphose visualisiert, erinnert überdies an Darstellungsformen des synthetischen Kubismus, wonach erst der Verstand »Marcels« die zerstückelten Bilder seiner Geliebten wieder zu einem Objekt zusammensetzt.[23] Die Modellierung Albertines suggeriert zugleich den Ausbruch des Protagonisten aus der Realität und damit womöglich dessen verdrängte Ängste um den Verlust ihm nahestehender Personen.

In dieser Hinsicht kristallisieren sich sichtbare Parallelen zu Proust selbst heraus, dessen große Liebe Alfred Agostinelli kurz vor Ausbruch des Ersten Weltkrieges im Mai 1914 durch einen Flugzeugabsturz ums Leben kommt. Verbindungen zwischen der Albertine-Episode und »Marcels« Erinnerungen an den Ersten Weltkrieg werden aus diesem Grund vorrangig im letzten Teil der *Recherche* explizit, an dem Proust größtenteils 1918 arbeitet.[24]

Als künstlerische Schnittstelle zwischen den Porträts Albertines sowie den Bildkompositionen der historischen Avantgarde als Zeichen der Ablehnung soziopolitischer Gegebenheiten ist außerdem Fernand Léger zu nennen, dessen durch Fronterlebnisse beeinflusste Werke wie *La partie de cartes* von 1917 einer Faszination für moderne Technik verschrieben sind. Légers Gemälde verweisen auch auf eine Weiterentwicklung des Begriffes *Maschine*, der sich offensichtlich dem Objektfetischismus des Surrealismus annähert.[25] Obwohl »Marcel« mehrfach den technischen Wandel und die Verbreitung von neuen Transportmitteln veranschaulicht, macht er aber genauso auf die Zerstörungskraft durch neue Techniken und deren Einsatz im Ersten Weltkrieg aufmerksam. Die Realisierung dieser künstlerischen Radikalisierung stilisiert »Marcel« somit exemplarisch in seiner bildhaften Zerlegung von Albertines Körper: Jede einzelne Erinnerung erscheint hier der uneingeschränkten Überführung in die Kunst vorbehalten und verewigt sich damit für immer in der Écriture des Romans.

Während sich jedoch in den Werken der Surrealisten tatsächlich ein Prozess der Verwandlung realisiert, der für den Betrachtenden beispielsweise durch ein Gemälde greifbar wird, vollzieht sich die Idee der Metamorphose in *À la recherche du temps perdu* lediglich auf der Ebene der Sprache. Prousts Protagonist imaginiert zwar bildhafte Verschiebungen bis ins Unendliche und provoziert damit einen kontinuierlichen Verwandlungsprozess – dieser entsteht aber ausschließlich in seiner Phantasie. »Marcel« inszeniert entsprechend die Metamorphose dahingehend als »Motor« seiner Sprache, dass er sich ganz und gar seiner Vorstellungswelt unterwirft: Dieses zentrale kompositorische Prinzip in der Erinnerungsarbeit »Marcels« führt dem Protagonisten so erst im Panorama des Ersten Weltkrieges ebenso wie durch Albertines tödlichen Unfall die tiefgreifenden Umwälzungen seiner Zeit vor Augen. Die Ästhetisierung historischer Ereignisse zu einem Kunstwerk, wie sie »Marcel« am Beispiel der Verwandlung von Albertine zur Schau stellt, lässt daher auf eine Formensprache der künstlerischen Moderne nach 1914 schließen und gesteht der *Recherche* aus diesem Grund durchaus den Anspruch auf weiterführende Betrachtungen gegenüber einer perspektivischen Zukünftigkeit zu.

Ein Roman der Vergangenheit als Roman der Zukunft?

Spuren von Modernität in einer Epoche des radikalen Umbruchs, wie sie die Strömungen der historischen Avantgarde artikulieren, werden bei Proust sprachlich über mediale und technische Dispositive kommuniziert und erschaffen in dieser Form eine Art Panorama, das in der Écriture des Proustschen Werkes deutlich auf Techniken der Collage und Montage vorausweist. Prousts Überführung von Erinnerung in Kunst ist damit im Sinne einer zukunftsorientierten Formensprache spätestens in den nach 1915 verfassten Bänden der *Recherche* nicht nur ansatzweise als künstlerisches Zusammenspiel der Moderne zu begreifen, sondern entwickelt sich in Form einer intermedialen Inszenierung bald zum vorherrschenden Stilprinzip der Proustschen Poetik. Indem Proust also die neuen Medien und verschiedene ästhetische Dispositive des 20. Jahrhunderts in sein Gesellschaftstableau integriert, enthüllt er zugleich eine Écriture, die keinesfalls bloß fragmentarisch arrangiert erscheint: Der Protagonist von *À la recherche du temps perdu* nähert sich hierin künstlerischen Auffassungen an, welche sichtbar in den letzten Romanteilen den Zeitraum der Belle Époque überschreiten und vielmehr bildkompositorische Arrangements antizipieren, wie sie die Moderne vom Kubismus bis hin zum italienischen Futurismus visualisiert.

Erst auf der Ebene der sprachlichen Auseinandersetzung kann der Protagonist mithilfe darstellerischer Verfahren der historischen Avantgarden beziehungsweise über die Konservierung von »Marcels« Erinnerungsarbeit durch die Dispositive der zuvor genannten Medien seine wahrhaftige Berufung als Schriftsteller erkennen: Vor allem »Marcels« Sicht auf die Ereignisse des Ersten Weltkrieges deutet auf eine durchgängig zukunftsorientierte Perspektive hin und manifestiert sich spätestens im *Bal de têtes* als eine sich der historischen Avantgarde annähernde Handschrift. In Hinblick auf eine Überwindung der Grenzen zwischen Realität und Imagination entfaltet sich so bei Proust ein künstlerisches Paradigma, das sich vor dem Hintergrund des Ersten Weltkrieges auf den Spuren einer Modernität des 20. Jahrhunderts bewegt und in ihrer Ablehnung gesellschaftlicher Entfremdung des Menschen durch soziopolitische Missstände bereits auf Verfahren der späteren surrealistischen Bewegung hindeutet.[26] Aus den Erlebnissen des Krieges erschafft Prousts Protagonist eine Welt, die deshalb ähnliche Gestaltungsmuster präfiguriert, wie die zuvor dargestellten Intentionen der historischen Avantgarde vorführen, weil radikale Brüche in »Marcels« Wahrnehmungsperspektive gewissermaßen als Symbol einer beschleunigten Gesellschaft erst die sozialen Verschiebungsmechanismen im Roman enthüllen.

Obwohl »Marcel« den Paradigmenwechsel während des Krieges und die zahllosen phantastisch anmutenden Metamorphosen nach dem Stilprinzip avantgardistischer Inszenierungsstrategien nur in seiner Imagination entwirft, offenbart sich ihm die virtuelle Kunstwirklichkeit dennoch als Wahrheit – diese vermag jedoch nur das Medium der Schrift zu dechiffrieren. Auf diese Weise entwickelt sich Prousts Écriture im letzten Teil der *Recherche* zu einer Art beschleunigtem Verfahren, das in seiner vermeintlich vollkommenen Instabilität und Bruchstückhaftigkeit den Zeitgeist einer Epoche radikalen Wandels einfängt und gerade aus diesem Grund auf Anschauungen des Kubismus, Futurismus, ja sogar des Surrealismus vorausweist. Diese künstlerische Formation zeigt sich im Roman aber keinesfalls nur in vereinzelten Passagen, sondern eröffnet dem Leser als zusammenhängende Komposition im Zeichen einer Moderne des 20. Jahrhunderts auch neue Möglichkeiten für nachfolgende Untersuchungen von *À la recherche du temps perdu*. Prousts Poetik ist entsprechend insofern neu zu überdenken, als die *Recherche* einer Form der Modernität folgt, welche sich dem Proustleser als eine insgesamt kohärente Romanstruktur präsentiert.

Doch wenngleich das Potenzial einer progressiv orientierten Perspektivik in Prousts Ästhetik gewiss noch nicht vollkommen ausgeschöpft ist, kann im Rahmen der hier vorgebrachten Überlegungen dennoch zumindest ansatzweise verdeutlicht werden, dass sich die *Recherche* der Moderne weder bloß passagenhaft annähert noch uneingeschränkt in der Zeit des Fin de siècle verhaftet bleibt, sondern sich aus darstellungsästhetischer Sicht betrachtet offenbar bereits auf eine historisch-künstlerische Zukünftigkeit zubewegt.

1 Bei dem vorliegenden Beitrag handelt es sich um eine überarbeitete und ergänzte Fassung des gleichnamigen Vortrages, den ich anlässlich der Sommer-Matinée der Marcel Proust Gesellschaft am 29. Juni 2014 in Köln gehalten habe; die nachfolgenden Betrachtungen zu diesem Thema orientieren sich dabei vor allem an meiner Dissertation mit dem Titel *Proust im Zeichen der Zukunft: Zur Modellierung ästhetischer Dispositive der historischen Avantgarde in »À la recherche du temps perdu«*.

2 Zum Begriff der Moderne beziehe ich mich auf die zeitliche Einordnung Thomas Klinkerts, der den Zeitraum von 1890 bis 1940 deshalb als »modernistisch« bezeichnet, weil er eine ausgesprochen produktive Schaffensphase verschiedener Literaten, Maler und Komponisten umfasst. Klinkert, »Einführung. Proust, die Moderne und die Ästhetik der Verfremdung«, in: Sophie Bertho / Thomas Klinkert (Hrsg.), *Proust in der Konstellation der Moderne / Proust dans la constellation des modernes*, Berlin, 2013, S. 7-20; hier: S. 9.

3 Zur Verortung von Prousts *Recherche* zwischen Vergangenheit und Zukunft vgl. insbesondere Angelika Corbineau-Hoffmann, die im Roman zwar bereits eine der Technik und Geschwindigkeit zugewandte »Ästhetik der beginnenden radikalen Moderne«, andererseits aber auch »die noch dem Symbolismus verpflichtete Poetik einer Erinnerung« erkennt. Corbineau-Hoffmann, »Metamorphosen einer Metropole: Proust und das Paris der Belle Époque«, in: Thomas Hunkeler / Luzius Keller (Hrsg.), *Marcel Proust und die Belle Époque*. Beiträge des Symposions *Proust und die Belle Époque* der Marcel Proust Gesellschaft in Hamburg 1999, Frankfurt a. M. / Leipzig 2002, S. 29-55; hier: S. 47.

4 Hinsichtlich der Benennung der Erzählperspektiven folge ich in meinen Ausführungen der Definition von Hans Robert Jauß, *Zeit und Erinnerung in Marcel Prousts »À la recherche du temps perdu«. Ein Beitrag zur Theorie des Romans*, Frankfurt a. M. 1986, S. 247. Im Allgemeinen ist jedoch anzumerken, dass eine einheitliche Definition der Erzählperspektive in den hier herangezogenen Studien zu *À la recherche du temps perdu* auffallend problematisch erscheint.

5 Vgl. dazu den 2013 von Sophie Bertho und Thomas Klinkert herausgegebenen Sammelband *Proust in der Konstellation der Moderne / Proust dans la constellation des modernes*, Berlin. Daraus sind insbesondere hervorzuheben: Klinkert, »Einführung. Proust, die Moderne und die Ästhetik der Verfremdung«, S. 7-20; Judith Kasper, »Proust-Montagen. Kleben und Schneiden von Gefertigtem und Unfertigem in der *Recherche*«, S. 225-239; Peter V. Zima, »*L'éternel matin*. Proust als Vorläufer der Avantgarde«, S. 207-223; Volker Roloff, »Proust und die *Ballets russes*«, S. 241-263.

6 Vgl. Luzius Keller, »Proust und die Avantgarde«, in: Matei Chihaia / Ursula Hennigfeld (Hrsg.), *Marcel Proust – Gattungsgrenzen und Epochenschwelle*, Paderborn 2014, S. 17-32; hier: S. 17/29. Auch Kellers *Proust 1913* ist an dieser Stelle insofern zu erwähnen, als der Proustforscher eindeutige Verbindungen zwischen der *Recherche* und Collage-Techniken des Kubismus erkennt. Prousts Art und Weise des Ein- und Überklebens von Ausschnitten, die bereits auf frühere Arbeiten Prousts zu modernen künstlerisch-technischen Sujets zurückgeht, erweist sich hier als symptomatisch für die Gesamtkonstruktion des Romans. Keller verweist damit auf Prousts *Impressions de route en automobile*, veröffentlicht 1907 in *Le Figaro*. Ebd., *Proust 1913*, Hamburg 2013, S. 8.

7 Vgl. als eine der neuesten Studien zu Proust und den Ballets Russes: Volker Roloff, »Prousts *Recherche* als Theaterroman«, in: Matei Chihaia / Ursula Hennigfeld (Hrsg.), *Marcel Proust – Gattungsgrenzen und Epochenschwelle*, Paderborn 2014, S. 93-107.

8 Nach Klinkert spiegeln sich »Marcels« Beschreibungen um die Ereignisse des Ersten Weltkrieges nicht nur in den Beschreibungen von Luftangriffen über Paris oder der Besetzung durch deutsche Truppen an den Schauplätzen von »Marcels« Kindheit, in Combray und Tansonville, wider. Vielmehr macht Klinkert auf die »Umwälzung und Zerstörung der gesellschaftlichen Ordnung« aufmerksam, die sich im Roman in Form radikaler Wahrnehmungsverschiebungen durch die neuen Medien herausbildet. Klinkert, *Sur la lecture IV: Lektüren des Todes bei Marcel Proust*, Köln 1998, S. 102f.

9 Vgl. Meindert Evers, *Proust und die ästhetische Perspektive: eine Studie über ›À la recherche du temps perdu‹*, Würzburg 2004, S. 165.

10 Vgl. Keller, »Marcel Proust zwischen Belle Époque und Moderne«, in: Reiner Speck / Michael Maar (Hrsg.), *Marcel Proust: Zwischen Belle Époque und Moderne*, Frankfurt a. M. 1999, S. 25-43; hier: S. 37-38, sowie Corbineau-Hoffmann, die die Auswirkungen des Ersten Weltkrieges auf Prousts *Recherche* näher beschreibt: »Der erste Weltkrieg wird wie ein einschneidendes, die Stadt perturbierendes Ereignis erfahren, das nicht nur Schrecken provoziert, sondern auch eine neue Sehweise bewirkt. Luzius Keller

weist zurecht darauf hin, daß mit dem Einsetzen des Krieges die Proustsche Poetik eine durchgreifende Veränderung erfährt, ja daß geradezu ein Paradigmawechsel stattfindet.« Corbineau-Hoffmann, 2002, S. 47. Theo Hirsbrunner macht außerdem deutlich, dass Proust bereits in seiner Jugendzeit durch das soziale Milieu des Adels und der Haute Bourgeoisie ebenso wie durch deren Reaktionen gegenüber künstlerischen Bewegungen der Moderne beeinflusst wurde und durch den Ersten Weltkrieg bedingte soziale Umwälzungen daher nicht außer Acht ließ. Hirsbrunner, »Proust und der französische Wagnerismus«, in: Albert Gier (Hrsg.), *Marcel Proust und die Musik*. Beiträge des Symposions der Marcel Proust Gesellschaft in Wien im November 2009, Berlin 2012, S. 18-27; hier: S. 20f.

11 Die Übersetzung folgt der Frankfurter Ausgabe, herausgegeben von Luzius Keller: Marcel Proust, *Auf der Suche nach der verlorenen Zeit*. Zitiert nach Eva Rechel-Mertens, Frankfurt a.M. 2011. Der Originaltext folgt der Pléiade-Ausgabe (*À la recherche du temps perdu*, Jean-Yves Tadié (Hrsg.), Paris 1987ff. [Pléiade]), Bd. IV, S. 380: »Des aéroplanes montaient encore comme des fusées rejoindre les étoiles, et des projecteurs promenaient lentement, dans le ciel sectionné, comme une pâle poussière d'astres, d'errantes voies lactées. Cependant les aéroplanes venaient s'insérer au milieu des constellations et on aurait pu se croire dans un autre hémisphère en effet, en voyant ces ›étoiles nouvelles‹.«

12 Kafka schildert hier einen Flug Louis Blériots wie folgt: »Eine lange Pause, und Blériot ist in der Luft, man sieht seinen geraden Oberkörper über den Flügeln, seine Beine stecken tief als Teil der Maschinerie. […], kaum sieht man hin, schon fliegt er von uns weg, fliegt über die Ebene, die sich vor ihm vergrößert, zu den Wäldern in der Ferne, die jetzt erst aufzusteigen scheinen.« Der Text wurde entnommen aus Kafkas »Die Aeroplane in Brescia«, herausgegeben unter dem Gesamttitel *Die Aeroplane in Brescia und andere Texte*, Frankfurt a.M. 1977, S. 7-25; hier: S. 21f.

13 Susanna Partsch begrenzt den sogenannten I. Futurismus auf die Zeit vor dem Ersten Weltkrieg, betont aber zugleich, dass einige Künstler auch noch in den zwanziger Jahren im futuristischen Sinne arbeiten und sich so ab 1929 aus diesem II. Futurismus die *Ae-*

ropittura entwickelt. Diese Bewegung endet 1944 mit dem Tod Marinettis. Partsch, *Kunst-Epochen*, Bd. 11: *20. Jahrhundert I*, Stuttgart 2003, S. 40.

14 Übersetzung nach: Filippo Tommaso Marinetti, »Manifest des Futurismus«, in: Hans-Georg Schmidt-Bergmann (Hrsg.), *Futurismus. Geschichte, Ästhetik, Dokumente*, Reinbek b. Hamburg 1993, S. 75-80; hier: S. 78. Der Originaltext wurde entnommen aus Marinettis »Manifesto del futurismo«, in: Emanuela Piasentini / Carlo Traverso (Hrsg.), *I manifesti del futurismo*, in: *Project Gutenberg*, Version vom 20.02.2009, E-Book #28144 2009, S. 7-11; hier: S. 8, ⟨http://www.gutenberg.org/files/28144/28144h/28144-h.htm⟩ [zuletzt abgerufen am 30.12.2014]: »Noi canteremo le grandi folle agitate dal lavoro, dal piacere o dalla sommossa: canteremo le maree multicolori e polifoniche delle rivoluzioni nelle capitali moderne; canteremo il vibrante fervore notturno degli arsenali e dei cantieri incendiati da violente lune elettriche; le stazioni ingorde, divoratrici di serpi che fumano; le officine appese alle nuvole pei contorti fili dei loro fumi; i ponti simili a ginnasti giganti che scavalcano i fiumi, balenanti al sole con un luccichio di coltelli; i piroscafi avventurosi che fiutano l'orizzonte, le locomotive dall'ampio petto, che scalpitano sulle rotaie, come enormi cavalli d'acciaio imbrigliati di tubi, e il volo scivolante degli aereo-plani, la cui elica garrisce al vento come una bandiera e sembra applaudire come una folla entusiasta.«

15 Auch Keller erkennt in Prousts Ausgestaltung des Ersten Weltkrieges vor allem in den Darstellungen der Flugzeuge, Sirenen und Scheinwerfer eindeutig futuristische Szenen und Bilder. Keller, 2014, S. 27.

16 Im Sinne einer vermeintlich übernatürlichen Präsenz des Aeroplanes verweist Winfried Wehle an dieser Stelle auf Apollinaire, der diesbezüglich bereits surrealistische Imaginationstheorien anklingen lässt: »Das Flugzeug wird zum Symbol eines die Naturgesetze besiegenden Ikarus. Die vorfindliche Wirklichkeit bildet im Grunde nur noch den materiellen Ausgangspunkt zu ihrer technischen Umarbeitung in eine höhere, die Natürlichkeit weit übersteigende Gegenwartszivilisation: ein lebensweltlicher ›surréalisme‹ (...).« Wehle, »Avantgarde: ein historisch-systematisches Paradigma ›mo-

derner‹ Literatur und Kunst«, in: Rainer Warning / Winfried Wehle (Hrsg.), *Lyrik und Malerei der Avantgarde*, München 1982, S. 9-40; hier: S. 14.
17 Übersetzung nach: Antonin Artaud, »Traum I«, in: Karlheinz Barck (Hrsg.), *Surrealismus in Paris. 1919-1939*, Leipzig 1990, S. 155-156; hier: S. 155 f. Der Originaltext wurde entnommen aus Artauds *RÊVES, I*, in: André Breton (Hrsg.), *La Révolution Surréaliste*, Nr. 3, 15. April 1925, S. 2-3; hier: S. 2 f.
18 Übersetzung nach: Marinetti, 1993, S. 78. Der Originaltext »sola igiene del mondo« wurde entnommen aus Marinettis *I manifesti del futurismo*, 2009, S. 7.
19 *Recherche*, IV, 412: »Je pensai à ce jour, en allant à La Raspelière, où j'avais rencontré, comme un dieu qui avait fait se cabrer mon cheval, un avion. Je pensais que maintenant la rencontre serait différente et que le dieu du mal me tuerait.«
20 *Recherche*, IV, 70: »Comment m'avait-elle paru morte, quand maintenant pour penser à elle je n'avais à ma disposition que les mêmes images dont, quand elle était vivante, je revoyais l'une ou l'autre: rapide et penchée sur la roue mythologique de sa bicyclette, sanglée les jours de pluie sous la tunique guerrière de caoutchouc qui faisait bomber ses seins, la tête enturbannée et coiffée de serpents, elle semait la terreur dans les rues de Balbec; […].«
21 Zu Albertines militärisch anmutender Gestalt vgl. Hans Thoma, *Die Kunstschau*. Beiblatt der Meister der Farbe, Heft 10, 11. Jahrgang, in: Bauhaus-Universität Weimar (Hrsg.) (1994-2010), Historischer Buch- und Zeitschriftenbestand der Weimarer Kunst- und Bauhochschulen, 1914, S. 78, ⟨http://goobipr2.uni-weimar. de/viewer/image/PPN668023198/306/⟩ [zuletzt abgerufen am 30.12.2014]: »Der feurige Mars ist der Gott des Krieges, der auch am Himmel rot-schimmernde Stern, er trägt einen Schlangenhelm, hinter ihm eine in Flammen stehende Stadt, vor der im Mittelgrund Reiter kämpfen.«
22 *Recherche*, IV, 120 f.: »Une partie de son menton était tombée en miettes comme un marbre rongé, mais je ne trouvais à cela rien d'extraordinaire. […] Et tout d'un coup j'étais effrayé de penser qu'à l'être évoqué par la mémoire, à qui s'adressaient tous ces propos, aucune réalité ne correspondait plus, qu'étaient détruites les

différentes parties du visage auxquelles la poussée continue de la volonté de vivre, aujourd'hui anéantie, avait seule donné l'unité d'une personne.« / *Recherche*, V, 862: »Ce fut une morte en effet que je vis quand j'entrai ensuite dans sa chambre. Elle s'était endormie aussitôt couchée; ses draps, roulés comme un suaire autour de son corps, avaient pris, avec leurs beaux plis, une rigidité de pierre.«

23 Keller erkennt nicht nur im *Bal de têtes* oder in verschiedenen Gesellschaftsszenen, sondern insbesondere auch in »Marcels« Darstellungen Albertines Verbindungen zur kubistischen Porträtmalerei. Keller, 2014, S. 26. Mit näheren komparatistischen Beziehungen zwischen Prousts *Recherche* und der Porträtarbeit der Kubisten habe ich mich außerdem im 1. Kapitel meiner Dissertation (»Künstlerische Inkonstanz als soziohistorisches Spiegelbild: Der *Bal de têtes* und die Inversion von Picassos Maskenmotiv«) auseinandergesetzt. Auch Gerhard Gerhardi vergleicht die sprachliche Ästhetisierung Albertines mit einer Form der geologischen Abtragung, die gewissermaßen als wissenschaftliche Beobachtung »Marcels« einen immerwährenden Verwandlungsprozess evoziert: »Die sprachlichen Bilder, die diesen Prozeß der Immobilisierung des Flüchtigen und Werdenden am deutlichsten wiedergeben, stammen zum größten Teil aus dem Bereich der Naturwissenschaften, aus der Geologie, zum Beispiel, oder aus der Physik. Denn der Schriftsteller sucht wie der Wissenschaftler das ewig Gleiche im Wandel, die gesetzmäßige *Verbindung*, die zwischen zwei scheinbar heterogenen Tatbeständen besteht.« Gerhardi, »Zeit und Zeitgeschichte. Der Erste Weltkrieg in Prousts *À la recherche du temps perdu*«, in: Klaus Vondung (Hrsg.), *Kriegserlebnis*. Der Erste Weltkrieg in der literarischen Gestaltung und symbolischen Deutung der Nationen, Göttingen 1980, S. 218-240; hier: S. 228f.

24 Reinhold Hohl erkennt hierin Verbindungen zwischen dem Tod Agostinellis und dem Unfall von Albertine, insbesondere deshalb, weil Proust erst nach dem Absturz seines ehemaligen Chauffeurs den tödlichen Sturz von »Marcels« Freundin niederzuschreiben beginnt. Hohl macht überdies darauf aufmerksam, dass Proust bis auf die Veröffentlichung von *Du côté de chez Swann* ebenso wie den Entwurf seines *Bal de têtes* im Jahre 1913 die übrigen Teile

der *Recherche* erst während des Ersten Weltkrieges verfasst und überarbeitet. Vgl. Hohl, »Proust et la Grande Guerre – Proust und der I. Weltkrieg«, in: Reiner Speck / Rainer Moritz / Michael Magner (Hrsg.), *Proustiana XXIII*. Mitteilungen der Marcel Proust Gesellschaft, Frankfurt a.M./Leipzig 2005, S. 93-121; hier: S. 102 und S. 110.

25 Vgl. zu Léger insbesondere die Erläuterungen von Werner Spies: »Es läßt sich nicht übersehen, daß bei Léger Fronterlebnisse, Kameradschaftserfahrungen aus der glücklich, das heißt erfolgreich beendeten Kriegszeit in die Arbeitswelt, die in den Bildern erscheint, eingearbeitet werden. [...] Und der ›geometrische und mechanische Glanz‹, den seine Bilder nun vorführen, bezieht sich auf die Kriegsmaschinerie, deren Faszination er [...] erlegen war.« Spies, *Der Surrealismus und seine Zeit*, Berlin 2008, S. 340. Spies hebt außerdem hervor, dass sich die funktionelle Einarbeitung von Maschinenwelt und Technik zunehmend verschiebt: »Der Funktionsbegriff der Maschine wird in der Kunst rätselhaft – wir bewegen uns bereits auf den Objektfetischismus des Surrealismus zu. Funktion wird verlagert und dadurch ästhetisch erfaßbar.« Ebd., 342. Spies weist in dieser Hinsicht zugleich darauf hin, dass die Surrealisten »hinter der Maschinenwelt keine neue Ethik des Rationalen, sondern Enthumanisierung oder allenfalls Anlaß für neuartige Schauer der Entfremdung entdeckten.« Ebd., 336.

26 Basierend auf diesen Beobachtungen schließe ich mich der Position Reinhold Hohls an, der mit seiner – wie auch Keller herausstellt (vgl. Keller, 2014, S. 19) – bahnbrechenden Studie »Marcel Proust in neuer Sicht« von 1977 sowie seinem Beitrag »Proust und der I. Weltkrieg« aus dem Jahre 2005 eine neue Perspektive des Proustschen Romanwerkes gegenüber der Moderne des 20. Jahrhunderts in den Vordergrund rückt. Hohl ordnet demnach Prousts *Recherche* vielmehr der Literatur nach 1914 zu, anstatt den Roman lediglich auf den Zeitraum der Belle Époque zu reduzieren. Vgl. Reinhold Hohl, »Marcel Proust in neuer Sicht«, in: *Neue Rundschau* 88, Berlin 1977, S. 54-72 und ebd., 2005, S. 93-121.

Andrea Kreuter
»*Dans ce Paris dont, en 1914,*
j'avais vu la beauté …«
Zur Repräsentation der Stadt Paris bei Proust[1]

Innerhalb dieses Beitrags wird die Evokation von Paris bei Proust anhand von vier Schritten eingehender beleuchtet. Den Anfang bildet die Erläuterung der theoretischen Herangehensweise. In einem zweiten Schritt erfolgt die Analyse der Stadtrepräsentation, um daraufhin in einem dritten Abschnitt zu untersuchen, wie die Bedeutung generiert wird. Der abschließende Teil konzentriert sich auf die Comicversion von Stéphane Heuet um diese zumindest kurz in die Betrachtung miteinzubeziehen.

Zu Beginn sei erwähnt, dass bezogen auf den Gesamtumfang der *Recherche* topographische Schilderungen gering vertreten sind und sich häufig durch ihren fragmentarischen Charakter auszeichnen. Dennoch beantwortet André Ferré die Frage nach sowohl der Möglichkeit als auch der Sinnhaftigkeit einer Proustschen Geographie vollkommen positiv. Neben der Quantität ist nach Ferré in diesem Zusammenhang vornehmlich die Qualität der Ausführungen zu berücksichtigen, welche neben der Situierung der Handlung besonders für ein umfassendes Verständnis der Geschehnisse und Charaktere unabdingbar sind.[2]

Dies trifft ebenso auf die französische Hauptstadt zu, welche zwar als Schauplatz für einen großen Teil der Ereignisse fungiert, allerdings, wie Ferré betont:

Les références à Paris sont beaucoup plus nombreuses qu'à Venise, mais aussi beaucoup plus simplement allusives. Rues, monuments et quartiers sont souvent cités, rarement décrits; et ils sont moins considérés en eux-mêmes que par rapport aux souvenirs du narrateur ou aux personnages du récit.[3]

Textlandschaften, Kognitionspsychologie & Literaturtheorie

Vor einer konkreten Betrachtung der Evokation von Paris werden nun aber in einem ersten Schritt die kognitiven Aspekte der Wahrnehmung von Textlandschaften oder Textstädten[4] erläutert, um diese daraufhin mit literaturtheoretischen Ansätzen in Beziehung zu setzen.

Sowohl bei der Betrachtung realer geographischer Gegebenheiten als auch bei der Lektüre von Texten wird seitens des Rezipienten eine *cognitive map* erstellt. Diese ist um Ankerpunkte herum organisiert, zu denen die verschiedenen Elemente einer Region oder eines Gebietes in Beziehung gesetzt werden.[5] Eingeführt wurde der Begriff *cognitive map* 1948 von Edward Tolman[6], der damit »eine mentale Repräsentation räumlicher Gegebenheiten«[7] definiert. Mittlerweile wird das Konzept auch auf den Menschen angewandt und neben Bereichen wie der Stadtplanung[8] ebenso in der Literatur berücksichtigt.[9]

Die Experimente aus der Kognitionswissenschaft von Erika Ferguson und Mary Hegarty erlauben einige Rückschlüsse auf die im Lektüreprozess erstellten kognitiven Karten. Als Untersuchungsgegenstand dienten hier kurze Texte, die die geographischen Merkmale einer fiktiven Stadt beschrieben. Es zeigte sich, dass die erstellten kognitiven Karten der Versuchspersonen nicht lediglich auf die explizit erwähnten Fakten beschränkt waren, sondern sogar einen Vorteil für implizite Informationen erkennen ließen. Die Organisation war darüber hinaus stark hierarchisch geprägt. Ankerpunkte wurden deutlich besser memoriert, insbesondere wenn es sich um lineare

Landmarken wie Straßen o. Ä. handelte. Weitere Details konnten besonders dann gut abgerufen werden, wenn im Zuge der Lektüre eine Karte des beschriebenen Ortes zur Verfügung gestellt wurde. Darüber hinaus war bei der Wiedergabe von Details die Erzählperspektive von großer Bedeutung. Unterschieden wurde hier zwischen der Route, einer egozentrisch ausgerichteten Erzählperspektive, sowie einer Übersicht oder Vogelperspektive, die extrinsisch und stark fixiert war. Ein deutlicher Vorteil war für die Route zu verzeichnen, der sich vor allem bei längeren Texten noch stärker auswirken sollte.[10]

An dieser Stelle lässt sich ein klarer Bezug zu Karin Wenz etablieren, die als Strategien für die textuelle Lösung des Linearisierungsproblems die beiden Strategien der Karte und der Wanderung definierte. Die Karte bezeichnet eine statische Raumbeschreibung aus sprecherunabhängiger Perspektive, welche am Prinzip der Salienz orientiert ist. Die Wanderung hingegen zeichnet sich durch die dynamische Bewegung im Raum und eine sprecherabhängige Erzählperspektive aus. Sie entspricht somit dem egozentrischen Code und ist insgesamt deutlich häufiger zu beobachten. Die Abbildung der Umwelt erfolgt jedoch auch hier keineswegs natürlich, sondern es wird eine selektive Beschreibung bestimmter Objekte, orientiert an sozialen, kulturellen und kognitiven Ordnungsprinzipien, bspw. Institutionen oder Sehenswürdigkeiten, vorgenommen.[11]

Es stellt sich nun die Frage, welche Elemente innerhalb von Texten als Ankerpunkte fungieren. Laut Ferguson und Hegarty sind hierfür besonders Referenzpunkte prädestiniert, auf die der Text wiederholt Bezug nimmt, um die geographischen Gegebenheiten zu verdeutlichen. Dies ist allerdings lediglich eine hinreichende Bedingung, da nicht jeder Referenzpunkt als Anker genutzt wird.[12] Bei einer weiteren Studie über die topographische Wahrnehmung von geographischen Gegebenheiten in einem literarischen Text konnte anhand des Romans *Crónica de una muerte anunciada* von Gabriel García Márquez gezeigt werden, dass diese vornehmlich durch den Protagonisten und die Handlung gesteuert wird. Auf den seitens der Teilnehmer erstellten Karten war stets das Haus des Protagonisten verzeichnet, und die Hauptfiguren wurden tendenziell näher am zentralen Schauplatz verortet, auch wenn dies nicht den Informationen im Text entsprach,[13] aber nun zu Proust.

Die Repräsentation von Paris

Die Evokation der französischen Hauptstadt erfolgt, wie bei Ferré ausgeführt, vornehmlich durch die Benennung einzelner Straßen, *quartiers* und Sehenswürdigkeiten.[14] Beispielhaft angeführt seien die Avenue de l'Opéra und der Friedhof Père-Lachaise,[15] das Quartier Latin,[16] die Rue Bergère,[17] die Sorbonne oder auch die Académie Française.[18] Nach Andreas Mahler kann bei Proust neben einer referentiellen Stadtkonstitution, welche durch die direkte Anführung des Schauplatzes erfolgt, somit ebenso von einer prototypischen Vorgehensweise gesprochen werden, bei der die Stadt durch einige exemplarische Merkmale zweifelsfrei konstituiert wird.[19] Für Paris werden in diesem Zusammenhang vor allem der Eiffelturm[20], Sacré-Cœur und Notre-Dame angeführt.[21] Während auf Erstere innerhalb des Romans lediglich jeweils eine Referenz erfolgt,[22] wird Notre-Dame zwar etwas häufiger angeführt, jedoch sind diese Wahrzeichen insgesamt für die Konstituierung der Stadt sicherlich nicht ausreichend.[23]

Es stellt sich nun die Frage, inwieweit die Angaben innerhalb der *Recherche* seitens des Rezipienten für die Erstellung einer *cognitive map* genutzt werden können. Bezüglich möglicher Ankerpunkte gilt festzuhalten, dass der Wohnort des Erzählers nicht zweifelsfrei lokalisiert werden kann. Weder vor noch nach dem Umzug zu Beginn von *Le Côté de Guermantes* wird eine explizite Anschrift erwähnt, und auch innerhalb der Sekundärliteratur erfolgt keine zweifelsfreie Verortung.[24] Angeführt werden bspw. der Boulevard Malesherbes Nummer 9[25] oder allgemeiner der Boulevard Malesherbes,[26] wobei teilweise unklar bleibt, welcher der beiden Wohnsitze lokalisiert wird. Für letzteren werden neben dem Boulevard Malesherbes oder auch dem Boulevard Haussmann[27] zudem die Rue de Courcelles Nummer 45 genannt.[28] Etwas verlässlichere Vermutungen ergeben sich in Bezug auf die Lage des Hôtel de Guermantes und damit des ersten Salon des Faubourg Saint-Germain, welcher wohl in Wirklichkeit im Faubourg Saint-Honoré anzutreffen ist.[29] Ebenso erweist sich die Bestimmung eines zentralen Handlungsschauplatzes als schwierig. So sind die Champs-Élysées für die Treffen mit Gilberte und als Rahmen für den letzten Ausgang mit der Großmutter sicherlich von großer Relevanz, jedoch hat der Bois de Boulogne ebenso eine prominente Stellung inne. Die zentralen Orte des Geschehens könnten allerdings für einzelne Teile des Romans ermittelt werden und jeweils als Ankerpunkte für bestimmte Regionen fungieren, ob sich daraus jedoch eine kohärente kognitive Karte erstellen lässt, bleibt fraglich.

Neben diesen Überlegungen bezüglich der Ankerpunkte einer *cognitive map* sollen nun in einem zweiten Schritt die beiden von Wenz etablierten Methoden der Wanderung und der Karte genauer beleuchtet werden. Im Zuge der Morgenausgänge des Erzählers[30] oder auch des Spazierganges zum Empfang des Prinzenpaares von Guermantes[31] ergibt sich generell die Möglichkeit einer genaueren Wahrnehmung und Beschreibung der Stadt aus egozentrischer Perspektive. Diese wird aber zu Gunsten der Überlegungen des Erzählers, der Betrachtung der sozialen Umstände und ästhetischer Erlebnisse stark vernachlässigt, so dass es dem Rezipienten schließlich nicht möglich ist, die zurückgelegten Wege nachzuverfolgen und neue Elemente in die mentale Repräsentation einzufügen. Eine analoge Schlussfolgerung lässt sich für die Methodik der Karte ziehen. Es gilt jedoch an dieser Stelle, zwei Besonderheiten der Proustschen Stadtwahrnehmung näher zu beleuchten. Zum einen werden, wie bei Ferré ausgeführt, Landschaften analog zu Gemälden oftmals in einem spezifischen Rahmen wahrgenommen, wobei Proust hierzu am häufigsten auf das Motiv des Fensters[32] zurückgreift. So ist es dem Erzähler in Balbec auf diese Weise möglich, das Meer in verschiedenen Facetten zu betrachten.[33] Durch diesen eingeschränkten Blick werden die einzelnen Elemente sowohl geeint als auch geordnet und hierarchisiert.[34] Unschwer lässt sich ein Bezug zu Wenz etablieren, und der Blick aus dem Fenster erscheint als gute Vorlage für die Methode der Karte. Ein Beispiel bildet die Betrachtung der morgendlichen Promenade der fahrenden Händler vor dem Fenster des Erzählers.[35] Allerdings liegt der Fokus in diesem Zusammenhang ebenso auf den sozialen Geschehnissen und alltäglichen Handlungen statt einer detaillierten Repräsentation der Straße und der Gebäude. Zudem zeigt sich hier die zweite Partikularität der Stadtevokation in der *Recherche*, denn die Szene beginnt bereits einige Seiten zuvor mit einer auditiven Wahrnehmung der Stadt, die nach Ansicht des Erzählers der visuellen in nichts nachzustehen scheint; »L'ouïe, ce sens délicieux, nous apporte la compagnie de la rue, dont elle nous retrace toutes les lignes, dessine toutes les formes qui y passent, nous en montrant la couleur.«[36] Unterbrochen durch Gedanken über die Natur des Schlafes, der Liebe und Gespräche mit Albertine wird die Stadt bekanntlich im Rahmen der Rufe und Gesänge der Händler wiederholt auditiv repräsentiert, und ebenso, wenn der Erzähler schließlich ans Fenster tritt, sind es zuerst das Pfeifen der Händler und die Glocke der Straßenbahn, die es zu erwähnen gilt. Eine Referenz auf diese Stimme der Straße erfolgt bereits bei der Wiederaufnahme der Morgenausgänge und der Vorfreude darauf, diese bald wieder zu begehen.[37] Die zu diesem Zeitpunkt konkrete Stadterfassung wird im Verlauf der Geschehnisse zumindest temporär durch eine vornehmlich auditiv ausgelegte ersetzt, da der Erzähler unter anderem durch die Rufe der Händler Vergnügen findet, »de sortir moi-même tout en restant couché«.[38]

Abgesehen von der visuellen Erfassung zeigte Achim Hölter in einer Betrachtung zu Dos Passos' *Manhattan Transfer*, dass ein Stadtplan, in diesem Fall von New York, ebenso durch eine multiple nominale Indexierung evoziert werden kann.[39] Innerhalb dieser nominalen Methodik ist die Benennung der Straßen als notwendiges Kriterium zur Generierung eines Stadtplanes somit ausreichend. Dies erscheint insofern logisch, als Straßen in ihrer Eigenschaft als lineare Landmarken besonders gut als Ankerpunkte fungieren können und infolgedessen ebenso memoriert werden. Zwar erscheint New York durch seine Regelmäßigkeit besonders gut für dieses Verfahren geeignet, jedoch könnten durchaus auch andere Städte auf diese Weise evoziert werden. Auch in Bezug auf Proust ist sicherlich von einer nominalen Indexierung zu sprechen, allerdings entsteht letztlich lediglich ein fragmentarisches Bild von Paris (Abb. 1).[40] Es ist anzunehmen, dass es dem durchschnittlichen Rezipienten nicht möglich ist, sich diesen Plan im Zuge der Lektüre zu vergegenwärtigen, was abgesehen von der Quantität des Romans ebenso mit der Qualität der Nennungen begründet werden kann. Hier ergibt sich ein starker Gegensatz zu einem anderen zentralen Schauplatz der *Recherche* – und zwar Combray. Ein Plan Combrays ist im Unterschied desselben von Paris wohl den wenigsten Rezipienten bekannt oder verfügbar. Bei der Beschreibung des Ortes im Zuge der *mémoire involontaire* wird dieser Plan hingegen seitens des Textes zur Verfügung gestellt[41] und im Verlauf des Romans durch weitere Details ergänzt.[42]

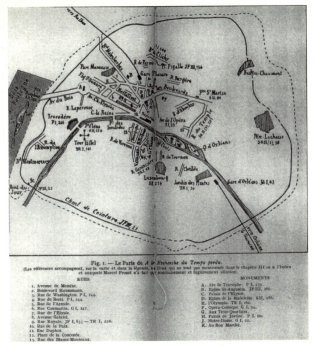

Abb. 1 Le Paris de *À la recherche du temps perdu*. Aus: André Ferré: Géographie de Marcel Proust, Paris: Sagittaire 1939.

Semantisierung von Paris: Liebe, Gesellschaft & Zerstörung

Nach diesen Ausführungen zur Repräsentation von Paris steht nun die programmatische Funktion der Stadt im Vordergrund der Betrachtung. Die spezifische Bedeutungsgenerierung Prousts möchte ich anhand von drei Themenkomplexen verdeutlichen. An erster Stelle steht die Verbindung der Stadt mit einer Frau bzw. in einem größeren Zusammenhang der Liebe oder des Begehrens derselben. Daraufhin erfolgt die Berücksichtigung des gesellschaftlichen Bereiches, also der sozialen Situation der Figuren oder auch der Rolle der Salons, während im letzten Teil die Bedrohung und Gefährdung im Zuge des Ersten Weltkrieges im Vordergrund steht.

In der Proustschen Geographie ist das Interesse für eine bestimmte Gegend oft mit demjenigen für eine Frau verbunden. Dies zeigt sich unter anderem bei den Spaziergängen in der Umgebung von Méséglise in den Jugendjahren des Erzählers oder im Rahmen der Zugfahrt nach Balbec und der Begegnung mit dem jungen Mädchen, welches den Reisenden morgens Milchkaffee verkauft.[43] Der Themenkomplex der Liebe verfügt ebenso innerhalb der Topographie von Paris über eine starke Präsenz[44] und etabliert konkrete Verbindungen, bspw. zwischen der Verliebtheit des Erzählers in Gilberte und den Champs-Élysées.[45] Zentral erweist sich in diesem Zusammenhang die so bezeichnete *carte du tendre* Swanns,[46] jedoch entsteht auch hier analog zur allgemeinen Stadtrepräsentation kein kohärentes Stadtbild, sondern eine zweidimensionale Landkarte des Gefühls, innerhalb derer die Straßennamen als Verortungshilfe für eine Liebe fungieren, die zunehmend einer konkreten Fixierung entgeht.[47] Die Besuche in der Rue La Pérouse werden ersetzt durch solche im gleichnamigen Restaurant[48] oder auch nur Gespräche über die Straße.[49] Während der Erzähler bei der Beziehung zu Gilberte seine *carte du tendre* noch in Form eines Stadtplans von Paris besitzt,[50] liegt sie bei Albertine nicht mehr konkret vor und ist seitens des Rezipienten zu konstruieren.

Bei der Interpretation gilt es, die eigentliche Quelle der Karte, den Roman *Clélile. Histoire romaine* von Madeleine de Scudéry aus dem Jahre 1654, zu berücksichtigen. Diese Karte, welche die Möglichkeiten der Intensivierung einer Freundschaft zu einer intimen Beziehung aufweist, wird von der Romanheldin stets neu interpretiert und ist somit lediglich innerhalb eines spezifischen Kontextes gültig und auch als Machtinstrument zu bezeichnen.[51] Analog ist auch bei Proust die Berücksichtigung des Kontextes für ein adäquates Verständnis zentral. Die verzeichneten Orte sind keinesfalls lediglich als geographische Gegebenheiten zu betrachten, denn so ist trotz des gemeinsamen Aufenthalts im Salon der Verdurins eine zunehmende Entfremdung zwischen Swann und Odette zu beobachten. Darüber hinaus lassen sich Pläne im Allgemeinen mit dem der Fotografie inhärenten *Memento-mori-Topos* in Verbindung bringen,[52] welcher hier als Vorausdeutung auf den Tod oder das Scheitern interpretiert werden kann. Letztlich ist keine der drei Beziehungen durch lang anhaltende Liebe gekennzeichnet, sondern, wie auch der Vorgang der Kartierung selbst, vielmehr von dem Interesse an und der Ausübung von Macht über andere.

Insgesamt fungiert Paris häufig als Versteck, Hindernis sowie Quelle für Frustration und Trennung für die Figuren, was sich gerade im Rahmen der Suche Swanns nach Odette zeigt[53] und die Beziehung der Stadt zum Themenkomplex der Liebe wohl treffend beschreibt. Im Zusammenhang mit der Suche auf den Boulevards gilt es zudem, zu beachten, dass augenscheinlich lediglich die Namen der Restaurants als Orientierung dienen.[54] Neben einer zusätzlichen Anforderung an die Verortungsfähigkeiten des Rezipienten gehen damit zwei weitere Bedeutungen einher. Zum einen waren alle erwähnten Lokale bei Erscheinen von *Un amour de Swann* bereits geschlossen.[55] Auf diese Weise wird eine deutliche Trennung zwischen dem ersten Band und den folgenden etabliert und die zeitliche Situierung in der Vergangenheit betont. Zum anderen bieten die Lokale einen entsprechenden Rahmen für die Figur Odettes als Kokotte und wären für eine Frau aus dem Bürgertum kein angemessener Aufenthaltsort gewesen.[56] Die Figuren werden somit durch die Stadtrepräsentation in Bezug auf ihre gesellschaftliche Stellung charakterisiert.[57] Wie bei Peter Wetherill ausgeführt, erfolgt die Charakterisierung bei Proust allerdings nicht in einer metonymischen und linearen Weise wie noch bei Flaubert. Während bei Flaubert die Verortung der Charaktere klare Rückschlüsse auf deren soziale Situation zulässt, also die *quartiers* oder Straßen der gesellschaftlichen Position entsprechen, ist die Verortung bei Proust als symbolisch und zirkulär zu bezeichnen.[58] Als Beispiel sei der Wohnort Swanns am Quai d'Orléans angeführt, der auf den ersten Blick inakzeptabel für seine Person wirkt,[59] den Kunstinteressierten aber bei genauerem Hinsehen in Verbindung mit Gautier und Baudelaire bringt, die im 19. Jh. die vergessene Île Saint-Louis wiederentdeckten. Die Geschichte der Insel ist bis ins 17. Jh. zurückzuverfolgen, und so kommt Shinichi Saiki nach einer ausführlichen Betrachtung[60] zu dem Schluss: »Pour lui, en somme, Paris n'a pas ›énormément changé‹ depuis le Grand Siècle.«[61] Im Gegensatz dazu logiert Odette in der Rue la Pérouse nahe dem Arc de Triomphe,[62] einer durch Haussmann neu gestalteten Gegend, die somit als Symbol für Veränderung bzw. Aktualität betrachtet werden kann.[63] Ebenso zeichnen sich die ihrerseits gegenüber Swann als schick definierten Orte[64] durchweg durch die kurze Dauer ihres Bestehens aus, das Eden Théâtre existierte lediglich zwischen 1876 und 1895, das l'Hippodrome von 1875 bis 1892 und die l'Avenue l'Impératrice behielt diesen Namen nur von 1854 bis 1870.[65] Der spätere gemeinsame Wohnort des Paares in der Avenue du Bois[66] kann schließlich als Anpassung von Swann an den Geschmack seiner Frau bewertet werden,[67] einerseits da es sich dabei um die vormalige Avenue l'Impératrice handelt, andererseits, da sie auch diesen Namen lediglich von 1875 bis 1929 trug und heute im Pariser Stadtplan als Avenue Foch verzeichnet ist.[68]

Die Champs-Élysées und das dortige Toilettenhäuschen bilden für den Erzähler sowohl den Rahmen für die Treffen mit Gilberte[69] als auch für den Spaziergang mit der Großmutter.[70]

Letzterer ist zwischen Matinée und Soirée der Marquise de Villeparisis situiert und evoziert damit ebenso den Themenkomplex der Gesellschaft. Das Toilettenhäuschen oder »mon petit Paris«,[71] wie es von der Wärterin, ebenfalls als Marquise bezeichnet, genannt wird, kann als Metapher für das gesellschaftliche Leben gesehen werden. So werden kurz darauf mit den Verdurins und den Guermantes die Salons erwähnt, die der Erzähler später frequentieren wird. Neben dem Snobismus der Marquise ist zudem der des Erzählers zu konstatieren, der sich mehr Gedanken darüber macht, welchen Eindruck seine Großmutter bei der Leiterin des Etablissements hinterlassen hat, als über ihren gesundheitlichen Zustand. Die Gedanken über gesellschaftliche Verpflichtungen und Vergnügungen prägen ebenso den folgenden Besuch bei Professor E.,[72] der als Allegorie auf das mondäne Leben des Erzählers betrachtet werden kann, dessen Ablauf durch den Tod der Großmutter gestört wird. Zwar wurde die Bekanntschaft mit Mme Villeparisis durch die Großmutter vermittelt, jedoch steht ihr eigenes, einfaches Leben im Gegensatz zu dem der Salons.[73] Eine weitere Implikation auf die gesellschaftlichen Veränderungen findet sich bei der letzten Evokation der Anlagen am Vormittag der Matinée der Prinzessin von Guermantes, als der Erzähler Baron de Charlus und Jupien begegnet.[74] Charlus hat infolge eines Schlaganfalls seinen Gesellschaftssinn eingebüßt und ist nach Jupien »n'est plus qu'un grand enfant«.[75] Dadurch wird ein starker Kontrast zu Madame Verdurin in ihrer Rolle als Prinzessin von Guermantes etabliert. Der Aufstieg des Bürgertums und der Untergang der alten Aristokratie werden jedoch bereits durch den Wohnort des Barons verdeutlicht. Das Haus am Quai Malaquais wurde schon 1884 vom Prinzen Caraman-Chimay an den französischen Staat veräußert und war daraufhin der Ecole des Beaux-Arts unterstellt. Dies zeigt einerseits, wie schließlich das Geld althergebrachte Namen ersetzt, und andererseits, wie Proust zu Gunsten des Romans auf die Topographie der Stadt einwirkt.[76] Diese diegetisch bedingten Veränderungen oder bewussten Unstimmigkeiten sind auch an anderen Stellen des Romans zu finden. Neben der implizit schwer möglichen Verortung des Wohnortes des Erzählers ergeben sich ähnliche Schwierigkeiten bei dessen Fahrt von den Champs-Élysées zu den Swanns in die Avenue du Bois in Bezug auf die Lage der Rue de Berri.[77] Darüber hinaus gilt es, bei der Fahrt im Omnibus von Swann und Madame Cottard[78] zu konstatieren, dass es zum damaligen Zeitpunkt keine Linie gab, die am Jardin du Luxemburg endete bzw. auch durch die Rue Bonaparte verlief.[79] Bezogen auf den größeren geographischen Rahmen der *Recherche* sollte zudem erwähnt werden, dass auch der Zug um 13.20 Uhr Richtung Balbec[80] über keine wirkliche Entsprechung verfügt und zumindest auf sieben reale Strecken zurückzuführen ist.[81]

Genauso wie der erste ist auch der letzte Band, *Le temps retrouvé*, deutlich von den übrigen getrennt. Der Unterschied zeigt sich zum einen im Rahmen der Textgestaltung. Nach zwei, abgesehen von einem kurzen Aufenthalt in Venedig, vornehmlich auf die Gedanken des Erzählers fokussierten und quasi zeitlosen Bänden folgen nun eine erneute zeitliche Situierung[82] sowie ein handlungsintensiveres Geschehen. Zum anderen finden sich Unterschiede bezogen auf die thematische Ebene, denn es vollzieht sich ein gesellschaftlicher Wandel, der mit dem Aufstieg des Bürgertums zu Gunsten der alten Aristokratie einhergeht.[83] Während die Dreyfus-Affäre mittlerweile quasi als »prähistorisch«[84] betrachtet werden kann, personifizieren Mme Verdurin und Mme Bontemps diesen erneuten Umschwung.[85] Als vorherrschende Themen sind, bedingt durch den Krieg, jedoch Tod und Zerstörung anzuführen. Darüber hinaus kann die Stadt insgesamt als Zentrum des technischen Fortschritts bezeichnet werden, wobei zentrale Entwicklungen neben dem Bereich der Elektrizität vor allem neue Medien wie das Telefon oder Transportmittel betreffen.[86] Das Automobil ist mittlerweile in gewisser Weise alltäglich geworden,[87] und das Telefon spielt unter anderem bei den Empfängen von Mme Verdurin eine wichtige Rolle. Ein größerer Schaden bei der Weitergabe von Neuigkeiten zum Kriegsgeschehen mittels Fernsprecher trotz der Omnipräsenz feindlicher Spione wird hier letztlich lediglich durch die Unzuverlässigkeit der Informationen verhindert.[88] Als Höhepunkt der Erfindungen ist sicherlich das Flugzeug anzuführen, wobei neben dem technologischen Fortschritt im Rahmen des beschriebenen Flugzeugangriffs dessen apokalyptische Natur verdeutlicht wird.[89] In eben diesem Zusammenhang ist es dem Erzähler jedoch auch möglich, die Schönheit von Paris zu erfassen, denn:

> La plus grande impression de beauté que nous faisaient éprouver ces étoiles humaines et filantes, était peut-être surtout de faire regarder le ciel, vers lequel on lève peu les yeux d'habitude. Dans ce Paris dont, en 1914, j'avais vu la beauté presque sans défense attendre la menace de l'ennemi qui se rapprochait, il y avait certes, maintenant comme alors, la splendeur antique inchangée d'une lune cruellement, mystérieusement sereine, qui versait aux monuments encore intacts l'inutile beauté de sa lumière; mais comme en 1914, et plus qu'en 1914, il y avait aussi autre chose, des lumières différentes, des feux intermittents que, soit de ces aéroplanes, soit des projecteurs de la Tour Eiffel, on savait dirigés par une volonté intelligente…[90]

Die Schönheit der Stadt wird somit erst im Zuge ihrer Bedrohung[91] und der des Betrachtenden vollkommen erfahrbar, und es wird versucht eine untergehende Stadt festzuhalten und zu bewahren.[92] Insgesamt assoziiert der Erzähler Paris im Zuge dieses Spaziergangs[93] stark mit Bildern und Symbolen des Orients,[94] um schließlich ebenso wie beim letzten Ausgang mit der Großmutter darüber hinaus die Stadt selbst mit Pompeji[95] in Verbindung zu bringen. Die technischen Errungenschaften führten letztlich somit dazu, dass die Menschen nicht mehr den

Keller aufsuchen, um eine Flasche Mouton-Rothschild oder Saint-Emilion an die Oberfläche zu befördern, sondern im Gegenteil wie die Priester von Herculaneum ihre Kostbarkeiten und sich selbst im Untergrund in Sicherheit zu bringen. Im Rahmen dieser Vergleiche kommt es schließlich, wie bei Ulrike Sprenger ausgeführt, zu einem Identitätsverlust, und die Unterschiede zu anderen Zeiten und Kulturen werden quasi eliminiert, darüber hinaus wird durch Pompeji die Analogie zu einer todgeweihten Stadt etabliert.[96] Die Stadtrepräsentation büßt in diesem Zusammenhang auch den letzten Rest an Konkretheit ein und ist nurmehr im poetischen Bereich anzusiedeln.[97] Neben dem Rezipienten verliert auch der Erzähler zunehmend die Orientierung und stößt letztlich eher zufällig auf Jupiens Etablissement, welches ebenso nicht zweifelsfrei verortet werden kann[98] und vermutlich irgendwo im Osten der Stadt zu situieren ist.[99] Die Erfassung der Stadt wird somit völlig in den Bereich des Utopischen verschoben und durch die Analogisierung mit Pompeji ihr zukünftiger Verfall nahegelegt. Abgerundet wird dieses Bild durch den Schluss der Passage, welche die Geschehnisse um den Tod Saint-Loups thematisiert.[100]

Der Plan im Comic

Innerhalb der bisherigen Betrachtungen blieb der Mehrwert einer die Lektüre begleitenden Karte für den Rezipienten bei der Erstellung einer *cognitive map* quasi unberücksichtigt. Der Vorteil einer konkreten Karte lässt sich nach Ferguson und Hegarty auf folgende Eigenschaften zurückführen:

> First, a map displays all the spatial relations between landmarks in an environment. In contrast, a text describes only some of these relations explicitly, so that the others must be inferred. If subjects read a text accompanied by a map, they can inspect the map to encode the spatial relations between

Abb. 2 Stéphane Heuet: *À la recherche du temps perdu. Du côté de chez Swann. Noms de pays: le nom. Tome 6.* Paris: Delcourt, 2013. Umschlagseite.

objects directly, eliminating the need to make spatial interference.[101]

Darüber hinaus liefert eine Karte determinierte und exakte metrische Informationen, wohingegen ein Text lediglich indeterminierte zur Verfügung stellt[102] und im Falle von Proust häufig sehr vage bleibt. Obwohl eine Karte durch ihre scheinbare Zweidimensionalität gekennzeichnet ist, führt sie stets zu einer gewissen Tiefe im Rahmen der räumlichen Vorstellung.[103] Während diese Vorteile bis dato der Sekundärliteratur vorbehalten blieben und eine Publikation des Romans mit erläuterndem Kartenmaterial ausblieb, wurden sie im neuesten Band der Comicserie von Heuet realisiert (Abb.2). Eine Karte von Paris im Einband verzeichnet die zentralen Handlungsorte und bringt sie mit den entsprechenden Darstellungen im Comic in Verbindung, bspw. die Wohnung der Swanns oder die

Champs-Élysées. Ergänzt wird diese topographische Verdeutlichung durch ein Glossar, welches Anmerkungen zu den bisherigen Bänden, ein Personenverzeichnis sowie Informationen zum Leben des Autors zur Verfügung stellt. Im Zuge der Anmerkungen werden unter anderem die wechselnde Namensgebung der Avenue l'Impératrice oder auch die Wohnorte von Odette, Charles und später der Familie Swann näher erläutert. Neben einer Hilfestellung zur Verortung der Geschehnisse und der Erstellung einer *cognitive map* bietet der Band durch die Erläuterungen ebenso Ansätze für die Interpretation und hält einen deutlichen Mehrwert für den Rezipienten bereit. Es bleibt zu hoffen, dass ähnliche Ergänzungen auch für die Leserschaft der Romanform irgendwann zur Verfügung stehen werden.

Fazit

Die Repräsentation von Paris ist innerhalb der *Recherche* durch ihre Fragmentarität gekennzeichnet. Methodisch gesehen erfolgt eine referentielle Stadtkonstitution, wobei die prototypischen Elemente nicht den allgemeingültigen entsprechen, sondern wie etwaige Ankerpunkte für die einzelnen Teile des Werkes festgelegt werden sollten. Die Evokation eines Stadtplans erfolgt auf Basis einer nominalen Indexierung, bleibt aber unzusammenhängend, da die Bewegungen der Charaktere nicht nachvollzogen werden können und weitere Informationen bspw. im Rahmen der Wanderung oder Karte fehlen. Darüber hinaus wird die Topographie teils zu Gunsten der Diegese verändert, und es werden widersprüchliche oder auch vage Angaben gemacht. Insgesamt wird seitens des Erzählers auch nicht der Raum als zentraler Aspekt des Romans definiert, sondern, wie allgemein bekannt, die Zeit als konstituierendes Element betrachtet:

il ne me semblait pas que j'aurais encore la force de maintenir longtemps attaché à moi ce passé qui descendait déjà si loin. Du moins, si elle m'était laissée assez longtemps pour accomplir mon œuvre, ne manquerais-je pas d'abord d'y décrire les hommes [...] comme occupant une place si considérable, à côté de celle si restreinte qui leur est réservée dans l'espace, une place au contraire prolongée sans mesure – puisqu'ils touchent simultanément, comme des géants plongés dans les années, à des époques si distantes, entre lesquelles tant de jours sont venus se placer – dans le Temps.[104]

Jedoch oder vielleicht gerade deswegen ist die Stadt im Zuge der Semantisierung von größerer Relevanz und hält einige Ansätze für die Interpretation bereit. Allerdings nicht in derart linearer Weise, wie dies bspw. bei Flaubert noch der Fall war. Insgesamt werden im Rahmen der Stadtrepräsentation das Geschehen zeitlich situiert, die Figuren charakterisiert und verschiedene Themenkomplexe, unter anderem die Liebe, das gesellschaftliche Leben sowie Zerstörung und Tod während des Ersten Weltkrieges, auf das Stadtbild übertragen. Als besondere Methodik seitens Prousts können die Wahrnehmung durch das Fenster sowie eine teils auditive Stadtrepräsentation vermerkt werden. Als weitere zentrale Themen innerhalb der Evokation und Semantisierung von Paris sind unter anderem das Motiv des beleuchteten Fensters oder auch die Dichotomie zwischen dem Bois de Boulogne und den Champs-Élysées anzuführen. Darüber hinaus wäre ebenso eine genauere Analyse der Stadtrepräsentation innerhalb der Comicversion von besonderem Interesse. Da dies aber im konkreten Rahmen zu weit führen würde, sei abschließend noch erwähnt, dass der durch den Tod Saint-Loups angedeutete, analog zu Combray befürchtete Verlust der französischen Hauptstadt unbegründet bleibt. Zum einen wird Paris im Rahmen der Kriegshandlungen nicht erobert oder nennenswert beschädigt, zum anderen wird der Protagonist kurz darauf die Laufbahn des Autors einschlagen und neben Paris ebenso seine Erinnerungen konservieren, und schließlich gilt es zu bedenken: »La vraie vie, la vie enfin découverte et éclaircie, la seule vie par conséquent réellement vécue, c'est la littérature.«[105]

BIBLIOGRAPHIE

Primärliteratur

Proust, Marcel: *À la recherche du temps perdu. Tome I*, Bibliothèque de la Pléiade Marcel Proust hg. von Pierre Clarac und André Ferré. Paris: Gallimard 1954.

Proust, Marcel: *À la recherche du temps perdu. Tome II*, Bibliothèque de la Pléiade Marcel Proust hg. von Pierre Clarac und André Ferré. Paris: Gallimard 1954.

Proust, Marcel: *À la recherche du temps perdu. Tome III*, Bibliothèque de la Pléiade Marcel Proust hg. von Pierre Clarac und André Ferré. Paris: Gallimard 1954.

Heuet, Stéphane: *À la recherche du temps perdu. Du côté de chez Swann. Noms de pays: le nom. Tome 6*. Paris: Delcourt, 2013.

Sekundärliteratur

Corbineau-Hoffmann, Angelika: *Stadt-Plan ↔ Text-Plan? Über Kartographie, Écriture und ›Mental Mapping‹ in der Parisliteratur 1781 bis 1969*. In: Hölter, Achim; Pantenburg, Volker; Stemmler, Susanne (Hg.): *Metropolen im Maßstab. Der Stadtplan als Matrix des Erzählens in Literatur, Film und Kunst*. Urbane Welten – Texte zur kulturwissenschaftlichen Stadtforschung Band 1. Bielefeld: transcript 2009, S. 51-77.

Ferguson, Erika; Hegarty, Mary: *Properties of cognitive maps constructed from texts*. In: *Memory & Cognition*, 22(4) 1994, S. 455-473.

Ferré, André: *Géographie de Marcel Proust. Avec index des noms de lieux et des termes géographiques*. Paris: Sagittaire 1939.

Hölter, Achim: *Kein Erzählen ohne Stadtplan. Um Michel Butor herum.* In: Hölter, Achim; Pantenburg, Volker; Stemmler, Susanne (Hg.): *Metropolen im Maßstab. Der Stadtplan als Matrix des Erzählens in Literatur, Film und Kunst.* Urbane Welten – Texte zur kulturwissenschaftlichen Stadtforschung Band 1. Bielefeld: transcript 2009, S. 301-328.

Jeffrey, Peter: *Mapping discord. Allegorical cartography in early modern French writing.* Newark: University of Delaware Press 2004.

Jordan, Jack: *Proust's Narrator in Paris Planes, Death, Destruction, and Memory.* In: Wright, Will; Kaplan, Steven: *The Image of the City in Literature, Media, and Society.* Pueblo: Society for the Interdisciplinary Study of Social Imagery, University of Southern Colorado 2003, S. 224-228.

Lynch, Kevin: *Das Bild der Stadt*, Bauwelt-Fundamente, 16. Übers. von Henni Korsakoff-Schröder. Gütersloh: Bertelsmann Fachverlag ²1989.

Mahler, Andreas: *Stadttexte-Textstädte. Formen und Funktionen diskursiver Stadtkonstitution.* In: Mahler, Andreas (Hg.): *Stadt-Bilder. Allegorie, Mimesis, Imagination.* Beiträge zur neueren Literaturgeschichte Folge 3,170. Heidelberg: Winter 1999, S. 11-36.

Moritz, Rainer: *Mit Proust durch Paris. Literarische Spaziergänge.* Mit farbigen Fotografien von Angelika Dacqmine. Frankfurt am Main: Insel 2004.

Ottaviani, Isabelle; Poulain, Philippe: *Le Paris de Marcel Proust.* Musée Carnavalet. Paris: Paris Musées 1996.

Ryan, Marie-Laure: *Cognitive maps and the construction of narrative space.* In: Herman, David (Hg.): *Narrative theory and the cognitive sciences.* CSLO lecture notes, 158. Stanford: Center for the Study of Language and Information 2003, S. 214-242.

Shinichi, Saiki: *Paris dans le roman de Proust.* Diss. Université de la Sorbonne Nouvelle, 1990. Paris: Sedes 1996.

Sprenger, Ulrike: ›*Au clair de la lune*…‹ – *Prousts Paris.* In: Mahler, Andreas (Hg.): *Stadt-Bilder. Allegorie, Mimesis, Imagination.* Beiträge zur neueren Literaturgeschichte Folge 3,170. Heidelberg: Winter 1999, S. 229-249.

Stierle, Karlheinz: *Der Mythos von Paris. Zeichen und Bewußtsein der Stadt.* München: dtv 1998.

Weich, Horst: *Prototypische und mythische Stadtdarstellung. Zum ›Image‹ von Paris.* In: Mahler, Andreas (Hg.): *Stadt-Bilder. Allegorie, Mimesis, Imagination.* Beiträge zur neueren Literaturgeschichte Folge 3,170. Heidelberg: Winter 1999, S. 37-54.

Wenz, Karin: *Raum, Raumsprache und Sprachräume zur Textsemiotik der Raumbeschreibung.* Kodikas, Code: Supplement 22. Tübingen: Narr 1997.

Wetherill, P. M.: *Flaubert, Zola, Proust and Paris: An evolving city in a shifting text.* In: *Forum for Modern Language Studies,* 32(3) 1996, S. 228-239.

Zimbardo, P. G; Gerrig, R. J.: *Psychologie.* Übers. und bearb. von Ralf Graf. München: Pearson Studium [18]2008.

1 Der Beitrag basiert großteils auf den Ergebnissen der unveröffentlichten Diplomarbeit: Kreuter, Andrea: Repräsentation und Semantisierung der Stadt Paris in Prousts *À la recherche du temps perdu.* Universität Wien, 2013.

2 Ferré, André: *Géographie de Marcel Proust. Avec index des noms de lieux et des termes géographiques.* Paris: Sagittaire 1939. S. 51-53.

3 Ferré, 1939. S. 77.

4 Nach Andreas Mahler entstehen Textstädte im Rahmen von Stadttexten, innerhalb derer die Stadt nicht lediglich als Hintergrund oder Schauplatz fungiert, sondern einen nicht zu kürzenden Textteil darstellt. (Mahler, Andreas: *Stadttexte-Textstädte. Formen und Funktionen diskursiver Stadtkonstitution.* In: Mahler, Andreas (Hg.): *Stadt-Bilder. Allegorie, Mimesis, Imagination.* Beiträge zur neueren Literaturgeschichte Folge 3, 170. Heidelberg: Winter 1999, S. 11-36. S. 12.)

5 Ferguson, Erika; Hegarty, Mary: *Properties of cognitive maps constructed from texts.* In: Memory & Cognition, 22(4) 1994, S. 455-473. S. 455.

6 Tolman entdeckte bei Experimenten zu den kognitiven Abläufen bei Lernprozessen das Konzept der *cognitive map* bei Ratten, die den Weg durch ein Labyrinth meistern mussten. In weiteren Experimenten konnte gezeigt werden, dass insbesondere Spezies,

bei denen das Futterverstecken als Basis der Nahrungssicherung dient, über sehr präzise kognitive geographische Repräsentationen verfügen. (Zimbardo, 2008. S. 223-224.)

7 Zimbardo, P. G; Gerrig, R. J.: *Psychologie*. Übers. und bearb. von Ralf Graf. München: Pearson Studium ¹⁸2008. S. 736.
8 Lynch, Kevin: *Das Bild der Stadt*, Bauwelt-Fundamente, 16. Übers. von Henni Korsakoff-Schröder. Gütersloh: Bertelsmann Fachverlag ²1989.
9 Corbineau-Hoffmann, Angelika: *Stadt-Plan ↔ Text-Plan? Über Kartographie, Écriture und ›Mental Mapping‹ in der Parisliteratur 1781 bis 1969*. In: Hölter, Achim; Pantenburg, Volker; Stemmler, Susanne (Hg.): *Metropolen im Maßstab. Der Stadtplan als Matrix des Erzählens in Literatur, Film und Kunst*. Urbane Welten – Texte zur kulturwissenschaftlichen Stadtforschung Band 1. Bielefeld: transcript 2009, S. 51-77. S. 52; Ryan, Marie-Laure: *Cognitive maps and the construction of narrative space*. In: Herman, David (Hg.): *Narrative theory and the cognitive sciences*. CSLO lecture notes, 158. Stanford: Center for the Study of Language and Information 2003, S. 214-242. S. 214-215.
10 Ferguson; Hegarty, 1994. S. 455-473.
11 Wenz, Karin: *Raum, Raumsprache und Sprachräume zur Textsemiotik der Raumbeschreibung*. Kodikas, Code: Supplement 22. Tübingen: Narr 1997. S. 29, 50-53, 57, 60, 63, 69-71.
12 Ferguson; Hegarty, 1994. S. 468-469.
13 Ryan, 2003. S. 214-242.
14 Ferré, 1939. S. 77.
15 Proust, II. S. 641.
16 Proust, III. S. 290.
17 Proust, II. S. 1062.
18 Proust, III. S. 766.
19 Mahler, 1999. S. 14-15.
20 Stierle, Karlheinz: *Der Mythos von Paris. Zeichen und Bewußtsein der Stadt*. München: dtv 1998. S. 34; Weich, Horst: *Prototypische und mythische Stadtdarstellung. Zum ›Image‹ von Paris*. In: Mahler, Andreas (Hg.): *Stadt-Bilder. Allegorie, Mimesis, Imagination*. Beiträge zur neueren Literaturgeschichte Folge 3,170. Heidelberg: Winter 1999, S. 37-54. S. 43.

21 Weich, 1999. S. 43.
22 Proust, I. S. 20; Proust, III. S. 801.
23 Proust, I. S. 95, 455; Proust, II. S. 13, 24, 989; Proust, III. S. 710, 839.
24 Ferré, 1939. S. 78; Moritz, Rainer: *Mit Proust durch Paris. Literarische Spaziergänge*. Frankfurt am Main: Insel 2004. S. 29, 93; Ottaviani, Isabelle; Poulain, Philippe: *Le Paris de Marcel Proust*. Musée Carnavalet. Paris: Paris Musées 1996. S. 50; Shinichi, Saiki: *Paris dans le roman de Proust*. Diss. Université de la Sorbonne Nouvelle, 1990. Paris: Sedes 1996. S. 81, 189-190; Wetherill, P. M.: *Flaubert, Zola, Proust and Paris: An evolving city in a shifting text*. In: *Forum for Modern Language Studies*, 32(3) 1996, S. 228-239. S. 233.
25 Saiki, 1990. S. 81.
26 Moritz, 2004. S. 93.
27 Ferré, 1939. S. 87.
28 Ottaviani, 1996. S. 50.
29 Ferré, 1939. S. 78; Saiki, 1996. S. 189.
30 Proust, II. S. 58-63, 371-373.
31 Proust, II. S. 633.
32 Eine fundierte Übersicht über das Motiv des Fensters in der Literatur bietet die Dissertation von Gianna Zocco: *The Delicate Place. Das Motiv des Fensters als Öffnung ins Innere in Erzähltexten seit 1945*. Diss. Universität Wien, 2013.
33 Proust, I. S. 673, 803-806.
34 Ferré, 1939. S. 66-67.
35 Proust, III. S. 136-139.
36 Proust, I. S. 116.
37 Proust, II. S. 371.
38 Proust, III. S. 126.
39 Hölter, Achim: *Kein Erzählen ohne Stadtplan. Um Michel Butor herum*. In: Hölter, Achim; Pantenburg, Volker; Stemmler, Susanne (Hg.): *Metropolen im Maßstab. Der Stadtplan als Matrix des Erzählens in Literatur, Film und Kunst*. Urbane Welten – Texte zur kulturwissenschaftlichen Stadtforschung Band 1. Bielefeld: transcript 2009, S. 301-328. S. 305-306.
40 Ferré, 1939. S. 80-81.

41 Proust, I. S. 48.
42 ebd. S. 88-90, 133. Proust, II. S. 531.
43 Ferré, 1939. S. 25, 27-28, 30-31; Proust, I. S. 140, 162.
44 Corbineau-Hoffmann, 2009. S. 63-64.
45 Ferré, 1939. S. 82. Sprenger, Ulrike: ›*Au clair de la lune…*‹ – *Prousts Paris*. In: Mahler, Andreas (Hg.): *Stadt-Bilder. Allegorie, Mimesis, Imagination*. Beiträge zur neueren Literaturgeschichte Folge 3,170. Heidelberg: Winter 1999, S. 229-249. S. 242.
46 Proust, I. S. 295.
47 Sprenger, 1999. S. 234-235, 238.
48 Proust, I. S. 296; Saiki, 1996. S. 25; Sprenger, 1999. S. 235.
49 Proust, I. S. 343-344; Moritz, 2004. S. 149; Saiki, 1996. S. 26; Sprenger, 1999. S. 235.
50 Proust, I. S. 413. Wetherill, 1996. S. 232; Sprenger, 1999. S. 242.
51 Jeffrey, Peter: *Mapping discord. Allegorical cartography in early modern French writing*. Newark: University of Delaware Press 2004. S. 86-88, 93-94, 96-97.
52 Hölter, 2009. S. 313.
53 Proust, I. S. 231; Wetherill, 1996. S. 235.
54 Corbineau-Hoffmann, 2009. S. 63.
55 Moritz, 2004. S. 71; Saiki, 1996. S. 37.
56 Saiki, 1996. S. 41-42.
57 Ferré, 1939. S. 77.
58 Wetherill, 1996. S. 230-231.
59 Ferré, 1939. S. 82; Proust, I. S. 16-17; Saiki, 1996. S. 11-12.
60 Saiki, 1996. S. 12-19.
61 ebd. S. 19.
62 Proust, I. S. 219-220; Ferré, 1939. S. 78; Saiki, 1996. S. 31.
63 Saiki, 1996. S. 31.
64 Proust, I. S. 243.
65 Saiki, 1996. S. 22-23, 32.
66 Ferré, 1939. S. 79; Saiki, 1996. S. 32.
67 Saiki, 1996. S. 32.
68 Moritz, 2004. S. 122.
69 Proust, I. S. 394-399, 402-403, 490-494.
70 Proust, II. S. 309-312.
71 ebd. S. 309.

72 ebd. S. 313-318.
73 Saiki, 1996. S. 152-155.
74 Proust, III. S. 859-865.
75 ebd. S. 865.
76 Saiki, 1996. 157-159, 207-213.
77 Proust, I. S. 623-624; Saiki, 1996. S. 93.
78 Proust, I. S. 374-377.
79 Saiki, 1996. S. 68.
80 Proust, I. S. 385-389, 645.
81 Ferré, 1939. S. 104-105; Saiki, 1996. S. 94.
82 Proust, III. S. 728.
83 Jordan, Jack: *Proust's Narrator in Paris Planes, Death, Destruction, and Memory.* In: Wright, Will; Kaplan, Steven: *The Image of the City in Literature, Media, and Society.* Pueblo: Society for the Interdisciplinary Study of Social Imagery, University of Southern Colorado 2003, S. 224-228. S. 226.
84 Proust, III. S. 728.
85 Proust, III. S. 723, 725-730, 732-733, 765, 964, 992, 1018.
86 Jordan, 2003. S. 224.
87 Proust, III. S. 725.
88 ebd. S. 733-734.
89 Jordan, 2003. S. 224.
90 Proust, III. S. 801.
91 Moritz, 2004. S. 82; Sprenger, 1999. S. 247.
92 Sprenger, 199. S. 247.
93 Proust, III. S. 762-841.
94 Jordan, 2003. S. 226-227; Proust, III. S. 808-809; Saiki, 1996. S. 226.
95 Proust, II. S. 318; Proust, III. S. 806-807, 834-835.
96 Sprenger, 1999. S. 239.
97 Corbineau-Hoffmann, 2009. S. 65.
98 Ferré, 1939. S. 82; Saiki, 1996. S. 227.
99 Saiki, 1996. S. 227.
100 Proust, III. S. 849-854.
101 Ferguson; Hegarty, 1994. S. 456.
102 ebd.
103 Hölter, 2009. S. 302-303.

104 Proust, III. S. 1048.
105 Proust, III. S. 895.

Rebekka Schnell
Marcel Proust und Robert Musil oder die ›Tyrannis des nun ewig so Stehenbleibenden‹

Eine »schweigende Begegnung zweier Berggipfel«, so könnte man die Konstellation zwischen Marcel Proust und Robert Musil mit einem Zitat aus dem *Mann ohne Eigenschaften* charakterisieren.[1] *Schweigend*, da es einen direkten Dialog beider Werke schon aus zeitlichen Gründen nicht gab. Prousts *Recherche* erschien bekanntlich zwischen 1913 und 1927, die ersten drei Bände wurden zwischen 1926 und 1930 ins Deutsche übertragen. Der erste Band des *Mann ohne Eigenschaften* wurde 1930, also acht Jahre nach Prousts Tod, veröffentlicht, der erste Teil des zweiten Buches erschien 1932. Eine Begegnung zweier *Berggipfel*, da beider Hauptwerke schon durch ihr majestätisches Format miteinander verwandt scheinen. Bereits beim Erscheinen des ersten Buchs des *Mann ohne Eigenschaften* konstatiert die Kritik eine »geistige Verwandtschaft« zwischen Musil und Proust. Ähnlich scharfsinnig wie Proust die Belle Époque habe Musil das alte, mit dem Weltkrieg untergegangene Österreich porträtiert, das er »fast so zärtlich [liebe], wie Proust ein versinkendes Frankreich«.[2] »In diesem Sinn ist Musils Werk vielleicht ein Wendepunkt des Romans überhaupt«, prognostiziert *Die Schöne Literatur* im Februar 1931, »und es kann für uns das werden, was Proust für die Franzosen ist.«[3]

Musil selbst hat sich von den zahlreichen Vergleichen mit Proust immer wieder distanziert und jede ›Familienähnlichkeit‹ schroff abgelehnt. Über die Romane der Konkurrenz verliert er in einem Brief an Johannes von Allesch kaum ein gutes Wort:

Der Roman unserer Generation (Thomas Mann, James Joyce, Proust und so weiter) hat sich allgemein vor der Schwierigkeit gefunden, daß die alte Naivität des Erzählens der Entwicklung der Intelligenz gegenüber nicht mehr ausreicht. [...] Proust und Joyce geben, soviel ich davon gesehen habe, einfach der Auflösung nach, durch einen assoziierenden Stil mit verschwimmenden Grenzen. Dagegen wäre mein Versuch eher konstruktiv und synthetisch zu nennen.[4]

In einem Brief an Niels Frederic Hansen vom 30. Januar 1939 notiert er:

Ich bin oft mit Proust verglichen worden, aber es wäre ein Irrtum, da einen Einfluß vorauszusetzen. Ich habe bis heute (aus besonderen Gründen) nicht mehr als 10 Seiten von ihm gelesen; und das Buch von mir, das ihm wahrscheinlich am nächsten kommen dürfte, die Vereinigungen (übrigens ein schwer leserliches Buch), ist erschienen, ehe man Proust in Deutschland kannte. Im Mann ohne Eigenschaften steuere ich auf ein bestimmtes, anderes Ziel los und bemühe mich, es mit den geringsten perpendikulären Abweichungen zu erreichen.[5]

Nicht zu überhören ist dabei die Einflussangst eines Schriftstellers, der der Konkurrenz Herr zu werden sucht, indem er sie kurzerhand wegbeißt. Ob der Einfluss Prousts auf Musil tatsächlich so gering war, wie er behauptet, sei dahingestellt – schließlich war Proust in den 1930er Jahren, auch dank der jüngsten Übersetzung des zweiten und dritten Bandes der *Recherche* von Walter Benjamin und Franz Hessel (1927/1930), im deutschsprachigen kulturellen Milieu in aller Munde. So ist bei allen Differenzen eine Ähnlichkeit der Hauptwerke von Proust und Musil augenfällig. Beide sind zeitgeschichtliches Panorama, Satire und zugleich Hommage einer untergehenden Kultur und Epoche. An die Stelle einer geschlossenen, linearen Erzählform treten anachrone Strukturen, Reflexionen und Beschreibungen. Die Verwandtschaft beider Werke blieb denn auch in der Forschung nicht unbemerkt. In der literaturwissenschaftlichen Forschung der 1970er bis 1990er Jahre waren groß angelegte Vergleiche zwischen Proust und Musil (und anderen Autoren der klassischen Moderne) *en vogue*. Meist standen dabei übergreifende Themen und Aspekte im Vordergrund, etwa die Krise des modernen Subjekts bzw. des Romans, wie bei Anne Longuet Marx und Florence Godeau, oder soziohistorische Aspekte, wie bei Gerhard Kaiser, Pierre Zima und Philippe Chardin.[6]

Mein Interesse richtet sich dagegen nicht auf einen makrostrukturellen Vergleich beider Romane oder auf zeitgeschichtliche Zusammenhänge, sondern auf poetologische und ästhetische Affinitäten. Es geht mir, mit Adorno, um die »Versenkung ins Bruchstück«.[7] Im Detail liegt der Reiz beider Werke, im Detail steckt aber auch der sprichwörtliche Teufel bzw. der liebe Gott, je nach Perspektive. Besonders bei Proust, aber auch bei Musil, widersetzt sich das Detail der Totalisierung; es wirft gleichsam Falten im Gewebe des Textes und wuchert auf Kosten des Ganzen. Als ein solcherart widerspenstiges Detail erweist sich die Figur der Mumie, die beiden Texten auf eher versteckte Weise eingeschrieben ist. Aus ihr lassen sich interessante Rückschlüsse auf die Rolle der Bilder, der Erinnerung und der Kunst in beiden Texten ziehen. Inwiefern Kunst sowohl bei Musil als auch bei Proust mit Mumifizierung zu tun hat, möchte ich im Folgenden erkunden.

I.

Musils Muse – und Mumie – heißt Leona. Ihren Auftritt hat sie im 6. Kapitel des *Mann ohne Eigenschaften* mit dem Titel »Leona oder eine perspektivische Verschiebung«. Sie ist eine jener misogynen Phantasien, die Musil anhand seines Protagonisten Ulrich, des Manns ohne Eigenschaften, im ersten Teil des Romans durchspielt. Die Leona-Episode stammt aus der Früh- und Vorgeschichte des *Mann ohne Eigenschaften,* sie geht auf eine Skizze mit dem Titel »Variété« zurück, die 1900 als erste nachweisbare Veröffentlichung Musils in der *Neuen Brünner Zeitung* erschien.[8] Im Roman tritt Leona als erste einer ganzen Reihe von Geliebten Ulrichs auf. Leontine, von Ulrich Leona genannt, ist Varietésängerin, Gelegenheitsprostituierte und fasziniert ihn zunächst durch ihre anachronistische, aus der Zeit gefallene Erscheinung. »[G]roß und bis auf die Knochen verlassen« steht sie Abend für Abend auf einer Wiener Provinzbühne und gibt dort »mit der Stimme einer Hausfrau« »altmodische, kleine Gesänge« zum Besten.[9] Ebenso wie ihre Lieder ist auch ihr Gesicht von einer seltsam verjährten, unzeitgemäßen Schönheit, es gleicht dem »königliche[n] und vertriebene[n] Schönheitsideal einer früheren Zeit« und erinnert Ulrich an »alte Photographien oder an schöne Frauen in verschollenen Jahrgängen deutscher Familienblätter« (MoE, 22). Auch das männliche Begehren nach Leona gewinnt eine morbide Note, denn »[s]olche Gesichter wandern wie Leichen früherer Gelüste in der großen Wesenlosigkeit des Liebesbetriebs« (ebd.). Leonas Charme liegt mithin weniger in ihrer schieren fleischlichen Präsenz denn in der Wiederkehr eines längst vergangenen Frauentyps, einer gleichsam einbalsamierten, mumifizierten Sinnlichkeit. Für Ulrich hat sie daher den Status einer kuriosen Trophäe: »Da beschloß Ulrich, sie Leona zu nennen, und ihr Besitz erschien ihm begehrenswert wie der eines vom Kürschner ausgestopften großen Löwenfells.« (ebd.)

Nicht die wilde Löwin begehrt Ulrich also in Leona, sondern die mumifizierte Löwennatur. Leona entpuppt sich als Mumie, die Leben künstlich simuliert und der erst durch die maßlose Einverleibung von Nahrung eine Art supplementäre Substanz zukommt. Was sie in Ulrich entfacht, ist denn auch weniger Fleischeslust denn eine nekrophile Faszination, in der Eros und Thanatos mit einem physiognomischen Erkenntnisinteresse fusionieren:

Man konnte ihre Schönheit vorsichtig von ihr abheben. Es war die Schönheit der Herzogin, die Scheffels Ekkehard über die Schwelle des Klosters getragen hat, die Schönheit der Ritterin mit dem Falken am Handschuh, die Schönheit der sagenumwobenen Kaiserin Elisabeth mit dem schweren Kranz von Haar, ein Entzücken für Leute, die alle schon tot waren. Und um es genau zu sagen, sie erinnerte auch an die göttliche Juno, aber nicht an die ewige und unvergängliche, sondern an das, was eine vergangene oder vergehende Zeit junonisch nannte. So war der Traum des Seins nur lose über die Materie gestülpt. (MoE, 24f.)

Die Totenmasken, die sich über Leonas Gesicht legen, maskieren nichts, oder besser, *ein Nichts*. Ihre Masken sind Projektionen des melancholischen Blicks: Angezogen von den prunkvollen Zügen Leonas, verausgabt sich Ulrichs Begehren nach ›Erkennen‹ (und zwar im biblischen Doppelsinn) an diesem *Nichts*. Gerade weil sie sich jeder endgültigen Semiotisierung widersetzt, löst Leona eine allegorische Bilderflut und eine Wut des (Be-)Deutens aus. Sie wird überblendet mit einer Serie gleichsam vergilbter, anachronistischer Momentaufnahmen – Porträts historisch-literarischer Persönlichkeiten und Legenden, deren Referenten längst verstorben sind und die als Bild, als Gespenster und Schatten wiederkehren. So wird in ihr eine ganze Tradition mittelalterlicher Liebesdichtung aufgerufen und in der Assoziation mit dem biedermeierlichen Historismus eines Joseph Victor von Scheffel parodiert. Es handelt sich dabei um die Bilder aus Ulrichs Kindheit – tot sind daher nicht nur die Figuren, sondern auch das Kind selbst, das sie einst mit »Entzücken« betrachtete.[10] In der Assoziation (bzw. Dissoziation) mit einer fresssüchtigen Prostituierten wird die Entleerung dieser Erinnerungsbilder augenfällig. Leona veranschaulicht somit die Disjunktion von Materie und Geist, in der sich alle Idealität als maskenhaft und historisch verbraucht zu erkennen gibt. In Verkehrung der physiognomischen Lehre, nach der das ›Äußere‹ eines Menschen Aufschluss über sein ›inneres‹ Wesen gibt, ist die Korrelation zwischen Körper und Seele in Leona gestört.[11] Die Idealität, die ihr Gesicht evoziert, wird in der offenkundigen Diskrepanz zwischen Ausdruck und Bedeutung entleert bzw. verkehrt. Die Verheißung ihrer Züge erweist sich als trügerisch, da bar jeder letztgültigen Referenz. Leona gibt sich nur scheinbar zu erkennen, vielmehr stellt sie gerade den Bruch zwischen Zeichen und Bezeichnetem aus.[12] Ebenso wie Leonas Persönlichkeit »nicht mit dem sogenannten Herzen verbunden [ist], sondern mit dem tractus abdominalis, den Eßvorgängen« (MoE, 23), vollzieht sich auf semiotischer Ebene ein Kurzschluss: Die Körperzeichen gehen ins Leere, sie werden durch keine ›innere‹ Schönheit eingelöst, sondern bleiben brutal auf die Ebene des Körpers verwiesen. Der Geist inkarniert sich nicht im Körper, sondern ist reine Ausgeburt, Nacheffekt des Körpers: die Seele verdampft gleichsam an der Epidermis.[13]

Leona indiziert, mit anderen Worten, die Leere hinter allen Idealbildern, die »nur lose über die Materie gestülpt« sind; sie verkörpert den eklatanten Mangel an lebendiger Wirklichkeit. So endet das Kapitel mit folgendem Fazit:

Ihrem Freund kamen solche Abende vor wie ein herausgerissenes Blatt, belebt von allerhand Einfällen und Gedanken, aber *mumifiziert*, wie es alles aus dem Zusammenhang Gerissene wird, und voll von jener *Tyrannis des nun ewig so Stehenbleibenden*, die den unheimlichen Reiz lebendiger Bilder ausmacht, als hätte das Leben plötzlich ein Schlafmittel erhalten, und nun steht es da, steif, voller Verbindung in sich, scharf begrenzt und doch ungeheuer sinnlos im Ganzen. (MoE, 25; meine Herv.)

Was Musil hier anhand der wiederkehrenden Abende mit Leona beschreibt, ist das tödliche Einfrieren des Lebens, seine Stillstellung und Mumifizierung im Bild. Mumifiziert erscheinen die Abende mit Leona, weil sie »aus dem Zusammenhang« gerissen sind, und dies in zweifacher Hinsicht. Einerseits ist das Leona-Kapitel tatsächlich ein »herausgerissenes Blatt«, ein Relikt aus der Vor- und Frühgeschichte des Romans. Leona taucht im *Mann ohne Eigenschaften* ein einziges Mal auf und wird danach – zumindest explizit – nicht mehr erwähnt. Sie ist ein isoliertes, suisuffizientes Detail – »steif, voller Verbindung in sich, scharf begrenzt und doch ungeheuer sinnlos im Ganzen«. Zugleich kommt in dieser Isolierung und Mumifizierung ein wesentliches Merkmal von Bildlichkeit, ja von Kunst überhaupt zum Ausdruck. Dieses beschreibt Musil in seinem Essay *Ansätze zu neuer Ästhetik* anhand des Stummfilms. Musil zufolge ist es gerade die Abstraktion von einer oder mehreren Sinndimensionen – Akustik, Sprache, Bewegung –, die der Kunst ihre gesteigerte Intensität verleiht:

> Denn jede Kunst ist eine solche Abspaltung. Stumm wie ein Fisch und bleich wie Unterirdisches schwimmt der Film im Teich des Nursichtbaren; aber die Malerei ist stumm und starr, noch deutlicher geben zwanzig in einem Raum vereinigte gotische oder barocke Skulpturen, mit ihren wie Säbel gekreuzten Gebärden, den Eindruck einer Katatonikerversammlung in einem Irrenhaus [...].[14]

Der spannungsgeladene, ja geradezu halluzinatorische Ausdruck des Films, der Malerei oder Skulptur beruht auf der Reduktion auf das rein Optische, auf verdichtete Pathosformeln. In dieser »Abspaltung vom vollen Leben«[15] grenzt die Kunst immer schon ans Wahnhafte, Pathologische. Sie ist nicht anschmiegende Mimesis ans Reale, sondern Abstraktion. Die Fülle des Lebens ist in der Kunst zu einer Art Schattenleben reduziert, »das dennoch eine *Illusion* des Lebens erzeugt«.[16] Diese Illusion ist dem verwandt, so Musil weiter, »was die Psychiatrie unter einer Illusion versteht; also eine ›Störung‹, bei der Elemente der Wirklichkeit zu einem unwirklichen Ganzen ergänzt werden, das Wirklichkeitswert usurpiert«.[17] Die Kunst ist nach Musil also Simulakrum, verrücktes Double des Realen, und damit in ihrem Innersten »Verneinung des wirklichen Lebens«.[18]

Das Prinzip der Isolation, das dem Einzelelement den Anschein des Gesteigerten, aber eben auch des Erstarrten und Mumifizierten verleiht, zeigt sich exemplarisch im Bild: Indem es die Dinge aus »ihrer gewohnten Umrahmung« löst, »deutet es die Vermutung eines andren, apokryphen Zusammenhangs an, in den sie eintreten«.[19] Ein solcher apokrypher, verborgener Zusammenhang scheint auch in Leona (bzw. den Abenden mit Leona) auf: Gerade durch die Herauslösung aus dem lebenszeitlichen Kontinuum und die Mortifikation gewinnen sie ihren »unheimlichen Reiz«. In der »Tyrannis des nun ewig so Stehenbleibenden« ist jede Linearität und Teleologie in einer Endlosschlaufe des Gleichen suspendiert. Dabei suggeriert die Verlaufsform »des nun ewig so *Stehenbleibenden*« eine augenblicklich stattfindende Handlung, die durch den Zusatz »ewig« auf Dauer gestellt wird und doch kein unvergängliches Sein, kein *nunc stans* beanspruchen kann, sondern der Erzählung und ihrer Zeitlichkeit verhaftet bleibt. An die Stelle unbegrenzter Dauer tritt so die Sedimentierung und Fossilierung einer Zeit, die nicht vergeht, sondern »ewig so stehenbleibend« sich staut und stockt.

Als Mumie verkörpert Leona die Ambivalenz des Bildes zwischen Erstarrung und Entfesselung: einerseits gerinnen die Abende mit ihr zum *Tableau vivant*, in dem das Leben immer schon stillgelegt ist; andererseits liegt der »unheimliche Reiz lebendiger Bilder« gerade darin, dass sie *lebendig* sind und also ein nur *schein*totes, gleichsam betäubtes, schlafendes Leben bergen, das jederzeit erwachen bzw. wiederkehren kann. Jenes »Lebendige« der Bilder besteht in ihrer untergründigen, latenten Arbeit im Raum der Schrift, die das Leben bzw. die Erzählung immer wieder zum Stocken bringt, versteinern lässt, während sie das längst Vergangene, scheinbar Vergessene wiederbelebt.

II.

Und damit springe ich zu Proust, ans Ende des zweiten Bandes der *Recherche*. *À l'ombre des jeunes filles en fleurs* (veröffentlicht 1919, 1927 von Benjamin und Hessel ins Deutsche übertragen) erzählt bekanntlich vom Sommeraufenthalt Marcels in Balbec, einem fiktiven Badeort in der Normandie. Hatte sich Marcel Balbec als ewig dunkles, sturmgepeitschtes Land der Kimmerer am Ende der Welt vorgestellt, so wird er bitter enttäuscht: Die Sonne scheint ohne Unterlass vom blauen Himmel, und die Meereslandschaft, die er von seinem Hotelzimmer beobachtet, ist nicht homerisch-düster, sondern hellenisch heiter und strahlend. Auch die *jeunes filles en fleurs*, die vor dem Hintergrund des Meeres vorbeiziehen wie griechische Göttinnen oder Nymphen, versprühen einen Hauch von Belle Époque, von filigraner Anmut und mediterraner Leichtigkeit – dass sich aus der Begegnung mit den Mädchen und aus der daraus entstehenden Liebe zu Albertine weniger heitere, um nicht zu sagen traumatische Erfahrungen für den Protagonisten ergeben, davon soll hier zunächst nicht die Rede sein.

Gerahmt wird das Kapitel durch zwei *Stills*, in denen die Erzählung bzw. das erzählte Leben im Bild erstarrt. Beide Passagen markieren in dieser Erstarrung eine eigentümliche Dissonanz zur sonnendurchwirkten Tonalität Balbecs. Die erste Passage beschreibt den Sonnenaufgang, den Marcel auf der Reise nach Balbec durch das Zugfenster betrachtet. Durch die Rahmung gefriert das Naturschauspiel augenblickhaft zu etwas Anorganischem, Leblosem: »dans le carreau de la fenêtre, [...] je vis des nuages échancrés dont le doux duvet était *d'un rose fixé, mort, qui ne changera plus*«.[20] Zwar widerruft der Erzähler direkt im Anschluss seinen Eindruck: »Mais je sentais qu'au contraire cette couleur n'était ni inertie, ni caprice, mais nécessité et vie.« (II, 223)[21] Jedoch ist dieser Widerruf in erster Linie als Bekräftigung des Proustschen Postulats zu verstehen, die Literatur enthalte die Essenz des Lebens, »la vie enfin découverte et éclaircie, la seule vie par conséquent réellement vécue« (IV, 474).[22] Das organische Leben soll also in der Kunst als lebendiges, d. h. in seiner Essenz bewahrt werden, die Kontingenz des Vergänglichen in die Notwendigkeit des Dauernden überführt werden. Auf welche Weise dieses Postulat vom Wesen der Kunst selbst, ihrer Mumifizierung alles Lebendigen, in Frage gestellt wird, möchte ich im Folgenden zeigen.

Gleichsam als Echo oder Coda dieses ersten *Freeze* endet das Kapitel mit dem Tableau des ewiggleichen Sommertags, den Marcel durch die Rahmung des Hotelfensters erblickt:

Midi sonnait, enfin arrivait Françoise. Et pendant des mois de suite [...] le beau temps avait été si éclatant et si fixe que, quand elle venait ouvrir la fenêtre, j'avais pu, toujours sans être trompé, m'attendre à trouver le même pan de soleil plié à l'angle du mur extérieur, et d'une *couleur immuable* qui était moins émouvante comme un signe de l'été qu'elle n'était *morne comme celle d'un émail inerte et factice*. Et tandis que Françoise ôtait les épingles des impostes, détachait les étoffes, tirait les rideaux, *le jour d'été qu'elle découvrait semblait aussi mort, aussi immémorial qu'une somptueuse et millénaire momie* que notre vieille servante n'eût fait que précautionneusement désemmailloter de tous ses linges, avant de la faire apparaître, *embaumée dans sa robe d'or.* (II, 306; meine Herv.)[23]

Das Schauspiel des Sommers erstarrt hier zur Formel, Allegorie seiner selbst. In der endlosen Wiederkehr des Gleichen fallen Augenblick und Ewigkeit in eins: das scheinbar Gegenwärtige erweist sich als Urzeitliches, als Mumie. Der Sommertag verwandelt sich unter dem melancholischen Blick Marcels in eine »Mimesis des Todes«[24], die Leben nur mehr vortäuscht und künstlich, nämlich als tote Materie bewahrt. Es ist »Midi«, die Stunde Pans (der sich auch lexikalisch im »*pan* de soleil« verbirgt), in der sich bereits der panische Schrecken ankündigt. In Nietzsches kurzem Text *Am Mittag* (1879) erscheint der Mittag als Moment schockhafter Erkenntnis: »sein Herz steht still, nur sein Auge lebt, – es ist ein Tod mit wachen Augen«.²⁵ Auch das Proustsche Ich ist reduziert auf seinen Blick, und ebenso wie bei Nietzsche ist dieser Blick gebannt vom Todeszauber des Sommertags, der vor seinen Augen von Françoise enthüllt wird: »ein Tod mit wachen Augen«, eine Grablegung im gleißenden Sonnenlicht. Bei Nietzsche heißt es weiter: »Da endlich erhebt sich der Wind in den Bäumen, Mittag ist vorbei, das *Leben* reisst ihn wieder an sich, das Leben mit blinden Augen, hinter dem sein Gefolge herstürmt: Wunsch, Trug, Vergessen, Genießen, Vernichten, Vergänglichkeit.«²⁶

Das Leben ist bei Nietzsche also blind, gleichbedeutend mit der Verblendung, dem Verkennen und Vergessen, während der Mittag als Metapher für den Augen-Blick im doppelten Sinn, für die Schau der Wahrheit dient: Im Mittag erblickt das Ich den (eigenen) Tod, die Zeitlichkeit und Endlichkeit, die das Leben beständig in Genuss und Zerstreuung zu verdrängen sucht. Auch bei Proust ist der An- bzw. Augen-Blick des Sommertags als Eingedenken des Todes zu verstehen, in dem der Schleier der Gewohnheit, der Zerstreuung und des Vergessens für einen Moment zerreißt und die Wahrheit – die Bannung und Verdichtung der Lebenszeit in einer Momentaufnahme des Verfalls – zu Tage tritt. Im Unterschied zu Nietzsches Mittag, der selbst flüchtig ist und sogleich in den Strom des Lebens zurückgeführt wird, endet der zweite Band von Prousts *Recherche* gleichsam mit weit aufgerissenen Augen, die Erkenntnis der Vergängnis ist durch die Fixierung im Bild (der Mumie) auf Dauer gestellt.

Das mumifizierte Schauspiel des Sommertags gründet jedoch nicht allein in der Gegenwart. Es verweist auf eine Parallelszene, die sich allerdings in der Romanstruktur an späterer

Stelle, nämlich am Ende des zweiten Balbec-Aufenthalts in *Sodome et Gomorrhe* befindet. Beginnt der erste Balbec-Urlaub mit einem Sonnenaufgang und endet mit dem Tableau des Sommertags, so schließt auch der zweite Besuch in Balbec mit einem Sonnenaufgang: Es handelt sich also um eine Echostruktur, in der die spätere Szene Nachhall der früheren ist und diese zugleich nachträglich färbt und affiziert. Der zweite Balbec-Aufenthalt steht, im Gegensatz zur strahlenden Tonalität des ersten, von Beginn an im Zeichen der Vergänglichkeit und Melancholie: Die geliebte Großmutter, die Marcel einst nach Balbec begleitete, ist gestorben, kehrt aber in plötzlichen Reminiszenzen, den *intermittences du cœur,* als Untote wider. Gepeinigt wird Marcel nicht nur von den schmerzhaften Erinnerungen an seine Großmutter, sondern auch von der Eifersucht auf seine Freundin Albertine. Unerträglich wird diese Eifersucht, als Marcel am Vorabend ihrer Abreise erfährt, dass Albertine mit Mlle Vinteuil, der lesbischen Tochter des Komponisten Vinteuil, befreundet war. Er glaubt nun, einen definitiven Beweis für Albertines homoerotische Ausschweifungen zu besitzen. Der Schock, der von den Worten »Cette amie, c'est Mlle Vinteuil« (III, 512) ausgeht, überträgt sich auf die Wahrnehmung des Sonnenaufgangs. Der Anblick wird überlagert von der traumatischen Szene von Montjouvain, in der Marcel Mlle Vinteuil und ihre Freundin einst heimlich beim sadistischen, das Andenken des Vaters profanierenden Liebesspiel beobachtete und die er nun mit Albertine in der Hauptrolle imaginär nachspielt. Enthüllt in der vorangehenden Szene Françoise die Mumie des Sommertags, so ist es hier Marcels Mutter, die ihm den Sonnenaufgang zeigt, hinter dem die andere Szene von Montjouvain sichtbar-unsichtbar aufscheint:

> Mais derrière la plage de Balbec, la mer, le lever du soleil, que maman me montrait, je voyais, avec des mouvements de désespoir qui ne lui échappaient pas, la chambre de Montjouvain où Albertine, rose, pelotonné comme une grosse

chatte, le nez mutin, avait pris la place de l'amie de Mlle Vinteuil et disait avec des éclats de son rire voluptueux: »Eh bien! si on nous voit, ce n'en sera que meilleur. Moi! je n'oserais cracher sur ce vieux singe?« C'est cette scène que je voyais derrière celle qui s'étendait derrière la fenêtre et qui n'était sur l'autre qu'un voile morne, superposé comme un reflet. Elle semblait elle-même, en effet, presque irréelle, comme une vue peinte. (III, 513 f.)[27]

Die Grausamkeit des Naturschauspiels besteht in seiner völligen Indifferenz. Die vollkommene Schönheit des Sonnenaufgangs trägt keinerlei Spuren des Leids dessen, der sie betrachtet; an ihr perlen alle Empfindungen und Erinnerungen ab, die das Subjekt ihr einzuschreiben sucht. Es handelt sich auch hier, um Nietzsche ein letztes Mal zu bemühen, um einen »Tod mit wachen Augen«. Der panische Schrecken, der vom Anblick des Sonnenaufgangs bzw. der Szene im Hintergrund ausgeht, ist allein für Marcel sicht- und spürbar und deshalb (insbesondere seiner Mutter) nicht mitteilbar. Es ist aber auch ein Tod in einem anderen Sinne: Das Ich, welches sich noch am Vortag endgültig von Albertine trennen wollte, ist mit den Worten »Cette amie, c'est Mlle Vinteuil« gestorben, und mit ihm gestorben ist das Bild Albertines, an das sich die letzten Hoffnungen ihrer sexuellen Unschuld geknüpft hatten; an seine Stelle ist ein neues, von Eifersucht zu Tode gepeinigtes Ich getreten, das nunmehr beschließt, Albertine zu heiraten.

Die Natur spiegelt also nicht, wie im romantischen Weltempfinden, die Seele des Wahrnehmenden, sondern ihre autoreferentielle Schönheit ist radikal dissoziiert von dieser. Gleich einer Doppelbelichtung, einem optischen Schleier ist die eigentliche Szene von Montjouvain vom Tableau der Meereslandschaft bloß überblendet. Indem den »natürlichen« Zeichen des Sonnenaufgangs ein ganz anderes, inkongruentes Signifikat – die traumatische Erinnerung Montjouvains – unterlegt wird, gewinnen sie das Gepräge des Irrealen, Artifiziellen:

»comme une vue peinte«. Das Naturbild wird so zum allegorischen Bild, in dem Zeichen und Bezeichnetes, Physis und Bedeutung durch eine scharfe Kluft getrennt sind.

Hier schließt sich wiederum der Kreis zur Szene des mumifizierten Sommertags, dessen Erinnerungsbild bis in die Lexik hinein von dem Sonnenaufgang am Ende des zweiten Balbec-Aufenthalts affiziert scheint: Die Beschreibung erwächst nicht allein der Wahrnehmungsgegenwart (des ersten Balbec-Aufenthalts), sondern sie ist bereits gefärbt von der Arbeit der Erinnerung, der frühere Eindruck also vom späteren überblendet. Daher rührt der trübsinnige Schleier, »voile morne«, durch den nicht nur der Sonnenaufgang, sondern auch der strahlende Sommertag wahrgenommen wird; daher rührt die Melancholie, deren allegorischer Blick das lebendige Naturschauspiel mumifiziert. Das Bild des Sommertags zeigt nur scheinbar die Gegenwart, tatsächlich bringt es die unausweichliche Differenz, den »Abschied von der Gegenwart« zur Darstellung.[28]

Die Zeichen des Sommers evozieren Trauer, weil sie sich auf ein verlorenes Objekt, einen entschwundenen Augenblick beziehen, mit Benjamin, »[l]eer aus« gehen.[29] Es sind keine natürlichen, sondern artifizielle Zeichen, »starr und künstlich«.[30] Allegorische Schrift- und Gedächtniszeichen, verweisen sie nicht auf organische Natur, sondern deren Simulakrum, auf eine todverfallene und erstarrte Natur – *nature morte*.

III.

Ich möchte abschließend einen kleinen Schwenk zurück zu Musil machen. In der »Reise ins Paradies«, einem Kapitelentwurf aus der Mitte der 20er Jahre, erzählt Musil die Reise der Geschwister Ulrich und Agathe nach Italien, ihren Inzest und das Scheitern der Utopie der Geschwisterliebe. Eingebettet ist diese mystisch-inzestuöse Vereinigung in eine erhabenparadiesische Meereslandschaft, die in vielem an Prousts Meeresbilder in *À l'ombre des jeunes filles en fleurs* erinnert. Ähnlich wie der Sommertag bei Proust – »so tot, so zeitlos wie eine prunkvolle, jahrtausendealte Mumie«[31] – erscheint auch bei Musil die Meereslandschaft in ihrer zeitlosen Schönheit tödlich erstarrt:

> Es ist wohl die Größe des Schwungs in der Umrisslinie; diese weitausfahrende, mit einem Arm umspannende Sicherheit, welche *übermenschlich* ist? Oder die *ungeheure Einöde der lebensfremden Farbe Dunkelblau*? Oder dass die Himmelsglocke nirgends so unmittelbar über dem Leben ruht? Oder Luft und Wasser, an die man nie denkt? Farblose gutmütige Dienstboten sonst. Aber hier bei sich waren sie mit einemmal unnahbar aufgerichtet wie ein königliches Elternpaar. [...] Man wird klein. Aus der Eisenbahn gestiegen, mit der sie das dichte Netz europäischer Energien durchquert hatten, und noch zitternd von dieser Bewegung heraufgeeilt, standen die Geschwister vor der Ruhe des Meers und des Himmels nicht anders als sie vor *hunderttausenden Jahren* gestanden wären. (MoE 1654; meine Herv.)

Ähnlich wie bei Prousts Beschreibung des Sonnenaufgangs bzw. Sommertags besteht das Lebensfeindliche dieser Natur in ihrer Indifferenz. Radikal dissoziiert von der menschlichen Lebenszeit, indiziert sie die Vergänglichkeit nicht nur des menschlichen Lebens, sondern auch der menschlichen Werke. Angesichts der Erhabenheit des Naturschauspiels vermag der Mensch nur zu verstummen, »klein« zu werden, seine eigene Nichtigkeit anzuerkennen, die nirgends, auch nicht im Kunstwerk, Bleibendes zu schaffen vermag. Keine rationale Selbstbehauptung im Angesicht des Erhabenen, wie bei Kant, wird hier inszeniert, sondern die absolute Entmächtigung und Entäußerung. Mit dem drohenden Selbstverlust angesichts des Inkommensurablen kollabiert jede stabile Sinnzuschreibung zwischen wahrnehmendem Subjekt und Welt: »Ein mittagsheller Schreck schien ihr Herz umklammert zu halten«: »Es war der Schreck: die Welt hing von ihr ab, u[nd] sie wußte nicht, wer sie war.« (MoE, 1664f.)

Was hier auf beeindruckende Weise zur Darstellung gelangt, ist die *Negativität des Ästhetischen*, die sich im erhabenen Naturschauspiel ebenso zeigt wie im ästhetisch Schönen, im Bild:

> Jedoch alle vollendete Schönheit – ein Tier, ein Bild, eine Frau – ist nicht mehr als das letzte Stück in einem Kreis; eine Rundung ist vollendet, das sieht man, aber man möchte den Kreis kennen. [...] Wenn aber nichts dahintersteht? Nicht mehr als hinter den Sonnenstrahlen, die auf den Steinen tanzen? Wenn diese Unendlichkeit des Wassers und Himmels erbarmungslos offen ist? Dann glaubt man fast, dass Schönheit etwas im Geheimen Verneinendes ist, etwas Unvollendetes und Unvollendbares, ein Glück ohne Zweck, ohne Sinn. (MoE, 1661f.)

Es ist diese Leere hinter allen Idealbildern, die bereits in Leona aufschien und in der sich der »lebensverneinende[.] Charakter«[32] der Kunst erweist. Die Bezeichnung der Schönheit als »Glück ohne Zweck, ohne Sinn« evoziert Kants Bestimmung des Schönen als Gegenstand »interesselosen Wohlgefallens« und »Zweckmäßigkeit ohne Zweck«. Allerdings versteht Musil die Erfahrung des Ästhetischen nicht als bloßen »Schnörkel«[33] oder als Erholung von der gewohnten Wirklichkeit, sondern als deren Subversion und Simulakrum. Als schattenhaftes Double affiziert die Kunst immer schon das Leben selbst, versetzt es in Schwebe, betäubt und mumifiziert es.[34] Die Erstarrung, die sich in Leonas schöner Totenmaske zeigte, erweist sich als konstitutives Merkmal der Kunst: »jedes Werk«, schreibt Adorno, »mahnt in der Erstarrung, die zum Werk es macht, ans Maskenhafte.«[35]

Dieser tödliche Zug der Kunst gründet in ihrem »Zwang zur Vollkommenheit«: in einer Schönheit, die zeitlose, reine Form geworden ist, und darin dem Tod auf unheimliche Weise verwandt. Sie eignet dem Sommertag in Prousts *Jeunes filles* ebenso wie den Meeresbildern in Musils »Reise ins Paradies«. Während jedoch Musil die Negativität des Ästhetischen, den »lebensverneinenden Charakter« der Kunst theoretisch und poetisch reflektiert, zeigt er sich bei Proust nur indirekt, im Widerstreit mit seiner offiziellen Poetik. Ähnlich wie die getrockneten Lindenblüten, deren Einbalsamierung und Wiedererblühen im Raum der Schrift Kevin Newmark eindrucksvoll als »Allegory of Memory«[36] gelesen hat, enthüllt sich in Prousts Bild der Mumie der Zusammenhang von Erinnerung und allegorischer Mortifikation. Die Mumie ist die Form, in der das Vergangene, Ephemere sowohl mortifiziert als auch bewahrt und verewigt ist.[37] So erstrahlt der Sommertag »embaumée dans sa robe d'or«: das also, was erstrahlt oder aufersteht, erweist sich als einbalsamiert, tot. Damit das vergangene Leben erinnert und in der Schrift, im Kunstwerk konserviert werden kann, muss es ins Bildhafte transformiert, stillgestellt werden. Der äußerste Grenzwert bildhafter Stillstellung ist der Tod: auf ihn bleiben alle Erinnerungsbilder bezogen.[38]

Anders als Proust postuliert, offenbart sich das Leben im Kunstwerk gerade nicht als gelebtes und lebendiges, »la seule vie par conséquent réellement vécue« (IV, 725). Um es darstellen und bewahren zu können, muss die Kunst das Leben (und die Zeit) vielmehr außer Kraft setzen und mumifizieren. Die Mumie ist, nach Adorno, folglich das Modell der Kunst, und der Tod ihr eigentliches Signifikat: »Manches begünstigt die Spekulation, die Idee ästhetischer Dauer habe sich aus der Mumie entwickelt [...]. Eines der Modelle von Kunst wäre die Leiche in ihrer gebannten, unverweslichen Gestalt.«[39]

Die ästhetische Dauer ist nur um den Preis der Abtötung des Lebens zu haben: das Kunstwerk bewahrt nicht das Leben selbst, sondern seine Leiche, nicht lebendige Natur, sondern *nature morte*: »Indem die Werke das Vergängliche – Leben – zur Dauer verhalten, vorm Tod erretten wollen, töten sie es.«[40]

Wenn die Erinnerung bei Proust das grundlegende Medium der Erweckung des vergangenen Lebens ist, so hat die abtötende Wirkung der Kunst freilich auch Konsequenzen für den Prozess der Erinnerung. Er wäre unter dieser Optik nicht so sehr als triumphale Wiederauferstehung des Toten im Sinne der *mémoire involontaire* zu verstehen, wie es Prousts »offizielle« Erinnerungspoetik will, denn, mit Benjamin, als »maskenhafte Neubelebung«.[41] Der retrospektive Blick haucht den Dingen nicht den Atem lebendigen Lebens ein, sondern versieht sie mit der allegorischen Bedeutung des Todes.[42] Die Kunst ist folglich nicht als Transformation oder gar Transsubstantiation des Lebendigen zu verstehen, sondern »als dessen Mumifizierung, Stillegung, Erkaltung«.[43] Gerade in der Perfektion des Ästhetischen, im vollkommenen Bild, erstarrt das Leben zur Mumie. In seinem Aufsatz »Zum Bilde Prousts« liest Walter Benjamin, mit geradezu divinatorischer Intuition, die Mumie als Allegorie des Bildes Prousts: »[Das Bild] löst sich aus dem Gefüge der Proustschen Sätze wie unter Françoisens Händen in Balbec der Sommertag, alt, unvordenklich, mumienhaft aus den Tüllgardinen.«[44]

1 Ich übernehme dieses Zitat von Florence Godeau, die beide Werke unter diesem Motto miteinander vergleicht: »Tout dire: tel était le projet de la *Recherche* et du *Mann ohne Eigenschaften*, œuvres-sommes où s'invente la modernité, à la fois discours littéraire et critique sans complaisance de ce même discours. Tout en dire: tel pourrait être le projet implicite et utopique du travail métalittéraire, suscitant comme ici la rencontre encore muette de deux sommités.« Godeau, Florence: *Les désarrois du moi, »À la recherche du temps perdu« de M. Proust et »Der Mann ohne Eigenschaften« de R. Musil.* Niemeyer, Tübingen, 1995, 1.
2 »Die Stunde«, Wien, 30. Dezember 1930, zit. nach Musil, Robert:

Klagenfurter Ausgabe. Kommentierte digitale Edition sämtlicher Werke, Briefe und nachgelassener Schriften. Mit Transkriptionen und Faksimiles aller Handschriften, hrsg. von Walter Fanta, Klaus Amann, Karl Corino. Klagenfurt 2009 (DVD) (= KA). Kommentare & Apparate / Kontexte / Zeitgenössische Rezensionen.

3 »Die Schöne Literatur«, Leipzig, Februar 1931 zit. nach KA/Kommentare & Apparate / Kontexte / Zeitgenössische Rezensionen.

4 Robert Musil an Johannes von Allesch, 15. März 1931. In: Musil, Robert: *Briefe 1901-1942*, hrsg. von Adolf Frisé. Rowohlt, Reinbek bei Hamburg, 1981, 504.

5 Robert Musil an Niels Frederic Hansen, 30. Januar 1939. Ebd., 928.

6 Vgl. Kaiser, Gerhard: *Proust, Musil, Joyce: zum Verhältnis von Literatur und Gesellschaft am Paradigma des Zitats*. Athenäum-Verl., Frankfurt am Main, 1972; Longuet Marx, Anne: *Proust, Musil, partage d'écritures*. PUF, Paris, 1986; Zima, Pierre V.: *L'ambivalence romanesque: Proust, Kafka, Musil*. Lang, Frankfurt am Main, 1988; Godeau, Florence: *Les désarrois du moi*, a.a.O.; Chardin, Philippe: *Le roman de la conscience malheureuse: Svevo, Gorki, Proust, Mann, Musil, Martin du Gard, Broch, Roth, Aragon*. Droz, Genf, 1998.

7 Adorno, Theodor W.: »Kleine Proust-Kommentare«, in: *Noten zur Literatur*, hrsg. von Rolf Tiedemann. Suhrkamp, Frankfurt am Main, 1991 [1958], 203-215, hier: 204.

8 Corino, Karl: *Robert Musil: eine Biographie*. Rowohlt, Reinbek bei Hamburg, 2003, 170 u. 172 (zit. nach Mülder-Bach, Inka: *Robert Musil. Ein Versuch über den Roman*. Hanser, München, 2013, 88).

9 Musil, Robert: *Der Mann ohne Eigenschaften*, hrsg. von Adolf Frisé. Neu durchgesehene und verbesserte Auflage. Rowohlt, Reinbek bei Hamburg, 1978, 22. Ich zitiere künftig aus dieser Ausgabe, abgekürzt durch die Sigle MoE mit Seitennummer im laufenden Text.

10 Vgl. Mülder-Bach, Inka: *Robert Musil*, a.a.O., 91.

11 Dazu vgl. Christian Begemann: »Physiognomik«, in: Borgards, Roland et al. (Hrsg.): *Literatur und Wissen. Ein interdisziplinäres Handbuch*. Metzler, Stuttgart et al., 2013, 188-195, hier: 194.

12 Eine ganz ähnliche Dissoziation von Schönheit und Geist, Aus-

sehen und Wesen zeigt sich in Diotima, einer gleichsam sublimierten Version Leonas. So berichtet der Erzähler, dass »sich die Schönheit dieser jungen Frau von ihrer ganzen Person löste und wie ein Traumgespinst für Augenblicke [Ulrichs] Augen bedeckte« (MoE, 286). Eine noch drastischere Verkehrung der Physiognomik bzw. der Verbrechertypologien des 19. Jahrhunderts wird im Porträt Moosbruggers manifest: nichts in »diesem von Gott mit allen Zeichen der Güte gesegneten Gesicht« (MoE, 68) lässt auf die Tat des Prostituiertenmörders schließen.

13 Diese Einsicht wird im Roman dem Großindustriellen Arnheim in den Mund gelegt: »Das ist die Entthronung der Ideokratie, des Gehirns, die Verlegung des Geistes an die Peripherie, die letzte Problematik, wie es Arnheim vorkam. […] Denn letzten Endes kommen alle Gedanken aus den Gelenken, Muskeln, Drüsen, Augen, Ohren und den schattenhaften Gesamteindrücken, die der Hautsack, zu dem sie gehören, von sich im ganzen hat« (MoE, 408).

14 Musil, Robert: *Gesammelte Werke in zwei Bänden*, Bd. II: Prosa und Stücke. Kleine Prosa, Aphorismen. Autobiographisches. Essays und Reden. Kritik, hrsg. von Adolf Frisé (= GW II). Rowohlt, Reinbek bei Hamburg, 1978, 1137-1154, hier: 1138f.

15 GW II, 1139.

16 Ebd., 1138 (Herv. im Or.).

17 Ebd., 1140.

18 Ebd.

19 Ebd., 1142.

20 »[I]m Ausschnitt des Fensters [sah ich] […] fransige Wolken, deren leichter Flaum von einem *stumpfen, leblosen Rosa* war, das unveränderlich wirkte wie das auf den Federn eines Flügels, wo es *ein für allemal so und nicht anders* ist.« Proust, Marcel: *À la recherche du temps perdu*, hrsg. von Jean-Yves Tadié et al., 4 Bde. (Bibliothèque de la Pléiade), Paris 1987-1989. Hier: Bd. II, 15 (meine Herv.) / *Auf der Suche nach der verlorenen Zeit*, Frankfurter Ausgabe, 7 Bde., aus dem Französischen von Eva Rechel-Mertens, revidiert von Luzius Keller. Suhrkamp, Frankfurt am Main, 1994-2002. Hier: Bd. 2, 327 (meine Herv.). Ich zitiere im Folgenden aus der französischen Ausgabe unter Angabe von Band und Seitenzahl im laufenden Text.

21 »Doch fühlte ich, daß diese Farbe aber weder tote Materie noch zufällige Laune, sondern Notwendigkeit und Leben war.« (*Auf der Suche nach der verlorenen Zeit*, Bd. 2, 327.)

22 »Das wahre Leben, das endlich entdeckte und erhellte, das einzige infolgedessen von uns wahrhaft gelebte Leben ist die Literatur.« (*Auf der Suche nach der verlorenen Zeit*, Bd. 7, 301.)

23 »Es schlug zwölf, und endlich kam Françoise. Monatelang war in diesem Balbec, nach dem ich mich so sehr gesehnt hatte, weil ich es mir sturmgepeitscht und in Nebeln verloren vorstellte, das schöne Wetter so unbeirrt strahlend gewesen, daß ich, wenn sie das Fenster öffnete, immer mit Sicherheit erwarten konnte, denselben in der Ecke der Außenmauer liegenden Sonnenstreifen von stets gleichem Farbton zu sehen, der weniger wie ein tiefbewegendes Zeichen des Sommers als vielmehr trübselig wie ein Stück starr und künstlich dort eingefügter Lasur wirkte. Und während Françoise die Klammern von den Oberlichtern entfernte, die Stoffe abnahm, die Vorhänge aufzog, gleißte der Sommertag, den sie enthüllte, so tot, so zeitlos wie eine prunkvolle, jahrtausendealte Mumie, die unsere alte Dienerin vorsichtig aus ihren Leinenbinden schälte, bevor sie sie, in ihrem goldenen Gewande einbalsamiert, vor mir aufstrahlen ließ.« (*Auf der Suche nach der verlorenen Zeit*, Bd. 2, 769.)

24 Benjamin, Walter: Das Paris des Second Empire bei Baudelaire [1923], in: *Abhandlungen*, hrsg. von Rolf Tiedemann und Hermann Schweppenhäuser (= Gesammelte Schriften I.2). Suhrkamp, Frankfurt am Main, 1974, 511-604, hier: 587.

25 Vgl. die vollständige Passage aus Nietzsches Denkbild *Am Mittag*: »Auf einer verborgenen Waldwiese sieht er den großen Pan schlafend; alle Dinge der Natur sind mit ihm eingeschlafen, einen Ausdruck von Ewigkeit im Gesichte – so dünkt es ihm. Er will nichts, er sorgt sich um nichts, sein Herz steht still, nur sein Auge lebt, – es ist ein Tod mit wachen Augen.« Nietzsche, Friedrich: *Menschliches, Allzumenschliches*. Kritische Studienausgabe, hrsg. von Giorgio Colli und Mazzino Montinari, Bd. 2. Deutscher Taschenbuch Verlag, München, 1988 [1967/77], 690.

26 Ebd.

27 »Doch hinter dem Strand von Balbec, dem Meer, dem Sonnenauf-

gang, auf den Mama wies, sah ich, mit steigender Verzweiflung, die ihr nicht entging, das Zimmer in Montjouvain, in dem Albertine – rosig, mit keckem Näschen, zusammengerollt wie eine große Katze – den Platz der Freundin von Mademoiselle Vinteuil eingenommen hatte und mit ihrem wollüstigen Girren sagte: ›Und wenn schon! Um so besser, wenn man uns sieht. Wie? Ich sollte es nicht wagen, dem alten Affen da ins Gesicht zu spucken?‹ Dies war die Szene, die ich hinter der anderen sah, die sich in meinem Fenster ausbreitete und wie ein trüber Schleier, wie ein bloßer Reflex, über jene legte. Sie schien tatsächlich selber ganz unwirklich, wie eine gemalte Aussicht.« (*Auf der Suche nach der verlorenen Zeit*, Bd. 2, 777.)

28 Amelunxen, Hubertus v.: »Skiagraphie – Silberchlorid und schwarze Galle. Zur allegorischen Bestimmung des photographischen Bildes«, in: van Reijen, Willem (Hrsg.): *Allegorie und Melancholie*. Suhrkamp, Frankfurt am Main, 1992, 90-108, hier: 96.

29 Benjamin, Walter: Ursprung des deutschen Trauerspiels [1925], in: *Abhandlungen*, hrsg. von Rolf Tiedemann und Hermann Schweppenhäuser (= Gesammelte Schriften I.1). Suhrkamp, Frankfurt am Main, 1974, 203-430, hier: 406.

30 *Auf der Suche nach der verlorenen Zeit*, Bd. 2, 769 (s. Anm. 23).

31 Ebd.

32 GW II, 1141.

33 »Man sieht die Kunst lieber als einen Schnörkel, denn eine Verneinung des wirklichen Lebens an.« (GW II, 1140.)

34 Dies ist die »Melancholie der Kunst«, von der Sarah Kofman in ihrem gleichnamigen Buch spricht: »Bei der Kunst hat man es nicht mit einem ›Schattenreich‹ zu tun, das auf einfache Weise der realen Welt der Lebenden gegenüberstünde. Die Kunst bringt die Gegenüberstellung dieser beiden Welten aus dem Gleichgewicht, lässt sie ineinander gleiten. Der Schatten spukt nunmehr in der lebendigen Form ›selbst‹.« Kofman, Sarah: *Die Melancholie der Kunst*, hrsg. von Peter Engelmann, übersetzt von Birgit Wagner. Passagen, Wien, 1986, 17.

35 Adorno, Theodor W.: Ästhetische Theorie, in: *Gesammelte Schriften*, Bd. 7, hrsg. von Rolf Tiedemann, Frankfurt am Main 1997 [1970], 302.

36 Newmark, Kevin: »Ingesting the Mummy. Proust's Allegory of Memory«, in: *Yale French Studies* 7 (1991), 150-177.
37 Vgl. Benjamin, Walter: *Ursprung des deutschen Trauerspiels*, a.a.O., 359: »Wird der Gegenstand unterm Blick des Melancholikers allegorisch, bleibt er als toter, doch in Ewigkeit gesicherter zurück.«
38 Dazu vgl. Schneider, Manfred: *Die erkaltete Herzensschrift: der autobiographische Text im 20. Jahrhundert*. Hanser, München, 1986, 82: »So ist die einfache Wahrheit der Schrift, daß sie einen Arrêt des Lebens vollzieht: Festschreiben des gelebten Moments, in dem dieser als symbolisches Epiphänomen, als Duplikat erkennbar wird.«
39 Adorno, Theodor W.: *Ästhetische Theorie*, a.a.O., 417; zit. nach Liessmann, Konrad Paul: *Ohne Mitleid. Zum Begriff der Distanz als ästhetische Kategorie mit ständiger Rücksicht auf Theodor W. Adorno*. Passagen-Verl., Wien, 1991, 295.
40 Ebd., 201f.; zit. nach Liessmann, Konrad Paul: *Ohne Mitleid*, a.a.O., 299.
41 »Trauer ist die Gesinnung, in der das Gefühl die entleerte Welt maskenhaft neubelebt, um ein rätselhaftes Genügen an ihrem Anblick zu haben.« Benjamin, Walter: Ursprung des deutschen Trauerspiels, a.a.O., 318.
42 Zu einer anderen Deutung kommt Marie Miguet-Ollagnier, die das Bild des Sonnenaufgangs als biblisches Fanal der Vorsehung und Berufung Marcels zum Schriftsteller, »signe visible d'une Providence qui veille sur sa vocation« liest und dabei den dämonischen Unterton der Mumie übersieht. Miguet-Ollagnier, Marie: *La mythologie de Marcel Proust*. Les Belles Lettres, Paris, 1982, 295.
43 Liessmann, Konrad Paul: *Ohne Mitleid*, a.a.O., 296.
44 Benjamin, Walter: Zum Bilde Prousts [1929], in: *Aufsätze, Essays, Vorträge*, hrsg. von Rolf Tiedemann und Hermann Schweppenhäuser (= Gesammelte Schriften II.1). Suhrkamp, Frankfurt am Main, 1977, 310-324, hier: 314.

Georg Sterzenbach
Ein Meister des Kaleidoskops
Bruno Schulz: das Rätsel um einen
verschollenen écrit *à la Proust*

»Mein Vater verwahrte in der unteren Schublade seines Schreibtisches einen alten und schönen Plan seiner Stadt...«, so hebt eine der wundersamen Erzählungen aus dem *Zimtläden*-Zyklus des polnisch jüdischen Dichters Bruno Schulz an und setzt fort:

»... Auf diesem Plan, der im Stil barocker Prospekte gehalten war, leuchtete die Gegend um die Krokodilstraße in leerem Weiß, mit dem man auf geographischen Karten üblicherweise die Umgebung der Pole kennzeichnet, der Länder, die unerforscht sind oder deren Existenz nicht gesichert ist.« (Z 100)[1]

Das Werk des Bruno Schulz ist in weiten Teilen eine solche *terra incognita*. Es ist eine geheimnisvolle Insel, deren Ufer zwar präzise kartographiert sind, deren Inneres aber bis heute unerforscht geblieben ist.

Allzu viel vom schmalen Œuvre des *Bruno Schulz* ist in den Wirren des Zweiten Weltkriegs verloren gegangen: das mehrfach in den Korrespondenzen erwähnte Hauptwerk, *Der Messias,* die einzige auf Deutsch verfasste Erzählung *Die Heimkehr,* hunderte von Briefen an zeitgenössische Künstler und Freunde, darunter der berühmte Brief an Thomas Mann, dem der deutsche Zeitgeistdichter Maxim Biller jüngst eine novellenhafte literarische Spekulation widmete[2].

Verschollen ist im Übrigen auch eine titellose Erzählung von Bruno Schulz aus dem Jahre 1941. Im Jahr zuvor (der Teil Polens, in dem Schulz lebte, *Drohobycz*, die Gegend um Lemberg, fand sich (noch) unter sowjetischer, bald aber zu des Dichters Unglück unter deutscher Herrschaft) war Schulz von den zuständigen Redakteuren eines neu installierten sowjetnahen Kulturblattes, der *Nowe Widnokregi (*zu Deutsch: *Neue Horizonte)* aufgefordert worden, bei dem seinerzeit geplanten Aufbruch zu kulturpolitisch neuen Ufern mitzuwirken. Wie sich aus einem privaten Brief aus jener Zeit ergibt, hielt sich Schulz allerdings zunächst nicht für geeignet, seine Kunst in den Dienst politischer Zwecke zu stellen (A und B 186)[3].

Später muss er seine Position aber noch einmal überdacht haben. Biographisch gesichert scheint jedenfalls, dass Bruno Schulz den *Neuen Horizonten* tatsächlich einen Beitrag zur Verfügung stellte. In seiner Schulz-Biographie teilt uns der polnische Gelehrte *Jerzy Ficowski* – freilich ohne Angabe einer Quelle – mit, dass es in der von Bruno Schulz eingereichten Erzählung um einen »missratenen Schustersohn« gegangen sei, »der auffällige Ähnlichkeiten mit einem Schusterschemel« gehabt habe. An anderer Stelle[4] ergänzt Ficowski seine Mitteilung – erneut ohne Quellenangabe – allerdings dahingehend, dass es sich auch um die Geschichte von einem »Meister des Kaleidoskops« gehandelt haben könnte.

Aber das sind Spekulationen. Tatsache ist, dass die *Neuen Horizonte* eine Veröffentlichung ablehnten.

Und nun wird es für uns interessant.

Der Dichter wollte nämlich unbedingt wissen, warum die Redaktion der *Neuen Horizonte* seinen Text verschmähte. Einer der Redakteure muss Bruno Schulz daraufhin kurz und knapp beschieden haben, dass man in den neuen Zeiten, die einzuläuten man als Aufgabe der zeitgenössischen Literaten ansah, »keine *Prousts* – mehr – brauche«[5]. Jerzy Ficowski hielt dies für eine »widerlich begründete Ablehnung«.

Aber warum eigentlich?

Wenn Bruno Schulz mit seinem Beitrag eine wie auch immer geartete Nähe zu dem großen französischen Romancier offenbarte, musste ihn die Begründung der Zurückweisung doch nicht grämen. Dass Marcel Proust in der schönen neuen Welt eines Josef Stalin nicht willkommen war und als Inbegriff des Snobismus und der Dekadenz galt, kann ihm aus heutiger Sicht nur zur Ehre gereichen.

Ob sein damaliger Beitrag nun tatsächlich im Proustschen Stil verfasst war, ob er ein Proustsches Sujet zum Gegenstand hatte oder ob es sich bei Bruno Schulz sogar um einen polnischen Proust handelte, können wir anhand des verloren gegangenen Schustersohn-/Kaleidoskop-Textes nicht mehr herausfinden. Betrachten können wir allenfalls das wenige, was von Schulz' Lebenswerk gerettet werden konnte.

Spuren, die auf Proust hindeuten, finden sich dort durchaus und auch in nur leicht verklausulierter Form. In der im Jahre 1937 veröffentlichten Erzählung *Das Sanatorium zur Sanduhr* (S. 186 ff.)[6] zum Beispiel heißt der ärztliche Protagonist »Dr. Gotard«. Die Sanduhr ist das Symbol der verrinnenden, verloren gehenden Zeit, und die Patienten des Sanatoriums, dem »Dr. Gotard« vorsteht, suchen nach Heilung von der Krankheit der »temps perdu«. Therapiert wird u. a. durch Eintauchen von Süßgebäck in dargereichte Teetassen.

Wann und wo Schulz mit Leben und Werk Marcel Prousts in Berührung gekommen sein kann, ist allerdings unklar. Bruno Schulz kam 1892 im galizischen Drohobycz zur Welt, damals Österreich-Ungarn, dann Polen, dann Sowjetrussland, Deutschland und heute – wer weiß wie lange noch – Ukraine. Ein Architekturstudium in Wien und Lemberg musste Schulz wegen des Todes seines Vaters im Jahre 1915 und der beengten finanziellen Verhältnisse seiner Familie aufgeben.

Nach dem Krieg nahm Schulz die wenig geliebte Erwerbstätigkeit eines Zeichen- und Handarbeitslehrers auf. Seine Berufung waren allerdings die schönen Künste; er war zunächst als Schöpfer graphischer Bildnisse, dann aber auch zunehmend im Bereich der schönen Literatur erfolgreich. Sein veröffentlichtes Werk erfuhr schon zu seinen Lebzeiten in den Künstler- und Intellektuellenkreisen Polens hohe Anerkennung. Der schmale schriftstellerische Teil dieses Œuvres besteht allerdings nur aus zwei Erzählsammlungen, dem berühmten Zyklus *Die Zimtläden* von 1933/34 und dem Erzählkompendium *Das Sanatorium zur Sanduhr* aus dem Jahre 1937. Nach dem Stand der biographischen Quellen publizierte Bruno Schulz ab dem Jahre 1938 keine Prosatexte mehr, sondern beschränkte sich auf Rezensionen, u. a. über Werke von Franz Kafka, Louis Aragon, Witold Gombrowicz, Aldous Huxley und François Mauriac, allerdings (leider) nicht über Marcel Proust.

Dass ihn der französische Romancier und dessen Werk dennoch beschäftigten, ergibt sich etwa aus einem undatierten Brief vom Juni 1939. Zwei Jahre vor der missglückten Annäherung an die *Neuen Horizonte* schrieb Schulz, dass er sich »… am liebsten … mit einem einzigen Menschen an einen völlig einsamen Ort zurückziehen« wolle und »mich wie Proust anschicken, endgültig meine Welt zu formulieren« (A und B 171).

Im August 1938 hatte Bruno Schulz Paris besucht, um sich endlich von seiner bedrohten galizischen Heimat zu lösen und Anschluss an die Pariser Künstlerszene zu suchen. Möglicherweise wurde er in Vorbereitung dieser Reise oder in deren Verlauf intensiver mit Proust und seinen Werken konfrontiert. Bruno Schulz starb leider nur wenige Jahre später, 1942, in seiner Heimatstadt Drohobycz durch die Schüsse eines von allen guten Geistern verlassenen SS-Mannes. Es erscheint allerdings wenig wahrscheinlich, dass eine möglicherweise in den Jahren zuvor erfolgte (vertiefte) Proust-Lektüre bei Bruno Schulz zu einer radikalen literarischen Umorientierung geführt hat.

Wer Schulz' bis 1938 veröffentlichte Prosa genau liest, findet eine Seelenverwandtschaft und eine künstlerische Nähe zu Proust vielmehr schon in vielen der bis 1937 veröffentlichten Texte, insbesondere denen des *Zimtläden*-Zyklus. Dass das ästhetische Konzept der *Zimtläden* demjenigen der *Recherche* entspricht, soll hier anhand einer literarischen Analyse aus der Anfangszeit der deutschen Marcel Proust Gesellschaft veranschaulicht werden.

In *Proustiana II/III* hat ein gewisser Ottmar Ette, heute wohlbestallter Professor an der Universität zu Potsdam und jüngst hervorgetreten durch eine Arbeit zum Landschaftsbild bei Roland Barthes, einen kurzen Essay zu Prousts Ästhetik vorgelegt[7].

Es ist dies – das eine kleine Fußnote – eine Schrift, die meine verehrte Tante vor nunmehr 30 Jahren nach oberflächlicher Lektüre aus der Marcel Proust Gesellschaft hinaus- und mich in dieselbe hineingetrieben hat. In dem Aufsatz »Un rêve plus clair« von 1984 betrachtete Ottmar Ette das Proustsche Werk durch eine marxistisch-freudianische Brille. Mitunter verstieg er sich dabei zum Entsetzen meiner Tante zu Thesen, etwa mit Bezug auf vermeintlich »parasitäre Klassen«, die man heute eher als präpotente Phantasien eines übereifrig kombinierenden Jungakademikers abtun würde. In ihrem Kern präparierte Ettes Analyse allerdings – was meine Tante in ihrem Furor verkannte – die künstlerische Konzeption der *Recherche* durchaus gekonnt heraus.

Die Proustsche Ästhetik – so lautet nun Ettes zentrale These – sei »… in ihrer Anklage einer sinnentleerten Gesellschaft antibürgerlich«. Der Marcel der *Recherche* entziehe sich »der feindlichen männerdominierten Außenwelt der industriellen entfremdeten Produktionsprozesse durch Regression in eine von den Frauen bestimmte Innenwelt, in den zeitlosen Raum seiner Kindheit in Combray«. Die Abschottung von der *monde exterieur* erfolgt in der Etteschen Lesart durch das Errichten imaginärer Mauern. »Die erste Ummauerung« stelle »das Provinznest Combray« selbst dar, »wo die Zeit stehen geblieben ist«. »Innerhalb von Combray« bilde »die Welt der Familie den zweiten schützenden Wall, die dem kleinen Marcel jedwede Verantwortung für sein Tun abnehme«. In die feindliche Außenwelt wage sich nur noch der Vater, als ökonomische Stütze der patriarchalischen Familie. Die dritte Mauer bilde die Welt des Lesens und die vierte diejenige der Gedanken. Symbol dieser jeglicher Verantwortung enthobenen schützenden, von der Realität abgehobenen Welt der Imagination sei die Laterna magica[8] als Gegengift gegen die Kälte der *monde exterieur*.

Setzt man nun den Begriff der *monde exterieur* nicht wie Ette einengend mit der Welt »entfremdeter Produktionsprozesse«, sondern – viel weiter gehend – mit dem von Hans Blumenberg geprägten Begriff des uns bedrängenden »Absolutismus der Wirklichkeit«[9] gleich, so hat man im Versuch der Regression in eine schützende, von der Realität abgehobene Kinderwelt ein gemeinsames ästhetisches Programm von Marcel Proust und Bruno Schulz entdeckt.

Bruno Schulz wurde zeitlebens nicht müde, dieses künstlerische Programm »einer Wiedergewinnung der Kindheit«[10] als Belohnung für die Zumutungen seiner realen Lebenswelt in seiner Korrespondenz zu erläutern und gegen das Befremden seiner Umwelt zu verteidigen. Seine Regression reicht allerdings noch tiefer hinab in den »Brunnen der Vergangenheit«, in die Anfangsgründe des individuellen und kollektiven Menschseins und darüber hinaus, orientiert am Thomas Mannschen *Joseph-Roman*, »hinab in jenes Dämmerreich der frühen Kindheitsphantasien, der Ahnungen, Ängste und Antizipationen, jener Lebensfrühe, die die eigentliche Wiege des mythischen Denkens bildet«.[11]

Schulz durchdringt dabei erzählerisch das Gewebe unserer »papierdünnen« (Z 107) Wirklichkeit und führt den Leser in die Welt einer nur scheinbar »toten Materie« (Z 52), hinter der sich »unbekannte Lebensformen verbergen«, deren »Skalen unendlich« und »deren Schattierungen und Nuancen unerschöpflich« sind.

Das sind die Welten der *Zimtläden*, lokalisiert in Drohobycz, dem Combray des Bruno Schulz. Dieses Combray ist aber nicht die von Ottmar Ette konstatierte »von den Frauen bestimmte Innenwelt«. Im Mittelpunkt der Handlung sehen wir vielmehr einen »Vater, eine rätselhafte Gestalt, Kaufmann seines Zeichens, der ... einem Tuchwarengeschäft vorsteht« (Z 185). Die Schulzschen Erzählungen sind geprägt von einer tiefen Liebe und Bewunderung für diesen Mann, der sich – ganz anders als Marcels *pater familias* grüblerisch – den Zumutungen der *monde exterieur* entzieht.

Die *Zimtläden* erzählen – wenn man allein die Oberfläche betrachtet – von einer galizischen Provinzfamilie zu Zeiten des k. u. k. Reiches und von Krankheit, Verwirrung, Verfall und Tod eines Kaufmannes und faustischen Gelehrten. Mit der fortschreitenden Erkrankung durchlebt dieser Jakup phantastische Metamorphosen des Geistes und des Körpers bis hinein in den Status eines abscheulichen Ungeziefers. Es gibt aber im Schulzschen Mikrokosmos stets einen Ausgangspunkt in der realen Lebenswelt, d. h. wie in Marcel Prousts Combray kränkelnde Tanten, wunderliche Onkel, prahlende Jungmänner, eine herrschsüchtig-gnadenlose Haushälterin und eine lebensklug-fürsorgliche Mutter. Erzählt wird aus der Perspektive des Sohnes Jozef, der uns auf der zweiten Ebene der Erzählung Einblick in die innere Welt seines moribunden Vaters gewährt.

Diese Welt ist eine gewaltige Wunderkammer, für die in der Schulzschen Weltordnung die Zimtläden Synonym sind. In des Vaters Traumreich durchleben auch das Familienheim und der Tuchhandel geistige und körperliche Metamorphosen, verändern sich wie lebendige Geschöpfe, blühen auf, duften, atmen, ächzen, wuchern, welken, verfallen und vergehen.

Hier öffnen sich dem Leser verborgene Kammern und rätselhafte Kabinette wie die Türchen eines raffinierten Adventskalenders. Dahinter verbirgt sich ein Panoptikum nie gesehener und gehörter *Mirabilien*. Aus den Arabesken einer Tapete entwachsen in einem Feuerwerk von Metaphern schillernde

Begrifflichkeiten einer ganz neuen privaten geistigen Ordnung. Gänzlich eigenartige Wortgebilde, entlehnt aus Alchemie, Architektur, Astronomie, Baukunst, Botanik, Kartographie, Malerei, Medizin, Metaphysik, Musik, Physik und Zoologie bilden die Exponate dieses Kuriositätenkabinetts. Während Marcel Proust seine Schreibfeder vorsichtig in Metaphern hinein tunkt wie die berühmte Madeleine in eine Tasse Lindenblütentee, badet Bruno Schulz förmlich in seinen Metaphern wie Siegfried im Blut des Drachen Fafner und immunisiert sich so gegen jede Art von stilistischem Fehlgriff.

Der Krankenstand des Vaters gebiert im Medium dieser Metaphern die abenteuerlichsten Theoreme und abstrusesten »Verstrickungen in verworrene innere Affären« (Z 28). Diese Affären sind Labyrinthe der Sprache, die mit ihrem ungeheuren Wortreichtum einen poetischen Sog erzeugen, einen Farbenrausch, der zuletzt in reine Musik mündet und die Grenzen der Kunstgattungen Literatur, Gesang und Malerei aufzuheben scheint.

Als Beispiel dieser magischen Kombinatorik mag uns eine Passage aus der zum *Zimtläden*-Zyklus gehörenden Erzählung *Die Nacht der großen Saison* (Z 129) dienen, in der es oberflächlich um die Inventur eines Warenbestandes geht:

Die Vorräte an Tuch Cheviot, Samt und Cord ... bildeten ein gewaltiges Register aller Herbstfarben, übereinander geschichtet und nach Tönungen sortiert, es lief wie auf klingenden Stufen nach oben und nach unten, durch die Tonleitern aller Farboktaven. Es begann tief unten, versuchte klagend und zaghaft die schwindenden Halbtöne des Alts, ging über zur verblichenen Farbe der Asche zum Grün und Himmelblau von Gobelins und wuchs in immer ausladenderen Akkorden empor, erreichte tiefdunkle Blautöne, das Indigo ferner Wälder und den Flaum rauschender Parks, um dann durch alle Ocker-, Rötel-, Rostrot und Sepiaschattierungen hindurch in die raschelnden Schatten welkender

Gärten zu gelangen, zum dunklen Pilzgeruch, zum modrigen Hauch in den Tiefen der Herbstnacht, zur dumpfen Begleitung der allertiefsten Bässe. (Z 132)

Die Verschlungenheit solcher Sätze, die Liebe zum Detail, die perfekte Wahl der Metaphern, der Wohlklang der sprachlichen Kombinationen, all das verfolgt ein Ziel, bei Bruno Schulz wie bei Marcel Proust: die Überwindung der Zumutungen der unter dem Diktat der Zeit stehenden *monde exterieur* durch Schönheit, durch Rückzug in eine Welt kindlichen Staunens, das mit der ungeheuren Sprachmacht eines enzyklopädisch gebildeten Erwachsenen zum Ausdruck kommt.

Was auch immer im Jahre 1941 das wirkliche Thema des an den Lemberger *Neuen Horizonten* gestrandeten Textes war, mir behagt die Idee, dass die Erzählung einem Meister des Kaleidoskops gewidmet gewesen sein könnte. In der wörtlichen Übersetzung aus dem Altgriechischen bedeutet Kaleidoskop: schöne Formen sehen. Genau das macht den Zauber der Poesie des Bruno Schulz aus. Für Hans Blumenberg ist das Kaleidoskop eine Lebensmetapher: »Das Leben ist ... ein Kaleidoskop. Endet es als Erschöpfung, so ist dies keine Form der Ermüdung oder Entleerung, es meint die Ausschöpfung der Möglichkeiten.«[12]

Das Leben des Marcel Proust endete als so verstandene Erschöpfung. Für Bruno Schulz ist sie leider nur ein Traum geblieben.

---

1 Ich zitiere aus der dtv-Ausgabe in dem von Doreen Daume übersetzten Text, München 2009, fortan im Text in Klammern abgekürzt mit (Z) und der Seitenzahl.
2 Maxim Biller, *Im Kopf des Bruno Schulz*, Köln, 2013.
3 Brief an Anna Plockier vom 15.11.1940, wiedergegeben in: Bruno Schulz, *Die Wirklichkeit ist Schatten des Wortes, Aufsätze und Briefe*. Im Folgenden (A und B), München 2000, S. 186.
4 A und B 367.

5 Jerzy Ficowski, *Bruno Schulz, Ein Künstlerleben in Galizien*, München 2003, S. 131. In seinem Aufsatz »Über Bruno Schulz und seine Kunstwerke«, in: Bruno Schulz, *Das graphische Werk* (GW), München 2000, S. 23 schreibt Ficowski: »Kraft des Hitler-Stalin-Paktes marschierten im September 1939 sowjetische Truppen ein und vereinnahmten diese Gebiete für die UdSSR. In den knapp zwei Jahren der neuen Herrschaft hatte Schulz keinerlei Möglichkeiten, seine Werke zu veröffentlichen. Zwar entging er der Deportation und Verbannung in die Weiten der Sowjetunion? doch von einer künstlerischen Arbeit konnte überhaupt keine Rede sein. Das eisern geltende stalinistische Modell einer politischen Literatur erlaubte keinerlei literarisches Schaffen. Sein einziger Versuch, ein Manuskript zu veröffentlichen, stieß auf eine widerlich begründete Ablehnung.«
6 Ich zitiere aus der Hanser-Ausgabe in dem von Doreen Daume übersetzten Text, München 2011, fortan im Text in Klammern abgekürzt mit (S) und der Seitenzahl.
7 Ottmar Ette, *Un rêve plus clair*, Proustiana II/III, Frankfurt/M. 1984, S. 7ff.
8 In seinen weiteren Überlegungen verteidigt Ette (a.a.O.) Prousts Regression als künstlerische Gegenwehr gegen die »Verdinglichung als Folge des Tauschwertcharakters« und dadurch, dass die Beschränkung des Figurentableaus auf Großbürgertum und Aristokratie, also auf »die parasitären Klassen« (*sic!!*), auf einer »textimmanenten latenten Ebene die werktätigen produktiven Klassen notwendig miteinschließe«.
9 Vgl. etwa: Hans Blumenberg, *Arbeit am Mythos*, Frankfurt/M. 2006, S. 13, 125).
10 Vgl. etwa Brief an Andrzey Pléniewicz vom 04.03.1936 (A und B 107).
11 Exposé zu den *Zimtläden*, zitiert nach Bruno Schulz, *Die Zimtläden*, München 2009, Nachwort der Übersetzerin *Doreen Daume* (Z 185).
12 Hans Blumenberg, *Der Mann im Mond*. Über Ernst Jünger, Frankfurt/M., 2007, S. 145.

Reiner Speck
Begrüßungsrede zur Jubiläumsveranstaltung
am 18. November 2012 im Museum für
Angewandte Kunst Köln

Meine sehr verehrten Damen und Herren,
liebe Proustianer,

als Präsident der Marcel Proust Gesellschaft habe ich die Ehre, Sie zur Matinee anlässlich ihres dreißigjährigen Bestehens herzlich willkommen zu heißen. Sie wurde zu Prousts 60. Todestag hier in Köln gegründet.

Wir freuen uns sehr, nun schon zum wiederholten Mal im Rahmen eines literarischen Geschehens Gast in diesem Hause sein zu können – ich erinnere an die Vorträge, Lesungen, Veranstaltungen und Ausstellungen zu Petrarca und Proust.

Mein Dank geht schon jetzt an die Vortragenden und an die Pianistin, vor allem auch an die Direktorin Frau Dr. Hesse, die dieses Haus nun von einem Museum für angewandte Kunst erneut vorübergehend zu einem Museum für angewandte Literatur macht.

Wie selbstverständlich gelangt sie damit in die Schar jener Proust-Leser, die in ihrer Begeisterung immer auch Proust-Vermittler sein wollten. Und damit meine ich die Mitglieder der Proust-Gesellschaft, die mit Hilfe ihrer Lektüre-Erfahrung nicht nur ihr eigenes Leben geändert haben, sondern gleichsam missionarisch versucht haben, via Proust in anderer Köpfe und Herzen einzudringen. Ich meine aber auch jene, die als literaturwissenschaftlich tätige Exegeten und Übersetzer die Proust-Rezeption im deutschsprachigen Bereich inspiriert, intensiviert und erweitert haben. Einige der Prominentesten werden heute noch zu Ihnen sprechen. Und es ist kein Zufall, dass auch die Pianistin Liana Kotopouli uns seit fast 30 Jahren musikalisch begleitet hat. Ihrer Unterstützung und der Unterstützung vieler anderer hat sich die Marcel Proust Gesellschaft mit ihren Aktivitäten seit der Gründung anvertraut.

Die Stationen unserer Vermittlung und die Resultate unserer Bemühungen sind als Exponate einer Ausstellung zur Geschichte der Gesellschaft in der Bibliotheca Proustiana Reiner Speck zu sehen; freilich nur als ein winziger Teil jenes mittlerweile tausende Seiten umfassenden Materials, das wir zur flüchtigen Sichtung und Auswahl aus dem Archiv hervorgeholt haben.

Über Einladungskarten zu Matineen, über Fotos von Exkursionen, die die Freude am Wiedererkennen erhöhen mögen, über Programmhefte zu Konzerten oder über Materialien-Bände zu Symposien wird – je nach Möglichkeit und Talent zu einer *mémoire volontaire* oder *involontaire* – ein Proustsches Erlebnis erinnert. Und Ihre Erinnerung schreibt mit an den noch fehlenden Legenden, die in der im folgenden Jahr erscheinenden Chronik abgedruckt werden. Die eingehaltene chronologische Ordnung belegt dabei in vielen Fällen das Engagement und die Treue der Mitglieder.

Wenn ich nun für meine kurze Ausführung zur Geschichte, besser zur Genese der Marcel Proust Gesellschaft – auf dem Programmheft steht ja »Entstehung der Marcel Proust Gesellschaft aus dem Geist einer Bibliothek« –, diesen Titel dem Werk eines großen deutschen, von Proust durchaus ambivalent behandelten Philosophen entlehne, so steckt dahinter weniger die zufriedene Gewissheit, dass aus dem Kind etwas geworden ist, als vielmehr die Tatsache, dass die Geburt sehr schnell gehen musste und so hektisch erfolgte, dass sie durch eine *sectio* geschehen musste, eine *sectio caesarea*, also einen

Kaiserschnitt. Alles, was die Proust-Gesellschaft auch später in Angriff genommen und zu einem guten Erfolg geführt hat, stand immer unter Zeitdruck – und vollendete sich dennoch in großer Gelassenheit: So sehen wir in der ersten Vitrine auf dem berühmt gewordenen Foto aus dem Feuilleton der ZEIT zwar nicht die Mutter des Kindes im Bett liegen, aber den Geburtshelfer – in einem schön eingebundenen Band der *Recherche* lesend.

Meine schon damals umfangreiche Proust-Bibliothek sollte *à l'époque*, als die ersten Ideen zur Gründung einer literarischen Vereinigung aufkamen, eigentlich lediglich einmal geordnet werden: Daraus entstand 1982 in sehr kurzer Zeit der mit themenbezogenen Essays von Literaturwissenschaftlern nobilitierte Katalog zur Ausstellung im mittlerweile unter tragischen Umständen abgestürzten historischen Archiv der Stadt Köln mit dem Titel »Marcel Proust – Werk und Wirkung«. Und obwohl bei der Eröffnung die am selben Tag gegründete Marcel Proust Gesellschaft noch keine »Geschichte« hatte, war zu erkennen, dass nicht nur alle Exponate aus einer Bibliothek stammten, die Literatur, philosophisches Wissen und Bibliophilie in ihren Bücherschränken beherbergte, sondern die geplanten Veröffentlichungen offensichtlich den Geist dieser Bibliothek spiegeln würden: Die erste Publikation der Proust-Gesellschaft war nicht nur schön gemacht – und ein Teil der limitierten Auflage erschien sogar in Leder gebunden –, sie war auch, um es in der Sprache der Bücherliebhaber auszudrücken, »getrüffelt« mit dem eigens hergestellten Faksimile einer bis dahin nicht bekannt gewordenen Proust-Handschrift von Teilen aus der *Recherche*. Mit dieser Veröffentlichung begann die fruchtbare Wechselwirkung zwischen den Beständen aus der Proust-Sammlung und den darüber erweckten Erwartungshaltungen und Forschungsprojekten der Seminare.

In jeder Art von Drucksache der Proust-Gesellschaft wurden fortan – handelte es sich nun um ein Buch oder ein Programmheft – autographisches oder bis dahin unbekanntes Material *autour de Proust* publiziert.

Jeder Proustianer sollte teilhaben an der hermeneutischen Neugierde und am Glück jenes Mannes, der eine Bibliothek solcher Art zusammengetragen hat. Dies führte zu einer sich gegenseitig befruchtenden Proust-Lektüre und Proust-Forschung, deren Wechselwirkung vor einiger Zeit in der Bibliothèque Nationale in Paris von Luzius Keller, Jürgen Ritte und mir vorgestellt werden durften.

Alle publizierten Forschungsergebnisse zu diesen Substraten fanden den Weg zurück in die Bibliotheca Proustiana, deren Desiderata andererseits in mancher Fußnote schon vorweggenommen worden waren. Der Hinweis auf diese oder jene Kontextualität oder Standorte genügte dem Sammler als Ansporn, weitere Originalbriefe, als verschollen geltende Rarissima oder gar Manuskripte zu erwerben. Die vermeintliche Haptizität des Buches, seine zugrunde liegenden Handschriften und seine Ausstattung kamen jedem Proustianer zugute. In lebendiger Wechselwirkung hat die Bibliothek die Marcel Proust Gesellschaft inspiriert und die Gesellschaft die Bibliothek.

So wuchs der Bestand der sich Leben und Werk dieses Autors widmenden Bände auf mehr als das zehnfache ihrer Mitgliederzahl, die derzeit bei 450 liegt.

Zum Forum für den Austausch einer Lektüreerfahrung wurden für die Mitglieder immer mehr die Privatbibliothek, die Universität und – das Grand Hotel. Aber auch Museen und Konzertsäle, Gärten und Buchhandlungen. Und selbst die Ziele unserer Exkursionen nach Cabourg, Illiers-Combray, Paris oder Venedig stehen ganz im Sinne von Prousts Dictum, man nähere sich den großen Geistern am besten, indem man Orte und Dinge, die diese geschätzt haben, nicht aber ihre Gräber aufsuche. Genug Stoff für eine Proust-Assoziation liefern aber natürlich auch die auf CDs bewahrten unvergesslichen Lesungen mit Bernt Hahn und Peter Lieck. Und auch ein Spaziergang entlang der »Marcel Proust Promenade«, die durch den Kölner Stadtwald führt und mittlerweile auch im Stadtplan verzeichnet ist.

Meine Damen und Herren, Sie sehen, dass jedes Reden – so schön heißt es in einer Dissertation zu *Walter Benjamin und Proust* –, »dass jedes Reden über sich selbst die inneren Angelegenheiten des Ichs zu äußeren macht«.

Es war verführerisch genug, eine Domäne meines Sammelns von Büchern einem einzigen Buch zu widmen, das seinerseits vom Schreiben, von Büchern, von Literatur und auch von Bibliotheken handelt; einem Werk, das sich vom Anfang bis zum Ende als eine »Allegorie des Lesens« verfolgen lässt. Ist doch der wahre Protagonist der *Recherche* das Buch, die Literatur!

Sie alle erinnern sich an den ersten langen Satz aus »Tage des Lesens« – auch er liegt in Prousts Originalhandschrift als Exponat in den Vitrinen –, in dem nicht etwa der Inhalt des damals in der Kindheit Gelesenen evoziert wird, sondern die Umstände der Ablenkung und Unterbrechung, die das Gelesene und das dabei Erlebte in der Erinnerung verbinden. In dieser Erinnerung werden Tage des Lesens zu Jahren des Lebens, die man zwar mit Büchern verbracht hat, dabei aber nicht der Welt abhandengekommen ist. Ich behaupte, dass man durch diese *Werke und Tage* – so der Hesiodsche Titel, auf den Proust früh mit seinen *Les plaisirs et les jours* anspielt und den wir gern für unsere Jubiläumsfeier übernommen haben –, ich behaupte, dass man durch diese aufgenommenen literarischen Werke und die damit verbundenen Tage umso mehr in der Welt verblieben und ein ihr gelassen gegenüberstehender Mensch geworden ist, je mehr man diese Tage mit einer Proust-Lektüre verbracht hat.

Um deren Kontinuität und auch Erweiterung gerade der Proust-Literatur braucht man sich nicht zu sorgen. Das hat der erste Marcel-Proust-Preisträger, George Pistorius, belegt, als er in seiner Bibliographie zur deutschen Proust-Rezeption nachgewiesen hat, dass innerhalb von 25 Jahren, d. h. während der Existenz der Marcel Proust Gesellschaft, die Zahl deutschsprachiger Veröffentlichungen von ca. 750 auf weit mehr als 2.500 angewachsen ist und wahrscheinlich heute schon etwa 3.000 beträgt.

Dieser Zuwachs betraf schließlich auch den Standort der Proust-Sammlung: Zusammen mit den umfangreichen Petrarca-Beständen wurde sie in einem Gebäude, das von dem berühmten Architekten Oswald Mathias Ungers als architektonisches Manifest erbaut wurde und unter dem Namen »casa senza qualità« in die Geschichte der Baukunst eingegangen ist, aufgestellt. Die in diesem meinem Privathaus installierte Bibliotheca Proustiana R. S. steht jedem Interessierten für Forschung und Lektüre zur Verfügung.

Der Umfang der Bibliothek wuchs aber nicht allein durch zahlreiche Zugänge aus aller Welt oder durch die mehr als 55 eigenständigen Publikationen der Marcel Proust Gesellschaft, sondern vor allem durch die so rege wie passionierte Arbeit des für die Frankfurter Ausgabe als Übersetzer und Herausgeber verantwortlichen Proustianers Luzius Keller, dem Träger des zweiten Marcel Proust Preises. Ihm verdanken wir zahlreiche Forschungsbeiträge und die große Marcel Proust Enzyklopädie, die man häufiger konsultiert als jeden guten Arzt.

Mit der nunmehr dritten Verleihung des Marcel Proust Preises ehren wir heute Rainer Warning, einen so regen wie anregenden Proust-Forscher, der mit dem Titel einer seiner zahlreichen Publikationen zum größten französischen Autor des vergangenen Jahrhunderts Garant für eine nichtversiegende Quelle der Exegese geworden ist: Eines seiner Bücher, das als Materialienband zum Symposion der Marcel Proust Gesellschaft zunächst auf Deutsch und dann auch auf Französisch erschien, trägt den programmatischen Titel: »Schreiben ohne Ende – Ecrire sans fin«.

Jürgen Ritte
»Le temps retrouvé«
*Ein Rückblick nach dreißig Jahren auf die
Anfänge der Gesellschaft*

*(Rede zum 30. Gründungstag
der Marcel Proust Gesellschaft am
18. 11. 2012 in Köln)*

Meine Damen und Herren, liebe Proustianer,

Reiner Speck hat soeben von der Kaiserschnittgeburt der Marcel Proust Gesellschaft gesprochen, ich will dazu einen Blick in die prä- und postnatale Phase werfen. Doch ist es ein durchaus heikles, ja widersprüchliches Vorhaben, ausgerechnet als Proustianer einen Blick in die Vergangenheit werfen zu wollen. Denn die Vergangenheit ist die Zeit der wahren Paradiese, doch sind diese nur dann Paradiese, wie Proust uns lehrte, wenn wir sie verloren haben. Wir müssen sie zuerst verloren und vergessen haben, damit wir uns eines Tages an sie erinnern können. Denn nur in der Erinnerung wird das verlorene Paradies der Vergangenheit überhaupt erst als Paradies kenntlich. Das Problem ist nur, dass Erinnerung, dass der *willentliche* Akt und die Anstrengung des Erinnerns bei Proust uns immer nur vor verschlossene Türen führt. Die Wahrheit der erinnerten Empfindung, die sich eben nur in der Erinnerung in ihrer ganzen Wahrheit zeigen kann, ist einer Willensanstrengung unzugänglich. Einzig die Gnade des Zufalls der unfreiwilligen Erinnerung, der berühmten *mémoire involontaire*, da gegenwärtige und vergangene Empfindung in einer Art *déjà vu* zusammenfallen, bereitet uns jenen Moment von leuchtender Evidenz, da die Vergangenheit, herausgelöst aus der Zeit, in ihrer ganzen Wahrheit unwidersprochen vor uns oder in uns auftaucht – und sei es aus einer Tasse Lindenblütentee heraus. Das unfreiwillig oder unwillkürlich Erinnerte mag dabei eine Banalität sein (wie das, was ich Ihnen nun erzählen will), eröffnet aber dennoch den Raum des Paradiesischen, denn wir haben es jetzt, bereinigt von allen Kontingenzen und Interferenzen, mit der wahren Wirklichkeit zu tun, die sich jenseits unserer anerzogenen, antrainierten Wahrnehmungsmuster auftut. Folgt man Proust, dann leben wir alle in einer Art Paralleluniversum, in einer Sphäre, die sich verdeckend über die Sphäre jener wahren Wirklichkeit legt, zu der Prousts Erzähler Marcel in der »Wiedergefundenen Zeit« den Schlüssel findet. Und möglicherweise ist auch das noch – ich spreche unter dem strengen Blick unseres Preisträgers Rainer Warning – eine Täuschung. Denn es ist nicht sicher, dass Proust gegen Ende seines Lebens und Schaffens noch an die Möglichkeit der Wahrheitsfindung glaubte.

Meine Damen und Herren, liebe Proustianer, dies alles sind Erkenntnisse und auch Lese-Erfahrungen, die Ihnen längst vertraut und geläufig sind, und also will ich Sie damit nicht länger langweilen. Ich schicke diese Bemerkungen nur voraus, um mich selbst in Sicherheit zu bringen. Denn natürlich verdankt sich mein kurzer Rückblick auf die Anfänge der Gesellschaft, auf das Leben des »kleinen Kreises«, der bald schon ein großer Kreis werden sollte, der von Proust nur mit größtem Argwohn beäugten Anstrengung des willentlichen Erinnerns. Ich habe es allerdings auch nie mit Lindenblütentee versucht, gegen so etwas bin ich allergisch, Madeleines sind mir zu süß, und auch Versuchsreihen mit dem bei unseren Matineen im Garten des Präsidenten traditionell verabreichten Weißwein haben vielerlei Wirkungen gezeigt, nur nicht die erhoffte eines *mémoire involontaire*-Erlebnisses, das mir die wahre Geschichte der Proust-Gesellschaft offenbart hätte. Gemessen an Prousts

Wahrheitskriterien gehöre ich also zu der Kategorie »Zeitzeugen und andere Lügner«.

Und unter diesem Vorbehalt erinnere ich mich, vage nur, an einen Tag im Jahre 1981, da mein späterer Doktorvater, der zu früh verstorbene Kölner Romanist Peter-Eckhard Knabe, mich in sein Büro bestellte, um mir vom Anruf eines Proustsammlers zu berichten, der sich ans Romanische Seminar der Universität zu Köln gewandt habe und auf der Suche nach Gleichgesinnten sei, die seine Sammlung in eine kritisch kommentierte Bibliographie, das Ganze gedacht als Katalogbuch, überführen könnten. Es gab damals offenbar nur ein, zudem recht unbedeutendes, Mitglied des Seminars – eine studentische Hilfskraft –, das sich, seiner Umgebung damit einigermaßen auf die Nerven gehend, als Proustbesessener »geoutet« hatte – und das war eben meine Wenigkeit. Und so kam es, ich weiß nicht mehr wie und wann, zu meinem ersten Besuch in der Bibliothek des Sammlers, die sich damals noch in einem Altlindenthaler Haus in der Kölner Theresienstraße befand. Hinlänglich beeindruckt von der Bibliothek wie der Person des Sammlers, beeindruckt auch von der geradezu Proustschen Offenbarung, dass ich seit damals zweieinhalb Jahrzehnten in der Nachbarschaft einer solchen Schatztruhe – in der ich geradezu beiläufig, aber nicht weniger staunend, auch Bilder von seit langem still bewunderten Meistern wie Sigmar Polke, Cy Twombly und anderen zu sehen bekommen hatte – aufgewachsen war und gelebt hatte, ohne etwas davon zu ahnen, erstattete ich, mit dem Enthusiasmus eines Entdeckungsreisenden, der gerade einen neuen und märchenhaften Archipel in der Südsee erkundet hatte, an einem der nachfolgenden Tage Bericht im Romanischen Seminar (und damit endet mein ungeschickter Versuch, einen Proustschen Satz zu bauen).

Beim nächsten Treffen in der Lindenthaler Bibliothek hatte sich der Kreis schon erweitert. Es waren einige meiner damaligen Professoren dabei – neben Peter-Eckhard Knabe auch Edgar Mass oder der Kunsthistoriker Dirk Kocks – und auch Freunde wie Philippe Cantraine, damals Lektor in Köln, heute Diplomat in Paris und einer der bedeutendsten frankophonen Lyriker und Romanciers Belgiens. Und auch eine Professorin, die sich, angesichts der überwältigenden Bibliothekswände, die Frage nicht verkneifen konnte, ob der Sammler das denn alles gelesen habe, worauf dieser mit der ihm angeborenen Grandezza zu bedenken gab, dass man, leider, nie all die Bücher besitze, die man gelesen habe. Die Kollegin zog sich dann recht schnell zurück. Das Projekt des Sammlers nahm indes, getragen vom Engagement dieser ersten kleinen Schar, sehr zügig Gestalt an und veränderte sich leicht. Eine kommentierte Bibliographie zu jedem einzelnen Titel der Sammlung, das war kaum zu leisten – und wäre ihr wohl auch nicht gerecht geworden. Es entstand die Idee, die Bücher um einzelne Themen zu gruppieren und für jedes Thema einen Bearbeiter zu gewinnen. Proust und die Philosophie (das war etwas für meinen Freund und Kommilitonen Walter van Rossum), Proust und seine Korrespondenz (ja, das interessierte uns damals schon, und damit befasste sich Philippe Cantraine), Proust und die Musik (davon fühlte sich Peter-Eckhard Knabe angesprochen, dessen Frau Danièle Messiaen-Schülerin war), Proust in Deutschland (hier fühlte sich Edgar Mass zuständig, der wenige Jahre später den ersten deutschen Proust-Übersetzer Rudolf Schottlaender wiederentdeckte und von Ost-Berlin in die Westberliner Akademie der Künste holte), Proust und die Kunst (natürlich Dirk Kocks), nicht zu vergessen Proust und die Mode (ein Ressort für meine frühere Englisch-Lehrerin am Gymnasium Kreuzgasse zu Köln, Frau Ursula Voß) und so weiter. Auch an eine erste bibliographische Erfassung der Sammlung wurde gedacht. Wolfgang Hillen, Bibliothekar an der UB Bonn, war der erste Autor des seither stets ergänzten Bücherverzeichnisses der Bibliotheca Proustiana Reiner Speck.

Und außerdem gab es ja auch schon wichtige Proust-Autographen in der Sammlung, die – umgeben von all den kommentierenden Büchern (von »Prousts last Beer« bis Hans-Robert Jauss' Habilitation »Zeit und Erinnerung in Marcel Prousts *À la recherche du temps perdu*«) und Übersetzungen in die verschiedensten Sprachen – visuell so interessant waren, dass eine Ausstellung der Sammlung ins Auge gefasst und beschlossen wurde. Reiner Speck fand mit dem Historischen Archiv der Stadt Köln – ja, so etwas gab es hier damals noch, bevor man U-Bahnen baute – einen Ort für eine solche Ausstellung. Aber eine Ausstellung, das meinte, das erforderte auch einen Katalog, ein Buch. Die Bearbeitungen der verschiedenen Sachgebiete sollten ja zu Artikeln werden und diese dann ein schönes Buch ergeben, wie alles, was in dieser Wunderkammer von einer Bibliothek nur existiert, um wieder schöne Bücher hervorzubringen.

Daran knüpft sich meine zweite Erinnerung. Uns, den staunenden Autoren, eröffnete der Sammler seine unerschütterliche Überzeugung, dass für eine solche Publikation natürlich nur der deutsche Proust-Verleger Suhrkamp in Frage komme. Suhrkamp... Die Älteren unter uns werden sich daran erinnern, dass es Zeiten gab, in denen man diesen Namen nur mit geradezu religiöser Ehrfurcht über die Lippen brachte. Aber machen wir es kurz. An einem Nachmittag, es muss schon gegen Ende 1981 gewesen sein, lud der Sammler mich und meinen Freund Walter van Rossum, der sich damals als der junge Kritiker und Essayist, der er geblieben ist, einen brillanten Namen machte, zu sich nach Hause (und wenn ich mich nicht irre, war das schon im Nachbarhaus an der Theresienstraße, einer denkmalgeschützten Lindenthaler Villa der Jahrhundertwende, an deren Klingelschild als Bewohner Dr. Jekyll und Mr Hyde ausgewiesen waren). Zu unserem großen Erstaunen war auch Claus Carlé geladen, des Suhrkamp-Chefs Siegfried Unselds rechte Hand. – Wir hatten uns inzwischen daran gewöhnt, dass im Hause des Sammlers nichts wirklich unmöglich war, aber trotzdem ... einer von Suhrkamps wichtigsten Leuten ... Um 15 Uhr trafen wir ein, Claus Carlé, dem die Gesellschaft, die es noch nicht gab, so viel zu verdanken haben würde, fuhr aus Frankfurt kommend mit dem Auto vor und hatte seine Rede gut vorbereitet – Alles sehr schön, alles sehr interessant, alles sehr wichtig, was Sie da machen, wir sind voller Bewunderung, gewiss, aber sehen Sie, große Krise, AEG gerade pleite, auch das Bücherverkaufen ist nicht mehr so einfach, wir kommen selbst kaum über die Runden, wir zahlen stetig drauf ... – ich brauchte noch Jahre, bevor ich begriff, dass Jammern zu den wichtigsten Tugenden eines Verlegers gehört – ... und wen, um wieder Claus Carlé das Wort zu geben, und wen, mal ganz ehrlich, soll das eigentlich interessieren, wie wollen Sie dafür die Kosten wieder reinholen und so weiter und so weiter. Wie gesagt, gerne, aber wie, das wissen wir nicht. – Wir hörten zu, derweil der Sammler seine Schätze zeigte, das Buchprojekt inklusive seiner sehr präzisen bibliophilen Vorstellungen präsentierte, seinen ansteckenden Enthusiasmus verbreitete und Frau Dr. Gisela Speck uns so fürstlich wie diskret bewirtete. Zwölf Stunden und ein paar Gläser Wein später, es war 3 Uhr morgens, die halbe Bibliothek lag verstreut auf Tischen und Stühlen und auf dem Boden um uns herum, stieg Claus Carlé wieder in sein Auto. Wir – und vor allem Reiner Speck – hatten ihm das Versprechen abgerungen, sich für das Buchprojekt bei Unseld stark zu machen. Ein Etappensieg.

Kurze Zeit später, dies die dritte Erinnerung, kam aus Frankfurt die Zusage, das Buch im Insel Verlag zu veröffentlichen, das unter dem Titel *Marcel Proust – Werk und Wirkung* die erste Publikation der Marcel Proust Gesellschaft, die immer noch nicht existierte, sein sollte. Aber Claus Carlé und nach ihm Siegfried Unseld hatten genau hingehört. Irgendwann war während dieses Zwölf-Stunden-Gesprächs in der Lindenthaler Theresienstraße auch die Idee zur Sprache gekommen, eine Gesellschaft nach französischem Vorbild gründen zu wollen. Und genau darauf kam Siegfried Unseld jetzt zurück. Das mit der Gesellschaft hielt er für eine ausgezeichnete Idee, denn das würde ihm einen kalkulierbaren Abnehmerkreis für diese Publikation – und eventuell noch folgende – bescheren. Also beeilten wir uns, neben den Projekten von Publikation und Ausstellung auch noch die ohnehin intendierte Gründung einer Marcel Proust Gesellschaft voranzutreiben. Dies alles mit dem heute sichtbaren Erfolg. Das Manuskript der ersten Publikation der Gesellschaft brachten wir dann übrigens im Auto des Präsidenten persönlich nach Frankfurt, ich saß mit der Schreibmaschine auf dem Schoß im Fond des Wagens, eines Jaguars, und tippte zwischen Limburg und Frankfurter Kreuz die letzten Notate zu den beiden Luxus-Ausgaben von *À l'ombre des jeunes filles en fleurs* aufs Papier, die damals wie heute Prunkstücke der Sammlung sind.

Ich erinnere mich auch an die mehr oder weniger unmittelbaren Folgen der Gesellschaftsgründung, die auf Anhieb fast dreihundert Mitglieder zählte. Ich erinnere mich an erste Exkursionen, etwa nach Paris und in die Normandie, wo ich nächtens mit dem Präsidenten und Herrn Eideneier orientierungslos übers Land irrte auf der Suche, nicht nach der verlorenen Zeit, sondern einer Unterkunft, die wir im frühen Morgengrauen dann endlich erreichten. Und ich erinnere mich, aber hier gelangen wir in Gewässer, in denen nicht mehr die vagen Erinnerungen des Zeitzeugen Navigationsinstrument sein können, sondern die Archive der Gesellschaft, die nunmehr in der Müngersdorfer *Casa senza qualità* einlagern und zur Zeit geordnet und bearbeitet werden, ich erinnere mich auch der Monate, die der Gründung unmittelbar vorausgingen. Mit dem frankophilen Lindenthaler Notar und Anwalt Friedrich Wilhelm Berndorff fanden wir den Mann, der die Statuten der Proust Gesellschaft aufsetzte. Er gehörte, wie Ursula Voß, der Präsident, Frau Dr. Gisela Speck, unser langjähriger Schatzmeister Walter Glössner, damals Direktor der Société Générale Alsacienne de Banque in Köln, der *Sogénal*, und meine Wenigkeit, zu den Gründern der Marcel Proust Gesellschaft.

Die Marcel Proust Gesellschaft war also, trotz und eben auch wegen allen Dilettantismus im nobelsten Sinne (im Sinne einer aufgeklärten Liebhaberei von, wie es im 18. Jahrhundert noch hieß, einer Gesellschaft von »connoisseurs«), eine zivilgesellschaftliche Gründung. Sie ist nicht, wie andere literarische Gesellschaften, an der Universität geboren worden. Aber als Gesellschaft von Lesern hat sie von Anfang an – und, wie eben gesagt, schon vor ihrer Gründung – die wissenschaftliche Auseinandersetzung fördern und ihr, in Form von zweijährlichen Symposien, ein Forum bieten wollen. Freilich unter der Maßgabe, dass Wissenschaft zur Verbreitung der Kenntnis des Werkes in einer dem nicht professionellen Liebhaber eingängigen Form beitragen möge. Die Entscheidung, im Jahre 1986 Volker Roloffs nicht nur in dieser Hinsicht beispielhafte Habilitationsschrift über *Werk und Lektüre* als dritte Publikation der Gesellschaft zu veröffentlichen, setzte für alles Folgende Maßstäbe. Es entstand, über den deutschen Sprachraum hinaus, jene Gesellschaft von Hedonisten und Hermeneutikern, die dem Gründungspräsidenten von Anfang an, womöglich inspiriert von Rilkes früher Lektüre-Empfehlung an seine deutschen Freunde aus dem Jahre 1913, vorgeschwebt haben mag. Nur so konnte es gelingen, einerseits deutsche Schriftsteller einzuladen, über ihr Verhältnis zu Marcel Proust zu referieren (wie 1986 im Essener Folkwang-Museum) oder Percy Adlon zur Vorstellung seines Céleste-Films im Münchner Gasteig-Zentrum zu bewegen und andererseits internationale Kolloquien über Prousts Jugendwerk, sein Verhältnis zur Kritik, zur Philosophie, zur Musik, den Prozess-Charakter seines

Schreibens, seine Korrespondenz und andere Themen mehr im Auftrag der Gesellschaft an den verschiedensten Orten im deutschen Sprachraum zu organisieren. Und nur so konnte es auch gelingen, auch dies ein einzigartiger Vorgang in der Landschaft der literarischen Gesellschaften, gleich mehrere Publikationsreihen aufzulegen, die Zeitschrift PROUSTIANA, die bibliophil gestalteten wissenschaftlichen Publikationen, die Reihe »Sur la lecture«, welch Letztere unser frühes und leider zu früh verstorbenes Mitglied, der Tübinger Soziologe Rudolf Steiert, initiierte und inaugurierte.

Das »zivilgesellschaftliche« Engagement der Mitglieder, dem sich unter anderem auch die komplette Lesung der *Recherche* in der Lengfeld'schen Buchhandlung unter der Regie der stets präsenten Frau Laaff verdankt, hat es uns nicht nur erlaubt, zur größten einem ausländischen Autor gewidmeten Gesellschaft in Deutschland zu werden, es hat uns auch erlaubt, alle namhaften internationalen Proustforscher im Laufe der Jahre nach Deutschland zu holen – ich denke an Anne Henry, Michel Raimond, Antoine Compagnon, Jean-Yves Tadié, Jean Milly, Julia Kristéva, Bernard Brun, Mireille Naturel und viele viele andere mehr – und deren Beiträge in deutscher Übersetzung zu publizieren.

All dies harrt noch einer genauen historischen Aufarbeitung, die wir bei einem nächsten Anlass werden vorstellen können. Bis dahin aber – und darüber hinaus, möchte ich Sie alle einladen, meine sehr verehrten Damen und Herren, liebe Proustianer, die Geschichte der Gesellschaft nicht nur zu erinnern, sondern, vor allem, weiterzuschreiben.

Wolfram Nitsch
Du côté de Méséglise
Unterwegs zu Proust mit Rainer Warning –
Laudatio am 18. November 2012

Am Ende ihres dritten Jahrzehnts verleiht die Marcel Proust Gesellschaft zum dritten Mal den Marcel Proust Preis, den nach George Pistorius und Luzius Keller heute Rainer Warning erhält. Damit wird auch eine Lobrede fällig – eine gerade für Proustianer ausgesprochen delikate Gattung. Denn wer die Konversationsszenen der *Recherche* kennt, der weiß, in welch heikle Situation eine Eloge alle daran Beteiligten versetzen kann. Der Laudator muss den Verdacht zerstreuen, er lobe mit dem Laureaten zugleich sich selbst. Marcels Kamerad Bloch zieht daraus bei einem Essen im Hause Bontemps die sicherlich übertriebene und ihrerseits verdächtige Konsequenz, seinen Freund lieber gleich gar nicht zu loben, obwohl er ihm damit gerade im Kreis der Familie Albertines einen Gefallen täte. Der Laureat wiederum darf sich seine Freude über das Lob nicht allzu sehr anmerken lassen. So ergeht es der Herzogin von Guermantes, nachdem ihr der Herzog in aller Öffentlichkeit ein Kompliment gemacht hat: »Entzückt über diese Analyse ihres Charakters hörte ihm Madame de Guermantes mit bescheidener Miene zu, sagte aber kein Wort, da sie Bedenken trug, in ihr Lob einzustimmen, vor allem aber, es zu unterbrechen. Monsieur de Guermantes hätte eine Stunde über diesen Gegenstand sprechen können, sie hätte sich so wenig gerührt, als ob sie Musik hörte.« Angesichts solcher Bedenken scheint es mir geboten, eine kurze Laudatio zu halten, also kein einstündiges Lobkonzert, sondern nur eine etwa viertelstündige Zwischenmusik erklingen zu lassen. Dabei will ich mich dem Anlass entsprechend auf eine einzige Facette des Preisträgers beschränken. Obwohl es viel zu sagen gäbe über den Lyrik-Interpreten, den Komödien-Experten oder den Hochschullehrer Rainer Warning, soll im Weiteren nur vom Proust-Leser die Rede sein.

In seinen Forschungen zur französischen Literatur ist Rainer Warning erst relativ spät auf Proust gekommen. Die in seinem Abiturjahr 1955 erschienene und bis heute lesenswerte Dissertation seines Lehrers Hans Robert Jauß über *Zeit und Erinnerung in »À la recherche du temps perdu«* hielt ihn offenbar lange davon ab, selbst über diesen Roman zu arbeiten. Seine eigene Gießener Dissertation war Diderot gewidmet, seine Konstanzer Habilitationsschrift dem geistlichen Spiel, und auch nach seiner Berufung auf einen Lehrstuhl in München vor genau vierzig Jahren schlug er zunächst einen Umweg über die französischen Realisten und Surrealisten ein. Erst 1985 schrieb er seinen ersten Aufsatz über Proust für eine Tagung der Forschungsgruppe »Poetik und Hermeneutik«, dem aus dem gleichen Anlass bald zwei Fortsetzungen folgten. Mit dieser rund hundert Seiten umfassenden Proust-Trilogie setzte er einen neuen Schwerpunkt in seinem bis dato kaum über das 19. Jahrhundert hinausgreifenden wissenschaftlichen Werk. So dauerte es nicht lange, bis er ins Visier der Marcel Proust Gesellschaft geriet. Auf deren Vorschlag veranstaltete er 1992 das Münchener Symposion *Schreiben ohne Ende*, dessen Titel im Rückblick fast wie ein Motto für seine Forschungen zur *Recherche* klingt. Denn seitdem hagelte es Gelegenheiten, immer weiter über Proust zu schreiben. Rainer Warning war zu Gast auf den Symposien in Bonn, Berlin, Köln, Konstanz und Münster und belebte dort so regelmäßig die Diskussion, dass man die ihm heute zuerkannte Ehrung als bloße Treueprämie missdeuten könnte. Aber es geht um viel mehr. Mit dem Marcel Proust Preis wird er nicht für die schiere Zahl von inzwischen sechzehn einschlägigen Publikationen geehrt, sondern für die bahnbrechende Proust-Lektüre, die sich darin von Anfang an deutlich abgezeichnet hat.

Die acht in den *Proust-Studien* von 2000 gesammelten Aufsätze und acht weitere bis heute erschienene Arbeiten durchzieht als roter Faden eine dunkle Spur, die der Münchener Romanist durch die ganze *Recherche* hindurch verfolgt. Sein Augenmerk gilt dem »côté de Méséglise«, der trüben Seite der zweigeteilten Welt von Combray, die dem strahlenden »côté de Guermantes« gegenüberliegt. Dort sind so zwielichtige Figuren wie Odette und Gilberte Swann oder die missratene Tochter Mlle Vinteuil zu Hause, die zusammen mit ihrer Geliebten das Porträt ihres Vaters schändet. Sie alle präfigurieren Albertine, die ursprünglich gar nicht vorgesehene Hauptfigur des Romans, die für Rainer Warning dessen moderne und abgründige Seite inkarniert. Viele seiner Proust-Studien handeln von ihren unablässigen und zunehmend verstörenden Metamorphosen. So bereits der erste Aufsatz »Supplementäre Individualität«, der die bekannte Beschreibung der in Marcels Stadtwohnung schlafenden Albertine untersucht. Mit ihren einander ablösenden Metaphern erinnert diese Deskription daran, wie Marcel bei seinem ersten Aufenthalt in Balbec immer neue Bilder auf die am Strand aufgetauchte junge Frau projizierte, ohne jemals ihre Identität zu fixieren. Dass Albertine nunmehr aber schlafen muss, um solche Bilder noch hervorzurufen, zeigt zugleich an, wie sehr er sich nach der Enthüllung ihrer Bekanntschaft mit Mlle Vinteuil beim zweiten Aufenthalt in Balbec in qualvollen Eifersuchtsphantasien verliert. Aus einer euphorischen Wahrnehmung des »être de fuite« ist eine dysphorische Imagination geworden, die die Selbstfindung des Protagonisten nachhaltig gefährdet. Die zweite große Proust-Studie »Gefängnismusik« legt dar, wie Marcels Gefangene im Wachzustand nicht nur eine romantische Liebesbeziehung, sondern auch eine romantische Kunstandacht verhindert. Während Albertine am Pianola als »heilige Cäcilie« erscheint, erinnern ihre in die Pedale tretenden Füße an die »bacchante à bicyclette«, die auf ihrem Fahrrad allfälligen Orgien entgegenfuhr.

So gerät das zur Erbauung anberaumte Musikfest zu einem »Fest des Bösen«, in dem Erhöhung und Entheiligung zusammenfallen, mithin die im Ortsnamen Méséglise schon anklingende Mésalliance zwischen dem Sakralen und dem Profanen einprägsame Gestalt gewinnt. Und sogar nach ihrem Tod steht Albertine der künstlerischen Berufung ihres ehemaligen Gefängniswärters im Weg, wie Rainer Warning im letzten Teil seiner Trilogie am unvollendeten Roman *La Fugitive* belegt. Dort werden Marcel statt glückseligen Momenten der *mémoire involontaire* nurmehr Schockerinnerungen zuteil, von Proust so genannte »Stromschläge« aus einem Kurzschluss zwischen Herz und Gedächtnis. Sie rufen Verdrängtes hervor und führen ihm die Geliebte in grell ausgemalten Szenen der Untreue vor Augen, so dass seine Trauerarbeit fehlschlägt und immer wieder umschlägt in Melancholie. Die dritte Proust-Studie schließt mit einem Ausblick auf Samuel Beckett und Claude Simon, wo nur noch solche Erinnerungsschläge und eine daraus gespeiste Schreibbewegung übrig bleiben. Doch zeigt die lange Folge späterer Nachschriften, dass Rainer Warning mit Proust noch lange nicht fertig war, ihm keineswegs nur tagungsbedingt den Vorzug vor radikaleren Nachfolgern gab. In seinen neueren Arbeiten macht er die von *Sodome et Gomorrhe* an immer deutlicher hervortretende dunkle Spur auch in den früheren Romanen des Zyklus aus. So zeigt er in seinem Artikel »Beginnlosigkeit«, dass sich Marcels schlimme Phantasien bereits anbahnen, als er Albertine zum ersten Mal erblickt. Die berühmte Schilderung der Mädchenschar am Strand als »merkwürdiger Fleck« verrät eine Besessenheit des Erzählers von Schatten und Makeln, die eher auf eine selbstreferentielle Kreativität als auf einen klar abgestuften Bewusstwerdungsprozess verweist. In all diesen Studien relativiert Rainer Warning die Geltung der vordem für die meisten Interpreten maßgeblichen Poetik der *mémoire involontaire*. Als erster Proust-Leser zieht er die Konsequenzen aus Luzius Kellers Entdeckung, dass die am Ende der *Recherche* ausformulierte Romantheorie zu einer frühen, vom Albertine-Roman überlagerten und überholten Textschicht gehört. Die von klassischen wie romantischen Dichtungslehren geprägte Doktrin, durch die Verwandlung der unwillkürlichen Erinnerung in ein abgerundetes Werk könne man dem zerstörerischen Wirken der Zeit entrinnen und eine dauerhafte Identität erringen, fällt nach seinen Ermittlungen hinter die Erfahrung des im Grunde immer schon eifersüchtigen, von schwarzen Phantasmen bedrängten Protagonisten zurück. Entsprechend stark betont Rainer Warning Prousts Verwurzelung in der Tradition der französischen Moralisten, die den Menschen als Spielball egoistischer Impulse begreifen. Und entsprechend scharf unterscheidet er in seiner neuesten Abhandlung »Ästhetisches Grenzgängertum« zwischen der dezidierten Modernität der *Recherche* und der eher halbherzigen Modernität eines Thomas Mann, der sich bei allem Interesse für eine vom Wahn bedrohte künstlerische Identität doch letztlich hinter seinem »Bildungsexhibitionismus« verschanze.

Trotz seiner bis heute andauernden Erkundungen in der Welt von Méséglise ist Rainer Warning jedoch nie zum Proust-Spezialisten im französischen Sinne geworden. Vielmehr ging es ihm stets auch darum, die *Recherche* bei allem Respekt vor dem Text im Licht immer neuer systematischer Fragen zu lesen. Seine theoretische Neugierde wirkt in den genannten Studien nicht minder unstillbar als seine Lust am buchstäblichen Detail. So arbeitete er die »supplementäre Individualität« Albertines und Marcels im Rückgriff auf Jacques Derrida heraus, als dessen Theorie der Dekonstruktion hierzulande noch wenig Anklang fand. Die »Feste des Bösen« im Pariser Privatverlies wurden in Kategorien von Georges Bataille beschrieben, einem bis dahin eher in der akademischen Subkultur diskutierten Autor, dessen Theorie der Transgression auf prüde Proust-Leser wie ein rotes Tuch wirken musste. Im Proust-Kapitel seines zuletzt erschienenen Buches kommt Rainer Warning auf den inzwischen vielzitierten Begriff der Heterotopie von Michel Foucault zurück, um ihn aus literaturwissenschaftlicher Perspektive systematisch aufzurollen und mit ihm Marcels Venedig als von Albertine durchgeistertes »imaginäres Museum« zu beschreiben. Und in seinem Aufsatz »Beginnlosigkeit« nimmt er sogar Anleihen bei der Biokybernetik von Maturana und Varela, um das egoistische Bewusstsein von Prousts Protagonisten und Erzähler als autopoietische Rückkopplungsschleife zu charakterisieren, als Bedingung für die Möglichkeit einer phantasmatischen Emergenz der Geliebten. Ich hebe alle diese Referenzen auch deshalb hervor, weil sie in seiner Generation keineswegs selbstverständlich waren und weil es sogar heute noch namhafte Romanisten gibt, welche die genannten Exponenten französischer Theorie als gefährliche Verführer der akademischen Jugend betrachten. Wie viele andere Teilnehmer der Münchener Oberseminare von Rainer Warning hatte ich das Glück, solche theoretischen Anregungen vergleichsweise früh zu empfangen. Dafür bin ich ihm bis heute dankbar, aber auch dafür, dass er uns einschärfte, aus Theorieproduzenten keine Kultfiguren zu machen, ihre Schriften nicht anstelle literarischer Texte, sondern zu deren besserem Verständnis zu lesen. Mir scheint jedoch, dass er seine Methode einer theoriegeleiteten und doch genauen Lektüre nicht bloß seinen Schülern vorgelebt hat. Sie lässt sich auch seinen Schriften und gerade seinen Proust-Studien entnehmen. So steht zu erwarten, dass einige Romanisten und Nichtromanisten deren Bahnen weiterhin folgen, also mit Rainer Warning unterwegs zu Proust sein werden. Und es bleibt zu hoffen, dass man seine nur ausnahmsweise übersetzten Studien endlich auch in Frankreich entdeckt. Einstweilen haben nur deutschsprachige oder deutschkundige Proustianer das Privileg, sie zu lesen und wiederzulesen.

Andreas Isenschmid
100 Jahre Du côté de chez Swann
*Festvortrag anlässlich der Ausstellungseröffnung
am 17. November 2013*

Sehr geehrte Damen und Herren, liebe Proustianer,

aus gegebenem Anlass spreche ich über das Thema *Proust und die französische Revolution des Romans*. Der Stichtag dieser Revolution ist ja nicht der *quatorze juillet*, sondern der *quatorze novembre* 1913. Nun ist zu diesem Thema in den letzten Tagen bereits dies und das gesagt worden. Und da Sie alle dies und wahrscheinlich sowieso das meiste Proust Betreffende kennen, will ich, um Sie wenigstens damit nicht zu langweilen, die wohlgebauten Hauptstraßen und die gemeinen Plätze meiden und mich lieber auf ein abseitiges Nebenweglein schlagen, das auch mir selber bis vor kurzem völlig unbekannt war. Unter den großen Titel von der *Französischen Revolution des Romans* setze ich also den kleinen

*Ein verpasstes Rendezvous
im Jahr 1914*

Meine kleine Rede beginnt mit einem jungen Mann, der in der zweiten Hälfte des 19. Jahrhunderts zur Welt gekommen ist, in einer europäischen Hauptstadt, in sehr gutem bürgerlichen Haus, christlich getauft, mit jüdischem Hintergrund. Schon in frühen Gymnasialjahren ging der junge Mann ganz in der Welt der Literatur auf. Er las alles Neue und sehr viel Altes. Nicht lang und er warf sich in literarische Unternehmungen. Bald begann er auch zu schreiben. Für erstes Aufsehen sorgte ein Buch, das er mit 25 Jahren publizierte, kürzere Stücke poetischer Prosa, erfüllt von den Seelennöten eines jungen Mannes, von überraschendem zeitkritischem Potential aber auch, wenn es man es heute wieder liest. Wohin würde ihn sein Weg führen? In die Literaturkritik? Oder sollte er eher dem künstlerischen Impuls seiner Prosa folgen?

Als der Erste Weltkrieg heraufzog, spitzten sich diese Entscheidungsnöte unseres jungen Mannes zu. Mit aller Leidenschaft durchforschte er die maßgeblichen Werke der europäischen Literatur. Die *Zeit*, die ihn bedrängte, wurde sein eines großes Thema, die *Desillusion*, die ihn quälte, sein anderes. Doch über allem stand seine Frage, worum es in der Literatur zuletzt und im tiefsten gehen sollte? Auch die ihm liebsten Autoren drangen nicht bis zu jener Wahrheit vor, die er »mit der ganzen Intensität (seiner) Seele« (S 158) suchte. Wo gab es in der Literatur »jenseits der Konventionalität wesentliches Leben«, wo Erlebnisse »der vollen und echten Selbstheit«, in denen »ein Selbsterleben der Seele erreicht werden kann« (TdR 152)? Der junge Mann war auf der Suche nach den »ganz seltenen großen Augenblicken, in denen sich dem Menschen eine Wirklichkeit öffnet, in der er den Sinn seines Lebens mit einer alles durchleuchtenden Plötzlichkeit erblickt und erfasst. (...) Der Sinn ist erschienen und die Wege ins lebendige Leben stehen der Seele offen.« (TdR 154)

Davon träumte der junge Mann. Doch in den Romanen seiner Zeitgenossen konnte er solche Tiefe nirgends finden. »Keiner von ihnen drückt eine wirkliche Dauer, die wirkliche Zeit, das Lebenselement des Romans aus.« (TdR 156) Allmählich merkte er, dass die Sache, um die es ihm ging, »den Kategorien des Romans völlig unzugänglich war und einer neuen Form der Gestaltung bedürfe« (TdR 157).

Er hielt nach einer Literatur Ausschau, die »in die Sphäre einer reinen Seelenwirklichkeit« vordringen könnte. »In radikaler Umkehr« müsste es ihr um eine »Seelenwirklichkeit« gehen, in der sich »all jene Bindungen von der Seele lösen, die sie sonst mit ihrer gesellschaftlichen Lage, ihrer Klasse, Abstammung usw. verknüpfen«. »An ihre Stelle« würden »neue, konkrete, Seele mit Seele verbindende Beziehungen« treten. Die Seele würde dieserart auf »einem neuen Niveau in ihre wahre Heimat gelangen« (S 156f.).

Ich hoffe, dass mein junger Mann Sie inzwischen ein bisschen irritiert. Wer ist dieser frühreife Autor aus jüdisch gefärbtem Haus, der wie Proust in jungen Jahren schreibt und übersetzt. Der mit 25 Jahren poetische Prosa publiziert, wie Proust es mit seinen *Les Plaisirs et les jours* getan hat. Der wie Proust in seinem *Contre Sainte-Beuve* erst in die Literaturkritik und dann in die Suche nach einer ganz anderen Art des Romans gelangt? Der vom plötzlich aufleuchtenden Sinn spricht wie Proust von den Epiphanien der *mémoire involontaire*? Dem die Kunst eine Seelenverbindung ist, ganz wie sie es auch für Proust war, der in *La Prisonnière* die Kunst »eine Verständigung der Seelen« (Gef. 367) nennt und in *Un dimanche au Conservatoire* sagt, sie verbinde »Personen, die sich eben noch fremd gewesen seien«, durch »ein unverständliches, aber kräftiges Band«, und – wie es auch unser junger Mann träumte – sie entkleide »alle (…) gleichsam der besonderen Bedingungen«, entäußere sie »hinreichend ihrer selbst« (E 85). Wer, vor allem, ist der Autor, der von der Kunst als Heimat spricht wie Proust, der in *La Prisonnière* den Kern der Kunst eine »innere« »verlorene Heimat« nennt, die der Autor in sich trage, eine Heimat, welcher der Künstler »immer näher kommt«, bis er freudig aufjubelt, »wenn er nach der Weise seiner Heimat singt« (Gef. 365).

Nun, die *Les Plaisir et les jours* unseres jungen Mannes hießen *Die Seele und die Formen*, sein *Contre Sainte-Beuve* hieß *Dostojewski-Projekt*, und das Buch, in dem unser junger Mann eine ganz proustisch aus den Tiefen des Ichs kommende und zu den Seelen gehende Kunst ersehnte, ist die berühmte *Theorie des Romans* des jungen Georg Lukács; 1885 ist er in Budapest zur Welt gekommen.

Von den verpassten Rendezvous der Geistesgeschichte ist das der damals für kurze Zeit geistesverwandten Marcel Proust und Georg Lukács gewiss eines der merkwürdigsten. Als Lukács 1914 in Heidelberg seinen Traum einer literarischen Revolution durch eine ganz andere Romanliteratur zu träumen begann und dabei vor allem an Dostojewski dachte, da war in Paris – deswegen sind wir hier versammelt –, am 14. November 1913, gerade *Du côté de chez Swann* erschienen, der erste Band eines Werkes, das, wahrhaft revolutionär, Lukács' Traum viel umfassender erfüllen würde als das von Dostojewski. Proust und Lukács wussten nichts voneinander; als Lukács 1962 ein Vorwort zur Neuausgabe der *Theorie des Romans* schrieb, vermerkte er immerhin nicht ohne Stolz die Nähe seiner Zeitanalyse zu derjenigen Prousts, der »in Deutschland erst nach 1920 bekannt wurde« (TdR 9).

Proust mit Lukács via Dostojewski zu vergleichen – da mögen Sie vielleicht mit Albertine einwenden: »ich muss gestehen, dass ich das nicht ganz begriffen habe. Sie kommen mir doch so ganz verschieden vor.«

Das sagte Albertine, als Marcel einen ähnlich waghalsigen Vergleich vorbrachte, den von Madame de Sévigné mit, nun ja, Dostojewski.

»Ich gestehe«, gab Marcel lachend zurück, »dass meine Bemerkung stark an den Haaren herbeigezogen war, aber ich könnte schon Beispiele finden.« (Gef. 542f.)

Daran will ich mich halten. Bleiben wir also noch eine Weile im Jahr 1914, dem Jahr 1 von Prousts französischer Revolution des Romans, und schauen uns nach Beispielen für unsere sonderbare Geistesverwandtschaft um.

Was tat Proust eigentlich, als Lukács 1914/15 in Heidelberg, damals der Zauberberg des deutschen Geistes, seine Romantheorie mit Notizen über Dostojewski als den Urheber der Kunst einer »neuen Welt« begann? Proust tat in Paris ganz das Gleiche. Er las Dostojewski, bezog sich in seiner Korrespondenz der Kriegsjahre immer häufiger auf ihn und war von ihm so angezogen, dass er ihm, anders als anfangs geplant, eine zentrale Rolle in der *Recherche* gab. Über ganze sechs Seiten erstreckt sich in der *La Prisonnière* das Gespräch Marcels mit Albertine über Dostojewski – Proust hat es zeitgleich zu Lukács' Dostojewski-Aufzeichnungen verfasst. Nicht weniger als vier Mal betont Marcel im Lauf dieses Gesprächs, wie Lukács, das Neuartige an der Kunst Dostojewskis. Wie Lukács sagt er, das Neuartige dieser Schönheit liege »in der Erschaffung einer bestimmten Seele« (Gef. 541). Und ein bisschen unheimlich wird es, wenn er die schriftstellerische Technik beschreibt, aus der Dostojewskis so neuartige seelenursprüngliche Schönheit hervorgeht – auch das ist dann bei Proust, wie es bei Lukács war: So wie der Dostojewski beschrieben hat, als wäre es Proust, so beschreibt Proust nun Dostojewski, als beschriebe er sich selber. Dostojewski, sagt Proust, stelle »seine Personen dar«, wie Madame de Sévigné oder wie Elstir es getan haben: er zeige »uns die Dinge« nicht »in logischer Reihenfolge (…), also indem (er) mit der Ursache beginnt«, nein, er zeige »zunächst die Wirkung, die Illusion, die unser Auge trifft«. (Gef. 542)

Damit nimmt Proust Dostojewski für eine Literaturauffassung in Anspruch, die auch seine war. Auch er wollte sich ja an unsere »wahren Eindrücke« halten statt an die »verstandesmäßigen Begriffe, die unseren wahren Eindrücken fernstehen« (SJM 589). Und er bezog sich auf diese Lehre Dostojewskis noch im letzten Band der *Recherche* bei der ihm so wichtigen Darstellung des Krieges, die er, höchst aktuell, noch in seinen Roman einschob. Man müsse den Krieg beschreiben, lesen wir da, »wie Dostojewski einen Lebenslauf geschildert haben würde«, »nämlich indem man von den Illusionen und

Überzeugungen ausgeht, die man ganz allmählich berichtigt« (WZ 430).

Mit seinen Bemerkungen über eine Kunst der wahren Eindrücke hat Proust Dostojewski ganz ans Innerste seines eigenen Werks herangeführt. In diesem Sinne gleitet er denn auch zum Schluss des Dostojewski-Gesprächs mit Albertine unmerklich zur Musik Vinteuils und zum Geschmack der Madeleine hinüber, zur »Schönheit (…) als Abbild eines nicht verstandesmäßigen Eindruckes«. Das heißt: er verknüpft das Dostojewski-Gespräch mit dem innersten Kerngebiet der *Recherche*, mit der Madeleine-Episode aus unserm ersten Band und, wichtiger noch, mit der Analyse von Vinteuils Septett, die ja im gleichen Band steht wie das Dostojewski-Gespräch. Er bindet Dostojewski, für Lukács der Autor, der die Seele »in ihre wahre Heimat« weist, an die Seiten, in denen er, Proust, von der »unbekannten«, »verlorenen Heimat« sprach, in welche die Kunst führe.

Proust wie Lukács verfassten ihre Seiten über Dostojewski unter großer Dringlichkeit, wie man schon den Manuskripten ansieht. Lukács schrieb mit Bleistift auf 162 oft in Teile zerschnittene ungeordnete Schreibblockblätter. Es sind kryptische, fragmentarische Aufzeichnungen, die ausformulierte »Theorie des Romans« war nur das »Einleitungskapitel« zu einem nie geschriebenen Buch über Dostojewski »als Künder eines neuen Menschen, als Gestalter einer neuen Welt, als Finder und Wiederfinder einer neu-alten Form« (D 12 f.). Proust seinerseits war die gar nicht so kleine Reflexion über Dostojewski, die er in seinem letzten Lebensjahr handschriftlich ins *Cahier* 59 notierte, so wichtig, dass er oben an die Seite »Pour le dernier cahier. Capitalissime« schrieb. Niemand weiß, wo das hinzielte. Doch im Manuskript der *Prisonnière* im *Cahier* 11 ließ er mitten im Dostojewski-Gespräch eineinhalb Seiten weiß, wohl für Ergänzungen.

Nun strebte freilich die Dringlichkeit der beiden in Sachen

Dostojewski in ganz unterschiedliche Richtungen, und das brachte es mit sich, dass ihre temporäre Geistesverwandtschaft nach 1917 ihr Ende fand. Lukács wurde, getrieben von verzweifelter politischer Dringlichkeit, Kommunist und übertrug die neuen Seelen-Beziehungen von Dostojewski, den er als reaktionär verwarf, auf die universale Liebe einer klassenlosen Gesellschaft und auf die sie vorwegnehmende Brüderlichkeit der Kommunistischen Partei – beide beschrieb er mit dem gleichen moralisch überhöhten Idealismus, der ihm zuvor für Dostojewskis neue Welt recht war.

Und Proust saß, getrieben von ästhetischer Dringlichkeit und verrinnender Lebenszeit, an der Vollendung seiner Roman-Kathedrale. Noch in der Trennung ihrer Wege vereinte sie aber ein Wort, das überraschen mag: das Wort Revolution. Überraschen nicht bei Lukács. Sein Denken drehte sich unablässig um die Revolution, die er sich in hohen Tönen, grundchiliastisch als Übergang von der Vorgeschichte der Menschheit zur wahren menschlichen Geschichte vorstellte. Doch Proust? Sollte die Revolution bei ihm vorkommen? Ja, aber ihm kommt es bei seiner Revolution, mit Marx' 11. Feuerbach-These gesprochen, nicht darauf an, die Welt zu verändern, sondern sie verschieden, anders, neu zu interpretieren. Das neue »Bild der Welt«, das entsteht, wenn ein Künstler »der Erinnerung an die innere Heimat immer näher kommt« (Gef. 365), die »anderen Augen«, die ein Künstler uns durch ein unvergängliches Werk schenkt – das alles, was am 14. November vor hundert Jahren in die Welt kam, belegt Proust mit dem Wort »Revolution«.

Die Wirkung eines großen Kunstwerkes, also wohl auch die seines eigenen, nennt er »Revolution«. Und es sei eine Revolution, sagt er, die nicht erleben muss, »dass ihre Ergebnisse anonym in den folgenden Epochen auf- und untergehen; sie entfesselt sich von neuem, sie bricht in alle Unendlichkeit immer wieder aus«. Das Werk eines wahren »Neuerers« mag »zu einer festgesetzten Stunde erschienen sein und einen bestimmten Platz in der Entwicklung einnehmen«, aber es wird diesen Platz »jedesmal verlassen und von neuem an die Spitze treten«, wenn man es wiederliest, und es wird seiner »Originalität« den widersprüchlichen Eindruck von »dauernder Neuheit« (Gef. 360f.) verdanken. Immer wird es frischer wirken als alle nach ihm verfassten Werke.

Hat Proust das über sich gesagt? Hielt er sein Werk – wie wir es tun – für eine solche immer wieder ausbrechende Revolution? Nun, die von mir zitierten und, ich gebe es zu, ganz leicht umgeschriebenen Worte denkt Marcel in der *Prisonnière* auf der Soirée der Verdurins über Vinteuils Musik. Sie stehen an einem Ort, den Proust gewiss *capitalissime* genannt hätte. Sie eröffnen eine der grundlegenden und, wie ich finde, auch der schönsten Szenen der *Recherche*. Die Analyse von Vinteuil ist wohl das Feinste, was Proust je über seine Ästhetik geschrieben hat. Natürlich enthält sie nicht entfernt so viele klassische Stellen wie die große Darstellung in der »Wiedergefundenen Zeit«. Dafür ist sie fertig geschrieben, durchgestaltet. Mit Vor- und Rückblicken ist hier die Theorie, die im Schlussband bisweilen überbordet, eingebettet ins Leben Marcels. Etwas verbindet freilich beide großen Ästhetiken: sie enthalten so viele religiöse Obertöne, dass man bisweilen Mühe hat, dass alles sozusagen bloß metaphorisch in den pasteurisierten Bereich bloßer Kunstreligion einzuhegen. Ohne metaphysische Sehnsucht, scheint es, ist große Kunst zu keiner Zeit zu haben.

Lassen Sie mich zur Passage mit Vinteuils Septett abschließend drei Dinge sagen. Zuerst ist diese Szene natürlich durchaus ein Selbstporträt Prousts, mindestens ein Spiel mit einem solchen Porträt. Nehmen Sie nur den folgenden Satz Marcels über Mlle Vinteuils Freundin: »Wie aus unleserlichen Taschenbuchnotizen, in denen ein genialer Chemiker, der nicht weiß, wie nah sein Ende ist, Entdeckungen aufgezeichnet hat, die vielleicht für immer unbekannt bleiben werden, so hatte sie aus Papieren, die noch schwerer zu entziffern waren als ein mit Keilschriften bedeckter Papyrus, die ewig wahre, für immer fortzeugende Formel dieser unbekannten Freude, die mystische Hoffnung des scharlachroten Morgenengels herausgelöst.« (Gef. 373) Hier kommt sehr viel zusammen. Die Anspielung auf einen naturwissenschaftlichen Durchbruch, mit dem Proust, wie mit der Revolution, seine große literarische Entdeckung auch immer wieder verglichen hat. Die »für immer fortzeugende Formel der Freude«, die natürlich die permanente, die immer neu ausbrechende Revolution variiert. Schließlich die unleserlichen Taschenbuchnotizen, bei denen Verfasser wie Leser unvermeidlich an Prousts eigene denken.

Zum Zweiten passt dieses maskierte Selbstporträt aufs erstaunlichste zur alten Geistesverwandtschaft, mit der ich meine Bemerkungen begonnen habe. Alle Romanträume von Georg Lukács scheinen sich divinatorisch auf diese damals noch gar nicht geschriebene Passage und ihr Schlüsselwort der »inneren Heimat« zuzubewegen.

Und zum Dritten passt sie wie keine andere auf den heutigen Tag. Wer wenn nicht wir Proustianer wüsste um die Wahrheit des Wortes von der ewig neu sich entfesselnden Revolution dieses Werks. Wer kennt nicht die bestürzende und beglückende Erfahrung mit dem, was Proust die »dauernde Neuheit« nennt. Auch Stellen, die wir sehr gut zu kennen meinen, zeigen bei erneuter Lektüre immer (und immer wieder) Züge, von denen wir schwören könnten, sie seien bei der letzten Lektüre noch gar nicht im Text gewesen.

Wir wissen aber noch etwas anderes. Seine Bestes erreicht unser Autor nicht mit seinen großen, notgedrungen immer auch etwas abstrakten Worten. Er erreicht es im Schreiben über Geringfügiges, Nebensächliches, Alltägliches. Unlängst habe ich die paar Zeilen wiedergelesen, die Proust im letzten Band Charlus widmet, der nach einem Schlaganfall körperlich angeschlagen und von Schmerzen gequält Madamade Saint-

Euverte zu grüßen versucht. Über dieses großartige Ineinander von genauer Beschreibung, feiner Empathie und sublimer Deutung könnte man nun ohne weiteres einen wirklichen Festvortrag halten.

LITERATUR

D
Georg Lukács: *Dostojewski*. Notizen und Entwürfe. Hg. J.C. Nyíri. Budapest 1985.

E
Marcel Proust: *Essays, Chroniken und andere Schriften*. Frankfurter Ausgabe. Hg. Luzius Keller. Frankfurt 1992.

Gef.
Marcel Proust: *Auf der Suche nach der verlorenen Zeit 5, Die Gefangene*. Frankfurter Ausgabe. Frankfurt 2000.

S
Georg Lukács: »Béla Balázs: Tödliche Jugend«. In: Georg Lukács, *Karl Mannheim und der Sonntagskreis*. Hg. von Éva Karádi und Erzsébet Vezér. Frankfurt a.M. 1985, S. 158.

SJM
Marcel Proust: *Auf der Suche nach der verlorenen Zeit 2, Im Schatten junger Mädchenblüte*. Frankfurter Ausgabe. Frankfurt 1995.

TdR
Georg Lukács: *Die Theorie des Romans*. Ein geschichtsphilosophischer Versuch über die Formen der großen Epik. Zweite, um ein Vorwort vermehrte Auflage. Neuwied 1963.

WZ
Marcel Proust: *Auf der Suche nach der verlorenen Zeit 7, Die wiedergefundene Zeit*. Frankfurter Ausgabe. Frankfurt 2002.

Bernd Eilert
Talent, Misere, Mythos
16 Pastiches auf einen Romananfang von
Marcel Proust

»Lange Zeit bin ich früh schlafen gegangen. Manchmal, die Kerze war kaum gelöscht, fielen mir die Augen so rasch zu, dass keine Zeit blieb, mir zu sagen: Ich schlafe ein. Und eine halbe Stunde später weckte mich der Gedanke, dass es Zeit sei, den Schlaf zu suchen; ich wollte das Buch fortlegen, das ich noch in Händen zu halten wähnte, und das Licht ausblasen; im Schlaf hatte ich weiter über das eben Gelesene nachgedacht, dieses Nachdenken aber hatte eine eigentümliche Wendung genommen: mir war, als sei ich selbst es, wovon das Buch sprach« –

TALENT: *T*schechow, Kafk*A*, Musi*L*, Fontan*E*, Twai*N*.

Anton *T*schechow

Man erzählte sich, dass am Strande ein neuer Kurgast aufgetaucht sei: eine Dame mit einem Hündchen. Markow Adrienowitsch Prouschtow, der schon so lange in Balbec weilte, dass er begonnen hatte sich für jeden Neuankömmling zu interessieren, hatte ihr den ganzen Tag schon aufgelauert. Es war schon Abend, als er endlich, im Erfrischungspavillon von Lenotre eine Schokolade schlürfend nehmend, für seine Geduld belohnt wurde: Eine Dame mit einem Barett überquerte aus dem Grand Hotel kommend die Promenade und ging die Stufen zum Strand hinunter. Sie war klein und blond, und ein weißer Spitz folgte ihr.

»Wenn sie hier ohne Ehemann und Bekannte ist«, sagte sich

Prouschtow später im Bette liegend, »so spricht eigentlich nichts dagegen, dass ich ihre Bekanntschaft mache, das Hündchen unter einem Vorwand in meine Gewalt bringe, es sodann in der Pfanne brate und aufesse.«

Mit diesem Gedanken schlief er voll Vorfreude ein.

Franz KafkA:

Etwas musste Marcel P. ermüdet haben. Doch als er aus unruhigen Träumen erwachte, vernahm er ein zartes Knabbern, das ihn aus dem Bette förmlich trieb. Der Aufruhr in seinem Zimmer legte sich scheinbar, jener in seinem Inneren indes keineswegs. Denn das Volk der Mäuse ist das Grauen der Welt. Ein ebenso feiges wie unheimliches Volk, das hinter dem erschlichenen Ruf flinker Possierlichkeit seine ganze Gemeinheit zu verbergen trachtet. Was für ein schreckliches stumm lärmendes Volk das ist, zeigte sich freilich erst in der folgenden Nacht, als P. sich von tausend tückischen Äuglein beobachtet wähnte, was ihn unfähig machte, auch nur eines seiner Kleider abzulegen. Die naheliegende Lösung, der Mäuse mittels einer Katze, deren Art er im Geheimen von jeher hasste, Herr zu werden, verstärkte sein Unglück noch: Denn das Volk der Katzen ist ein schamloses Volk. Sich vor den gelben Augen der Katze zu entkleiden, verbot sich also noch strikter, da P. fürchtete, die Scham werde ihn dann überleben.

Robert MusiL

Über dem Atlantik befand sich ein barometrisches Minimum; es wanderte ostwärts, einem über Russland lagernden Maximum zu, und verriet noch nicht die Neigung, diesem nördlich auszuweichen. Die Isothermen und Isotheren taten ihre Schuldigkeit. Die Lufttemperatur stand in einem unordentlichen Verhältnis zur mittleren Jahrestemperatur, zur Temperatur des kältesten wie des wärmsten Monats und zur aperiodischen monatlichen Temperaturschwankung. Der Wasserdampf in der Luft hatte seine geringste Spannkraft, und die Feuchtigkeit der Luft war hoch. Mit einem Wort, das das Tatsächliche recht gut bezeichnet, wenn es auch etwas altmodisch ist: Es sah nach Regen aus.

Das ideale Wetter, um den ganzen Tag im Bett zu bleiben! Denn an eine Promenade oder sonst eine parallele Aktion im Freien war beileibe nicht zu denken. Andererseits hatte Marcel wie jeder zurechnungsfähige Mensch mehrere Möglichkeiten. Doch aus irgendeinem imponderablen Grund widerstrebte ihm schon der Gedanke, anderen zuliebe sein Bett zu verlassen. Denn was wäre die Aufgabe des Egoismus zugunsten anderer mehr als das Eingeständnis des Fallierens des eigenen Geschäfts und die Begründung eines neuen in der unmittelbaren Nachbarschaft?

Theodor Fontan*E*

Der alte Proust erwachte aus seinem Nickerchen, das er nach dem Mittagessen auf seiner Veranda zu halten pflegte, von lautem Mädchenlachen. Hervorgerufen wurde dies durch die helle Freude, die es den Kindern des Dorfes bereitete, die Schaukel zu nutzen, die der Alte in den knorrigen Ästen des noch älteren Birnbaums hatte anbringen lassen. Nicht ganz unbefangen betrachtete er ihr munteres Spiel – weniger besorgt, sie möchten sich dabei wehtun, als um die zukünftige Generation an sich.

Der Alte legte die Stirn in Falten, wie immer, wenn er an seine Nachkommen dachte, vornehmlich an seinen Erstgeborenen: Ob Marcel sein Erbe nicht bloß antreten, sondern auch würdig und in seinem Sinne fortsetzen würde? Diese Frage quälte den Alten häufig, denn als Antwort konnte er nur seufzen und sagen: »Ja, das ist ein weites Feld.«

Bis er eines Tages beim Erwachen die rettende Eingebung

hatte, in seinen Schlafrock schlüpfte, zu seinem Sekretär eilte, sein Testament hervorbrachte und die Klausel suchte und fand, die seine eigene Beerdigung betraf. Er setzte die Feder an und schrieb: »Ferner ordne ich an, dass mir eine Birne mitgegeben werde ins Grab.«

Mark TwaiN

Es gehört zu den Absonderlichkeiten der deutschen Sprache, dass sowohl der Mensch als auch der Fluss in einem sogenannten Bett liegen können, wobei allerdings nur einer von beiden sich darin zur Ruhe legen darf, während der andere sich in steter Bewegung in seinem Bette dahinwälzt. Von dieser sprachlichen Gemeinsamkeit abgesehen, gibt es wenig, was Mensch und Fluss verbindet: Der Mensch läuft, der Fluss fließt – erstaunlicherweise verhält es sich bei der menschlichen Nase so, dass sie das Fließen den Tränen überlässt, sie indes »läuft«, was bei der Ähnlichkeit zum eben erwähnten Vorgang des Tränenflusses gar wundernehmen würde, wüssten wir nicht längst, wie reich die deutsche Sprache ist – zumindest an Widersprüchen. So heißt es zum Beispiel »Der Berg ruft« – gerät allerdings ein Berufener in Schwierigkeiten, kommt nicht der, sondern die Bergwacht, um ihn aus der Bergnot zu retten. Wie geht das zu sich? Oder, wie wir auf dem Mississippi zu fragen pflegten: Wie kompass, Herr Kapitän?

MISERE: Mann, *I*bsen, Jame*S*, Doyl*E*, *R*ilke, Joyc*E*

Thomas *M*ann

Dass täglich die Nacht sinkt, dass über Qual und Drangsal, Leiden und Bangen sich allabendlich stillend und löschend die Gnade des Schlafes breitet, ich habe das immer als die gütigste und rührendste der großen Tatsachen empfunden und anerkannt. Als deren gefährlichste und trügerischste freilich auch, denn wer wollte bestreiten, dass gestörte Nachtruhe verheerende Wirkung tut auf Körper wie Geist, der, sosehr er sich auch bemühen mag, zurückzufinden in die Gefilde des seligen Schlummers, verlässlich doch enden muss in zornigem Außerbettsein. Ebenso erging es auch dem jungen Marcellus Prusteblom, dessen Geschichte, die wir erzählen wollen, sozusagen schon ganz mit historischem Edelrost überzogen ist und unbedingt in der Zeitform der tiefsten Vergangenheit vorzutragen, dem raunenden Imperfekt.

Henrik *Ibsen*

Ein Kinderzimmer voller Puppen. Licht fällt durch die Tür zum Salon. Marten liegt in seinem Bett und lauscht den Stimmen seiner Eltern. Er steht auf und geht zitternd zur Tür.
VATER Hör mir zu, Hedda! Ich hatte zweimal Pech mit meinen Frauen, die erste hat mich verlassen, die zweite ist geblieben.
MUTTER Du sprichst von mir, Thorwald.
VATER Du merkst auch alles, Hedda.
MUTTER Wie immer, Thorwald.
VATER Du willst mich also nicht verlassen, Hedda?
MUTTER Nein, denn das könnte dir so passen, Thorwald!
VATER Dann merke dir noch eines, Hedda!
MUTTER Noch eines, Thorwald?
VATER Ja. Eines schönen Tages werde *ich dich* verlassen!
MUTTER Na und? Heute *ist* ein schöner Tag!…
VATER Hedda, ich hatte zweimal Pech mit Frauen…
   Der kleine Marten gähnt und macht die Tür von innen zu.

Henry JameS

Unter gewissen Umständen sind wenige Möglichkeiten so reizvoll wie die Vorstellung eines kühlen Herbstabends in einem alten französischen Landhaus, das, selbst vom obligaten Kaminfeuer nur unzureichend erwärmt, eine Bettstatt für uns bereithält, mit einer schweren Daunendecke, die von einer vorausschauenden Haushälterin zur rechten Zeit mit einer Kupferpfanne voll glühend heißer Kohlen auf die ideale Temperatur gebracht wurde. Einem amerikanischen Gentleman, an den Komfort zentral geheizter Apartments beidseits der Park Avenue gewöhnt, mag diese Methode recht altertümlich – »vorsintflutlich« würde er sie wohl nennen – erscheinen, aus eigener Erfahrung jedoch kann ich ihm versichern, dass sich dem Behagen, das sich dem Kontrast zwischen der kalten Luft des Schlafzimmers und dem warmen Bett verdankt, nichts vergleichen lässt, nichts Irdisches zumindest; wir müssten schon zu Paradiesvorstellungen Zuflucht nehmen, um die Lust zu beschreiben, welche mit dem Hinübergleiten aus diesem in jenen Zustand verbunden ist, der uns schließlich ins Reich der Träume führt, aus des Bezirk – um den großen englischen Dramatiker zu variieren – kein Wanderer ungelabt je wiederkehren sollte.

Arthur Conan DoylE

»Der Tote ist ein kranker französischer Schriftsteller, der an einem vielbändigen Romanwerk gearbeitet hat, das in verschlüsselter Form seine Vorliebe für das eigene Geschlecht behandelt.«

»Woraus schließen Sie das, Holmes?«

Mein Freund schloss träumerisch die Augen. »Der Geruch, Watson! Haschisch und Lavendel! Haschisch wird gegen Asthma geraucht. Lavendelparfüm gern von alten Damen benutzt ... Und sehen Sie diesen Hausaltar: Homosexuelle beten ihre Mütter an. Außerdem die Krümel einer Madeleine: Franzose! An beiden Händen hat er Tintenflecken. Und was steht da?«

Auf dem Regal, das Holmes meinte, standen Bücher. Ich versuchte die Titel auf den Rücken zu entziffern: »A la research do tempperdo.«

»Auf der Suche nach der verlorenen Zeit«, übersetzte Holmes. »Dreizehn Bände.«

»Die Dreizehn ist eine Unglückszahl«, sagte ich. »War es Mord?«

»Nein, man muss kein Arzt sein, Watson, um zu erkennen: Der Mann ist eines natürlichen Todes gestorben. Vermutlich Herzstillstand nach einem Asthmaanfall – fällt Ihnen daran nichts auf?«

»Eigentlich nicht«, musste ich nach kurzem Bedenken zugeben.

»Ein Wort mit erstaunlich viel a's: Asthmaanfall.«

»Ist das von Bedeutung?«

Holmes schüttelte nur unwirsch den Kopf.

Rainer Maria Rilke

Schlafen, schlafen, schlafen, durch den Abend, durch die Nacht, in den Morgen. Und der Mut ist so müde geworden und die Sehnsucht so matt, voller Sorgen.... Träumen, träumen, träumen... Und immer das gleiche Bild. Man hat zwei Augen zu viel. Nur in der Nacht manchmal glaubt man den Weg zu kennen. Vielleicht kehren wir nächtens immer wieder in jenen Schatten zurück, in den fremde Sonnen einst uns geworfen? Es *kann* sein. Dorthin, wo traurige Frauen von uns wissen. Und was wissen wir von den Frauen? Die Kleider der Frauen leuchteten lang aus dem Grü.. ein wenig heller als alles andere Grün, mit kleinen Glöckchen an jedem Rocksaum, von eines Windes Lächeln bewegt, und zum Klingen gebracht, was endlich den jungen Cornet Marcel Louis Proust unsanft erweckte und in sein Badezimmer trieb. Zwei Becken, eins das andre übersteigend, waren's, die er fand und zu dem unt'ren Becken leis sich neigend schöpft er das Wasser gleichsam in der hohlen Hand. Und dann und wann: ein weißer Elefant.

James JoycE

Festlich und steif erschien Mark Proustigan in der Küchentür, eine Keksdose in beiden Händen, auf der gekreuzt eine Haschischpfeife und ein Füllfederhalter lagen. Ein gelber Schlafrock bauschte sich hinter ihm in der leichten Zugluft. Er hielt die Dose in Höhe und intonierte:
    »Kalkutta liegt am Ganges, Paris liegt an der Seine, doch dass ich so vergnügt bin, das liegt an der Madeleine!...« Als er den strafenden Blick seiner Haushälterin auffing, die gegen einen wehrlosen Teigfladen handgreiflich wurde, begann er zu psalmodieren: »Oh, Miss Gelaunt! Mehlig sind die Arschlosen, denn das Semmelreich ist ihrer!« Als sie das aber hörte, weinte sie buttermilch.

MYTHOS: Maeterlinck, HemingwaY, GoncourT, Hamsun, SvevO

Maurice Maeterlinck

Sobald wir aus unseren Träumen erwachen, entwerten wir sie seltsam. Wir glauben in die Tiefe der Abgründe hinabgetaucht zu sein, und wenn wir wieder an die Oberfläche kommen, gleicht der Wassertropfen an unseren bleichen Fingerspitzen nicht mehr dem Meere, dem er entstammt. Wir wähnen eine

Höhle wunderbarer Schätze entdeckt zu haben, und wenn wir wieder ans Tageslicht kommen, haben wir nur falsche Steine und bunte Glasscherben mitgebracht; und trotzdem schimmert der Schatz im Finstern unverändert. So tauchen wir Nacht für Nacht aufs Neue hinab, wohl wissend um das Trügerische des Traums, welches wortreich zu betrauern uns trotzdem Trost spenden kann, indem es uns hilft, ganze Bücher zu füllen mit der Suche nach einer verlorenen Zeit, mit der Sinnvolleres zu beginnen freilich nicht in unserer Macht steht – falls man die Suche nach einem zu Traumbehufen passenden Pyjama nicht unter die wahrhaft produktiven Berufe rechnen möchte.

Ernest HemingwaY

»Hör mal«, sagte er. »Was scheißen Holzwürmer?«

»Ich schlafe«, sagte sie.

Mark lag im Bett und lauschte dem Fressen der Holzwürmer. Holzwürmer fressen Holz. Seidenraupen fressen keine Seide, sondern Maulbeerblätter. Sie scheißen Seide, aus der Seide machen Leute die Bettwäsche, in der er lag.

»Also, was scheißen Holzwürmer?«

»Leck mich!«, sagte sie, »ich schlafe.«

Die Holzwürmer schliefen nicht. Vielleicht schlafen sie tagsüber, dachte er. Oder sie schlafen nie. Er wollte auch nicht schlafen, weil er schon eine ganze Zeit von der fixen Idee besessen war, dass seine Seele sofort seinen Körper verlassen würde, falls er je im Dunkeln die Augen zumachte. »Hey!«, sagte er. »Haben Holzwürmer eigentlich eine Seele?«

Sie antwortete nicht, und ihre regelmäßigen Atemzüge sagten ihm, dass ihre Seele ihren Körper verlassen hatte. Vielleicht war sie in einen der Holzwürmer gefahren, dann musste sie es wissen. »Hör mal«, sagte er. »Was scheißen eigentlich Holzwürmer?«

Die Brüder Goncour*T*

Oh, der Lärm, der Lärm! Ich fing schon an, die Vögel zu verabscheuen. Am liebsten hätte ich den Nachtigallen gesagt: »Wollt ihr wohl still sein, ihr garstigen Tiere!«

Im Grunde wahre Verzweiflung. Kein Schlaf mehr, kein Appetit mehr; der Magen verschlossen, höllische Gereiztheit, fortwährende körperliche Unruhe. Und dennoch: den Kopf freibekommen, ihn schaffen und erfinden lassen, kunstvolle Formulierungen drechseln: Gautier, ein großer Künstler mit dummer Syntax. George Sand, eine wiederkäuende Sphinx. Flaubert, ein Onanist der Banalität. Victor Hugo, ein kostümierter Leitartikler. Emile Zola, ein nackter. Alexandre Dumas, ein sprachloses Genie. Stendhal ein Napoleon des Scheiterns. Baudelaire ein Bourgeois in der Uniform des Snobs. Marcel Proust, eine ständige Nervensäge, die aus dem Mehl und den Spänen, die abfallen, durchaus charmante Möbel zu zimmern imstand ist.

Knut *H*amsun

Es war zu jener verlorenen Zeit, da ich in Proustiana umherging und hungerte, in dieser grausamen Stadt, die keiner verlässt, ohne zuvor von ihr gezeichnet worden zu sein…

Seit Stunden lag ich wach in meiner Kammer unter dem Dach und zählte die Schläge der Glocke vom Turm der Kirche Sankt Smörre, deren satter Klang mich verhöhnte, ebenso wie die fettgedruckte Anzeige auf einer der feuchten Druckseiten des Dagbladet, mit denen mein Zimmer tapeziert war, und auf der für das mehrfach ausgezeichnete Wasa-Knäckebröd der königlichen Hofbäcker Gebröder Olsen auf eine Art geworben wurde, die mir Tränen der Wut in die todmüden Augen trieb.

Einen der Olsens kannte ich: Er hatte mich einfach stehengelassen, als ich ihn einmal um altes Brot gebeten hatte, auf dem Absatz hatte er kehrtgemacht und mir seine Kehrseite zugewandt, einen Rücken, wie ich – so schwöre ich bei meiner Seele! – noch keinen abgefeimteren und unredlicheren je gesehen habe...

Italo Svevo

Wie jeden Abend stellte ich mir vor dem Zubettgehen die Frage, ob noch Zeit für eine letzte Zigarette bliebe, die letzte des Tages. Oder um der Wahrheit die fragwürdige Ehre zu geben: Ich fragte mich, ob nicht genau jetzt die rechte Zeit wäre, eine letzte (oder vorletzte) Zigarette zu rauchen? Schon um zu vermeiden, dass mich danach der unwiderstehliche Drang zu rauchen aus dem Bett treiben und zwingen werde, frierend in der Dunkelheit nach dieser letzten Zigarette suchen zu müssen, da ich das Etui aus naheliegender Vorsicht nicht im Schlafzimmer, sondern im Salon aufzubewahren pflege. Eine unwürdige Vorstellung, die geeignet schien, gepflegten Genuss in beschämende Gier und ein eher zweifelhaftes Vergnügen zu verwandeln. Ganz davon abgesehen, was in jenem erwartbar unruhigen Schlaf für Träume kommen mochten: Schweißtreibende Phantasien von rauchenden Ruinen und schwelenden Kratern, in die zu stürzen ein düsterer Drang mich zweifellos zwänge. Und stürbe ich in einer solchen Nacht – wie ertrüge ich den Gedanken, aus gesundheitlicher Rücksicht verzichtet zu haben, auf jene Zigarette, die ich jetzt entzündete und aus deren Mundstück ich beim ersten Zug bereits sanfte Befriedigung und tiefen Frieden sog. Friede meiner Asche.

Zugabe: Gottfried Benn

In seinem Elternhaus hingen keine Gainsboroughs. Nur Röntgenbilder, tuberkulöse Lungen.
  Wurde auch kein Chopin gespielt. Nur Ecarte, um kleine Einsätze.
  Ganz amusisches Gedankenleben
  Sein Vater war einmal im Theater gewesen
  Ende des Jahrhunderts,
  Offenbachs »Belle Helene«
  Davon zehrte er.
  Und aß gern gleichnamige Birnen zum Dessert,
  Wenn Marcel schon im Bett lag.
  Das war schon alles.

Alexis Eideneier
Eine Rose in der Dunkelheit
Prousts wiedergefundene Briefe an
seine Nachbarin

Dass Marcel Proust zu den produktivsten Autoren der Literaturgeschichte gehört, lässt sich nicht allein am immensen Umfang seines Werks erkennen. Gäbe es eine kommentierte Gesamtausgabe seiner Briefe, so würde diese knapp eine Viertelmillion Druckseiten in über 400 Bänden umfassen. Einstweilen wird es zu einer solchen Monumental-Ausgabe freilich nicht kommen. Zu viele Briefe werden von den Eigentümern unter Verschluss gehalten oder sind schlicht verloren gegangen. So machen die über 5000 von Philip Kolb in 21 Bänden edierten Briefe – gemäß der Einschätzung des Herausgebers – nur etwa den zwanzigsten Teil der gesamten *Correspondance* aus. Angesichts der vielen verstreuten Botschaften, Mitteilungen, Nachrichten, Kassiber, Billetts, Episteln und sonstigen Schreiben nimmt es nicht wunder, wenn – zur Freude der Proustianer – immer mal wieder Schätze geborgen werden. Um eine Entdeckung dieser Art handelt es sich bei den 23 jüngst publizierten Briefen Prousts an seine Nachbarin Marie Williams am Boulevard Haussmann Nr. 102 (und drei Briefen an deren Ehemann).

Von Prousts Haushälterin Céleste Albaret wusste man um die Korrespondenz zwischen den beiden Nachbarn, doch bislang galten die Briefe als verschollen. Nun hat ein Enkel von Madame Williams sie dem Pariser *Musée des lettres et des manuscrits* zur Verfügung gestellt, und der Verlag Gallimard hat daraus gleich ein schönes schmales Buch mit Transkriptionen, Faksimiles, Fotos und Illustrationen gemacht. Leider ist auch dieser Briefroman *en miniature* nur ein Fragment, denn bei der Lektüre klaffen allerlei Sinnlücken. Schnell wird klar, dass dies bei weitem nicht alle Briefe sein können, die Proust an Madame Williams geschrieben hat. Zudem ist von dem einstigen epistolarischen Dialog nur noch ein Monolog geblieben: Die Antworten der Nachbarin hat Proust uns nicht überliefert. Den Herausgebern dieser Ausgabe zufolge wurden die hier versammelten undatierten Briefe in den Jahren 1908 bis 1916 verfasst. Estelle Gaudry (die Kuratorin des Museums) und Jean-Yves Tadié haben sie in eine logische, aber keineswegs gesicherte chronologische Folge gebracht. Und vermutlich ging die Korrespondenz noch mindestens bis 1919 weiter, als das Haus verkauft wurde und sowohl Proust als auch seine Nachbarin ausziehen mussten.

Über Madame Williams wissen wir wenig: 1885 als Marie Pallu geboren, war sie etwa 14 Jahre jünger als Proust. In der Zeit ihrer Nachbarschaft war sie zwischen 23 und 34 Jahre alt, während Proust zwischen 37 und 48 Jahre alt war. 1903 hatte sie den Versicherungsangestellten Paul Emler geheiratet, ein Jahr darauf einen Sohn zur Welt gebracht. Im Juli 1908 ließ sie sich scheiden und heiratete kurz darauf den amerikanischen Zahnarzt Dr. Charles D. Williams. Mit ihm und dem Sohn aus erster Ehe bezog sie die über der Arztpraxis gelegene Wohnung am Boulevard Haussmann. Glaubt man seiner Patientin Geneviève Straus, so war Dr. Williams – der als Vorbild für den Zahnarzt von Balbec auch in die *Recherche* eingegangen ist – der beste Zahnarzt von *tout Paris*. Nach ihrem Auszug 1919 trennte sich seine Frau auch von ihm und heiratete ein drittes Mal – den über zehn Jahre jüngeren russischen Konzertpianisten Alexander Brailowsky. 1931 nahm sie sich schließlich im Alter von 46 Jahren das Leben.

Marie Williams – eine *Femme fatale* der Belle Époque also? In ihrer mondänen, beinahe unnahbaren Eleganz entsprach sie gewiss nicht dem kulturellen Stereotyp des unkomplizierten *girl next door*, des netten Mädchens von nebenan. Céleste Albaret beschreibt die leidenschaftliche Harfenistin als *très distinguée, très parfumée*, und Jean-Yves Tadié bemerkt, wie stark sie sowohl an ihre (und Prousts) Freundin Geneviève Straus als auch an die Kurtisane Laure Hayman erinnerte.

Trotz ihrer anfangs sicher vorhandenen Zurückhaltung gelang es Proust in mehr als einem Jahrzehnt, durch seine Briefe eine Art platonischer Beziehung zu seiner Nachbarin entstehen zu lassen. Natürlich half, dass Madame Williams während dieser Zeit zu einer begeisterten Proust-Leserin heranreifte. Ungeachtet zunehmender Vertrautheit blieb die räumliche Distanz indes stets gewahrt: So gelangten seine Briefe meist nicht auf direktem Weg vom zweiten in den vierten Stock, sondern wurden auf dem Postweg befördert. Céleste Albaret war die Einzige, die um diesen Schriftwechsel wusste, denn soweit bekannt ist, hat Proust mit niemandem sonst über seine Nachbarin gesprochen. Glaubt man Céleste, so ist er Madame Williams in all den Jahren ihrer Nachbarschaft kein einziges Mal persönlich begegnet, was sicher auch auf Prousts Bettlägerigkeit zurückzuführen war. Ein Jahrhundert bevor das virtuelle Zeitalter die Entstofflichung des Menschen vorantrieb, pflegen zwei Seelenverwandte eine Brieffreundschaft und treffen sich trotz unmittelbarer räumlicher Nähe so gut wie nie – nur so lassen sich Illusionen voneinander aufrechterhalten. Seltene Besuche oder kurze Begegnungen mag es dennoch gegeben haben – einer der jetzt veröffentlichten Briefe deutet darauf hin.

Worum es in diesem Austausch häufig geht, lässt sich durch die architektonischen Gegebenheiten des Hauses leicht erraten: Die Praxis von Dr. Williams befand sich direkt über Prousts Wohnung. Umherlaufende Patienten waren für den lärmempfindlichen Autor ebenso schwer zu ertragen wie die von Renovierungsarbeiten verursachten Ruhestörungen. Hämmernde Handwerker quälten ihn, denn sie machten seinen für tagsüber anberaumten Schlaf unmöglich. Einen günstigen Moment für Geräusche gab es ohnehin nicht, denn wenn Proust nicht schlief, arbeitete er. Seine praktischen Bitten gingen deshalb stets mit – verbalen und auch materiellen – Galanterien einher. Er setzte all seinen (bisweilen manipulativen) Charme ein, um den Lärm zu stoppen. Zwischen den Zeilen seiner Briefe steht eigentlich immer: »Bitten Sie Ihren Mann doch, etwas ruhiger zu sein.« Er schickt ihr kleine Geschenke nach oben, um sich für seine vielen Bitten zu entschuldigen, und es sind keineswegs immer nur Blumen oder Bücher: »Ich hoffe, dass Sie diese vier Fasane mit derselben Selbstverständlichkeit annehmen, mit denen ich als Ihr Nachbar sie Ihnen schenke.« Dann folgt sogleich eine neue Bitte: ob es denn möglich wäre, die nächste Runde des Klopfens übermorgen erst ab sieben Uhr abends stattfinden zu lassen, sonst könne er tagsüber nicht schlafen. Dennoch sind Prousts Briefe weit davon entfernt, Beschwerden zu sein. Als er einmal um bestimmte Ruhezeiten gebeten hatte, bedankte er sich sogleich mit Blumen für deren Einhaltung. An dem Abend, als sein Freund Reynaldo Hahn von der Kriegsfront zurückkehrte, entschuldigt er sich umgekehrt selbst dafür, im Treppenhaus Lärm verursacht zu haben. Auch bittet er vorsorglich um Vergebung für seine Haushälterin, sollten Geräusche aus seiner Wohnung Madame Williams gestört haben. Lauter höfliche, feinfühlige Winke mit dem Zaunpfahl.

Ein weiterer Themenkomplex dieser Korrespondenz betrifft Krankheiten und das gegenseitige Verständnis dafür. Proust zeigt sich oft besorgt über den Gesundheitszustand seiner Nachbarin, erkundigt sich stets aufs Neue danach und erteilt allerlei gut gemeinte Ratschläge. Über weite Strecken besteht dieser Briefwechsel aus Nettigkeiten, die zwei kranke, einsame Menschen austauschen. Gewiss musste Madame Williams das Bett im Gegensatz zu Proust nicht fortwährend hüten. Und sie lebte mit Mann und Kind zusammen, war also rein äußerlich betrachtet nicht einsam. Doch mit ihrer Ehe stand es nicht zum

Besten: Proust spricht von den Williams als einem »ungleichen Paar«, was sich etwa darin zeigt, dass der Zahnarzt jeden Samstag zum Golfspielen fuhr und seine Frau in der kostbaren gemeinsamen Freizeit zu Hause allein ließ. Ihren Kunstsinn, ihre Musikbegeisterung teilte er nicht unbedingt. Obwohl dies die Rahmenbedingungen für diesen Schriftwechsel waren, kommen sie in keinem der schmeichelhaften, geistreichen, humorvollen Briefe zur Sprache.

Weil die Korrespondenz von den Greueln der *Grande Guerre* überschattet wird, tauschen sich die beiden Nachbarn auch über vorrückende Truppen, zerstörte Städte und verstorbene Freunde aus. In einem Brief, den die Herausgeber auf März 1915 datieren, schreibt Proust von seiner tiefen Trauer über den Tod seines soeben gefallenen Freundes Bertrand de Fénélon. Madame Williams hatte kurz zuvor ihren Bruder Alphonse Pallu auf dieselbe Weise verloren.

Doch aus den Briefen sprechen nicht nur Warmherzigkeit, Verständnis und Zuneigung. Es sind vorsichtige, bewundernde, bisweilen verträumte und überschwänglich schwärmerische Annäherungsversuche. Proust gesteht seiner Nachbarin etwa, dass sie einen zentralen Platz in seiner Imagination einnimmt. Über ihr anmutiges Harfenspiel phantasierend, stößt er gar den Klageruf aus: »Ne pourrai-je jamais monter vous entendre?« (Könnte ich nicht doch einmal hochkommen, um Sie zu hören?) Dies bleibt freilich auf immer ein unerfüllter Traum.

Sodann bringt er sie mit Rosen, echten und metaphorischen, in Verbindung:

J'ai assemblé dans ma mémoire un bouquet de toutes les roses écrites. Or les vôtres m'ont semblé dignes de s'ajouter à elles, et votre prose de voisiner avec leurs vers. Sur vos roses dans le crépuscule je mettrais cette épigraphe de Pelléas: Je suis une Rose dans les ténèbres.

Marie Williams (1885-1931) war elf Jahre lang Prousts Nachbarin am Boulevard Haussmann 102. (Abb. aus dem besprochenen Band)

Ich habe in meiner Erinnerung einen Strauß aus allen geschriebenen Rosen gebunden. Nun aber schienen mir die Ihren wert hinzugefügt zu werden, und Ihre Prosa würdig, in die Nähe dieser Verse zu rücken. Auf Ihre Rosen in der Dämmerung würde ich dieses Motto von Pelléas setzen: Ich bin eine Rose in der Dunkelheit.

An dieser Stelle offenbart sich eine Schwäche der Transkription der schwungvollen Handschrift Prousts: Statt dem Originalzitat »Je *vois* une Rose dans les ténèbres« (Ich *sehe* eine Rose in der Dunkelheit) entziffern die Herausgeber »Je *suis* une Rose dans les ténèbres« (Ich *bin* eine Rose in der Dunkelheit), was den Sinn natürlich entstellt.

Bereits Stéphane Mallarmé evoziert in seinem Gedicht *Hommage* (1887) eine »rose dans les ténèbres«. Nur fünf Jahre später greift Maurice Maeterlinck dieses Bild in seinem Schauspiel *Pelléas und Mélisande* auf, Vorlage der gleichnamigen Oper von Claude Debussy. Im dritten Akt bringt Mélisande während einer nächtlichen Begegnung mit Pelléas eine blumige Metapher ins Spiel:

Mélisande: Je vois une rose dans les ténèbres ...

Pelléas: Où donc? Je ne vois que les branches du saule qui dépassent le mur ...

Mélisande: Plus bas, plus bas, dans le jardin; là-bas, dans le vert sombre ...

Pelléas: Ce n'est pas une rose ...

Mélisande: Ich sehe eine Rose in der Dunkelheit ...

Pelléas: Aber wo? Ich sehe nur die Äste der Weide, die über die Mauer ragen ...

Mélisande: Weiter unten, weiter unten, im Garten; dort unten, im dunklen Grün ...

Pelléas: Das ist keine Rose ...

Die Finsternis verweist hier auf die feindselige und bedrückende Atmosphäre des Schlosses Allemonde – der neuen Umgebung Mélisandes, vor der sie sich fürchtet. In diesem Zusammenhang ist die Rosen-Metapher nicht allein als Liebessymbol zu deuten. Sie bezeichnet die fragile und ephemere Hoffnung, an die Mélisande sich zu klammern sucht: die nach einer Zukunft mit Pelléas. Der begreift indes nicht, dass Mélisande hier durch die Blume spricht, und sucht tatsächlich in dem düsteren Garten nach der Rose. Nach diesem Missverständnis entfernen sich die beiden einst so eng Verbündeten zunehmend voneinander.

Auch für Marcel Proust war seine ebenso schöne wie kluge Nachbarin eine Rose in der Dunkelheit. Eine Projektionsfigur, deren Konturen unscharf bleiben und die gerade deshalb die schönsten Imaginationen ermöglicht. Eine Seelenverwandte, die ihm bei dem zentralen Thema Kunst und den Lebenswidrigkeiten Krankheit und Einsamkeit ganz nah war und doch so fern blieb. Eine, mit der eine intensivere Verständigung zwar wünschenswert erschien, aber unter den gegebenen Umständen unmöglich war.

Marcel Proust: Lettres à sa voisine. Texte établi et annoté par Estelle Gaudry et Jean-Yves Tadié. Avant-propos de Jean-Yves Tadié. Paris: Gallimard 2013 (Collection Blanche).

Boris Roman Gibhardt
Die zweite Realität der Recherche?
Multiple Personen,
Wiedergänger, Dissimulatoren bei Proust
und in Proust-Fiktionen

Der Sammelband vereint elf Beiträge, mit denen das Werk Marcel Prousts in der »Vielfalt generischer und diskursgeschichtlicher Kontexte« gelesen werden soll. Die Herausgeber berufen sich hierfür auf ein Diktum Ursula Link-Heers, deren Arbeiten der Band als eine Art Festschrift würdigen will: »So wenig Proust sich auf eine einzige Poetik zurückführen lässt, so wenig ist er auch mit einer einzigen Philosophie zu erklären«. Damit verzichtet der Band auf die Präsentation einer These, die von den einzelnen Beiträgen dann diskutiert würde. Dennoch lässt sich neben vielen anderen Impulsen ein neuer Aspekt der Proust-Hermeneutik hervorheben, der mehrere Aufsätze des Bandes durchzieht: Die Spannung von Fiktion und Realität, und zwar nicht nur im Fall der historischen Person Proust und ihrer literarischen Gestalten, sondern auch hinsichtlich der gezielten Wirklichkeitsbezüge innerhalb des fiktionalen Werks und schließlich gar der Fiktionalisierung Prousts durch andere Autoren.

Unter dem titelgebenden Stichwort »Gattungsgrenzen und Epochenschwelle« eröffnen die Hinweise auf die Forschungen Ursula Link-Heers diese Thematik: die Frage, wie autobiographisch die *Recherche* ist, das Problem der »multiplen Persönlichkeiten« in Prousts Roman, die Symbiose von Schreiben und Kranksein und schließlich die »manieristischen Konfigurationen« mancher fast bis zur Fiktionalität hin stilisierten Existenzen des Fin de Siècle.[1] In dieser Tradition ergeben sich zugleich neue Fragen. Exemplarisch sei dafür der Fall herausgegriffen, den Fernand Hörner in seinem Beitrag zu Charlus' großem Balzac-Exkurs in *Sodom und Gomorrha* rekonstruiert: Ein Mann von Geschmack, erinnert dort Charlus, habe einst gesagt, nichts habe ihn in seinem Leben so betrübt wie der Tod Lucien de Rubemprés in Balzacs *Glanz und Elend der Kurtisanen*. Hörner geht den Proustschen Spuren dieses »Todesfalls« der Weltliteratur in einer (auch wissenschaftlich-formal originellen) »kriminalistischen Lektüre« nach, weil sich in ihnen verschiedene Indizien aus Realität und Fiktion überkreuzen: Spuren lebendiger und verstorbener Personen der Literatur wie der realen Literaturgeschichte. So erzeuge Prousts Zusammenspiel von Lebenswelt und Fiktion eine »Friktion«, wenn Charlus Prousts eigene Balzac-Deutung rekapituliere, während das dem »Mann von Geschmack« zugeschriebene Diktum aber von Oscar Wilde stamme, der es wiederum in seinem berühmten Dialog *Der Verfall der Lüge* einer imaginären Figur in den Mund legt. Proust faszinierte an Balzac – ganz gegen sein Beharren in *Gegen Sainte-Beuve*, das literarische Ich des Dichters von seinem sozialen Ich zu trennen –, wie sehr im Verlauf der Arbeit an der *Menschlichen Komödie* deren Gestalten zu wirklichen Lebensgefährten Balzacs heranwuchsen. Hörner nimmt Prousts Schlussfolgerung auf – dass Balzacs Leben selbst schließlich einem Roman gleiche –, um die realen, aber literarisierten Lebensläufe etwa eines Robert de Montesquiou zu problematisieren: dieser gilt bekanntlich als reales ›Vorbild‹ für Charlus. Tatsächlich aber sei Montesquiou als »Montesproust« gezwungen worden, das Leben des fiktiven Charlus zu teilen, wenn er etwa erklärte, die Veröffentlichung von *Sodom und Gomorrha* habe ihn krank gemacht – fast ein neuer Todesfall, aber nun in der Realität auf Kosten der Fiktion.

Mit solchen Huldigungen und Grausamkeiten, die durch die Literarisierung realer Personen entstehen können, ist nun im Zeichen von »Gattungsgrenzen und Epochenschwelle« der

Boden für postmoderne Autorfiktionen bereitet: Ursula Hennigfeld gibt in ihrem Beitrag – er hätte gut zu Beginn des Bandes statt am Ende stehen können – einen Einblick in die Mythisierungen der Figur Prousts in der französischen Gegenwartsliteratur. Hier nun sind überraschenderweise die Spannungsräume von Realität und Fiktion, aber auch von Hommage und Persiflage ähnlich komplex wie um 1900. So lese Anne Garéta in ihrem Roman *La Décomposition* Prousts Roman als Anleitung zum Mord, denn Prousts Roman sei entschieden zu lang und das Leben zu kurz. »Das perfekte Verbrechen« bestehe daher »darin, einen realen Körper mit einem fiktiven Namen [Prousts, B. G.] zu verbinden und beide zu eliminieren.« Während Hennigfelds Beitrag mehr einem Close Reading solcher »Réécritures« von Prousts Roman gewidmet ist, rufen die impliziten Rückbezüge auf die Literatur um 1900 nach weiterer Vertiefung: So erinnert, wie an dieser Stelle ergänzt werden darf, die Idee eines »perfekten Verbrechens« in diesem kriminologischen Spannungsfeld an eine weitere literarische Verbrecher-Figur, über die Proust in seinen Briefen – die mit ihren Schmeicheleien gleichwohl fiktiver sein können als etwa die Balzac-Rede Charlus' im Roman – schwärmt: Lafcadio aus Gides *Die Verliese des Vatikan*, um nur dieses Beispiel zu nennen. Von den *Pastiches* als problematisierten stilistischen Identifikationen über die erotologischen Verschleierungen eigenen und fremden Begehrens bis hin zum Spiel mit der Autorität des eigenen Schriftstellertums über die literarischen Figuren – die erfundenen und doch ewig lebenden Gestalten einer zweiten Realität – reicht also bei Proust, dem »maître en dissimulation« (Gide), die noch über den Band hinaus zu erforschende Skala inszenierter Grenzen und Entgrenzungen von Realität und Fiktion.[2]

Obwohl die Beiträge des Bandes gemäß der programmatischen Offenheit des hermeneutischen Ansatzes etwas weit gestreut sind, verdichtet sich die angedeutete Thematik u. a. mit den Aufsätzen von Luzius Keller zu Prousts moderner Umdeutung des Roman-Genres, von Ulrich Ernst zu Prousts Bildzitaten und »Ikonozentrismus«, von Volker Roloff zur Theatralität der *Recherche* und von Michael Scheffel zur zeitgleichen Entstehung von Prousts Roman und Schnitzlers *Traumnovelle* als »Parallelaktion«. Das oben zitierte Motto von der Vielgestaltigkeit der Proustschen Poetik arbeitet dem Perspektivenreichtum des Bandes zu. Wünschenswert wären gelegentlich klarere Positionierungen und eine differenzierte Auseinandersetzung auch mit jüngeren Tendenzen der Forschung statt einiger zu selbstverständlicher Rückgriffe auf Referenzen der älteren Proust-Deutung (Deleuze, zum Beispiel). Denn gerade die Schriften der Widmungsträgerin des Bandes zeichnen sich ja durch eine kritische Teilhabe an einem solchen *polemos* aus, wie er für eine lebendige geisteswissenschaftliche Debatte auch heutzutage unerlässlich ist. Inhaltlich-intellektuell gelingt dem Sammelwerk aber durchaus, wie sich aus den skizzierten Arbeitsergebnissen der Beiträge ergibt, zu demonstrieren, wie entscheidend Prousts eigene oder die von ihm beobachtete visuelle und materielle Kultur um 1900 – lebensweltliche Praktiken im Umgang mit Bildzitaten, Kunststilen, Einrichtungen – auch für die genuine Literarizität des Romans war: Der Ästhetizismus und die Inszenierungswünsche der Zeitgenossen wurden mittels einer Reorganisation ästhetischer Rollenmuster in die künstlerisch-formale Textgestalt und Gattungspoetik kritisch transponiert.

Indem der Band auf diese Weise den Fin-de-Siècle-Schwerpunkt der Arbeiten Ursula Link-Heers aufgreift – er ergibt sich durch Aspekte wie ihre Manierismus-Deutung und ihre wichtige Kritik an Walter Benjamins modernistischer Proust-(Miss-)Deutung –,[3] setzt er sich also mit einer Pointe von den Huldigungstagungsbänden zum ›modernen‹ Proust der Epochenschwelle um 1913/14 ab: Proust war, jenseits aller Tabularasa-Ideen der Modernitätsgeschichte, gerade darin modern, das 19. Jahrhundert nicht überwinden zu wollen, sondern es einzufangen in einem Spiel paradoxer Identifikationen.

Matei Chihaia, Ursula Hennigfeld (Hg.): Marcel Proust. Gattungsgrenzen und Epochenschwelle, Paderborn: Wilhelm Fink Verlag 2014, 256 S.

1   Vgl. die kommentierte Bibliographie der Arbeiten Link-Heers in der Einleitung der Herausgeber sowie die Anmerkungen am Ende dieser Rezension.
2   Der Sammelband zieht mit dieser noch nicht abschließend beantworteten Forschungsfrage bereits Schlussfolgerungen aus folgendem Tagungsband: Ursula Link-Heer, Ursula Hennigfeld, Fernand Hörner (Hg.): *Literarische Gendertheorie. Eros und Gesellschaft bei Proust und Colette*, Bielefeld 2006.
3   Vgl. zuletzt den im besprochenen Band noch nicht verzeichneten Aufsatz Ursula Link-Heers zum Manierismus: Ce Japon maniéré. Japonisme et manière chez Proust et ses contemporains, in: *Marcel Proust et les Arts décoratifs*. Poétique, matérialité, histoire, hg. v. Boris Roman Gibhardt u. Julie Ramos, Paris 2013, S. 107-122; vgl. zur Benjamin-Kritik diess.: Zum Bilde Prousts, in: *Benjamin Handbuch. Leben, Werk, Wirkung*, hg. von Burkhard Lindner, Stuttgart-Weimar, 2006, S. 507-521.

Christine Ott
»Große Kunst in neuem Licht«
Karlheinz Stierles Studie zu Proust und Dante

»Doch zugleich läßt ihre Betrachtungsweise die Möglichkeit offen, daß große Kunst in neuer Beleuchtung erscheint, wenn sie durch das Hinzukommen neuer Werke in eine neue Konstellation eintritt« (S. 210). Dieser auf Prousts *Recherche* gemünzte Satz ist gleichsam das Motto von Stierles Buch: Durch die Aufdeckung von Analogien, die die Reflexion über die Zeit und das Verhältnis von Zeit und Werk betreffen, soll eine neue interpretatorische Perspektive auf Dantes *Divina Commedia* und Prousts *À la recherche du temps perdu* eröffnet werden.

Das Buch besteht aus drei Kapiteln, die man auch unabhängig voneinander lesen kann. Das erste und längste ist »Zeitgestalten in Prousts *À la recherche du temps perdu*« gewidmet, das zweite, viel kürzere, der »Entdeckung der Zeit in Dantes *Commedia*«; das dritte trägt alles zuvor Gesagte noch einmal zusammen, deckt Proustsche Bezugnahmen auf Dante auf und stellt die beiden Werke als Extrempunkte in einer Entwicklung der »Säkularisierung, Temporalisierung und Ästhetisierung« (S. 241) dar.

Das erste Kapitel bietet dem Unkundigen auch eine gut lesbare Einführung in die Welt von Prousts *Recherche*. Von den Kindheitstagen in Combray über die Liebe zu Gilberte und Albertine bis hin zum Erweckungserlebnis auf der Matinée Guermantes: alles findet sich hier detailliert und anschaulich dargestellt. Zugleich situiert Stierle Prousts Thematisierung der Zeit – im Rekurs auf die Ideen Bergsons, Einsteins, Husserls – vor dem Hintergrund der Zeitkonzeption seiner Epoche. Er zeigt, wie es Proust vor allem darum gehe, »Zeitgestalten« zu erschaffen, das heißt Figuren, die eine Erfahrung oder eine

Art des Umgangs mit der Zeit inkarnieren (Tante Léonie, Odette, Albertine) und Chronotopoi, in denen die Zeit als vierte Dimension zum Raum hinzutritt. Und er zeigt, wie der Protagonist der *Recherche* am Ende seines Wegs von der linearen Zeit zur Intuition einer anderen, »erfahrenen« Zeit gelangt:

> Le temps ist die einfache, lineare, meßbare Zeit. Dagegen ist Le Temps die erfahrene, in der Erinnerung und mehr noch im Werk aufgehobene Zeit, die Zeit der Transversalen und perspektivischen Zeitmetaphern, die Zeitfiguren erstellen, wie sie nur im außerweltlichen reversiblen Zeitkontinuum der Erinnerung möglich sind. Le Temps ist nicht meßbar, sondern einzig einer Phänomenologie des inneren Zeitbewußtseins zugänglich als einer ›donnée immédiate de la conscience‹ im Sinne Bergsons (S. 127).

Im Vergleich zur Ausführlichkeit und Anschaulichkeit des ersten fällt das zweite Kapitel bedauerlicherweise recht knapp aus. Dabei wäre es hochinteressant gewesen, auch für Dantes Zeitkonzeption eine vergleichbare Einbettung in den historischen Kontext geboten zu bekommen. Stierles These ist jedenfalls, dass *Commedia* und *Recherche* jeweils eine Früh- und eine Spätphase des neuzeitlichen Prozesses der Säkularisierung, der »zugleich ein Prozeß der Verzeitlichung« sei, reflektieren, zwei Phasen, die durch eine »Krise des Zeitbewußtseins« markiert seien (S. 136). Ein Ausdruck dieser Krise bei Dante ist seine akute Wahrnehmung des Zusammenhangs zwischen Frühkapitalismus und Beschleunigung des Lebens: Dante erfasst »den Strukturzusammenhang der modernen Stadt und stellt ihn unter das Gesetz der sich beschleunigenden Zeit« (S. 159). Doch welches sind die philosophischen Voraussetzungen dieses veränderten Zeitbewusstseins?

Auch die drei von »Dante« besuchten Jenseitsreiche haben ihre jeweils eigene Zeit. Es ist eine im Doppelsinn des Wortes »gerichtete« Zeit. »Die Zeit der Heilsgeschichte ist gerichtet auf die Vereinigung mit ihrem göttlichen Ursprung und Ziel«

(S. 179). Die infernalische Zeit dagegen ist gerichtet, weil die Seelen dazu verdammt sind, »ewig unerlöst sie selbst sein zu müssen« (S. 179).

Steht die Zeit in *Inferno* und *Paradiso* im Zeichen des Ewig-Endgültigen, so steht jene des *Purgatorio* im Zeichen des Übergangs: Die wachsende Sehnsucht nach Erlösung drückt sich aus in der »erzählerische[n] Sprachgebärde das *già* (schon) [...], das sich in dieser mittleren Cantica des sich verschärfenden Zeitsinns dominant setzt« (S. 179).

Auch die Kunst kann sich den Gesetzen des zeitlichen Fortschritts nicht entziehen: Wie später Prousts Protagonist am Schicksal Bergottes, erfährt »Dante« dies im Gespräch mit Oderisi d'Agobbio. Dennoch bescheinigt Stierle ihm ein ungebrochenes künstlerisches Selbstbewusstsein: »Wie Marsyas gegen Apoll den Wettkampf aufnimmt, will Dante, anders als der kleinmütig gewordene Oderisi, sich am Äußersten, Gottes Kunstwerk selbst, messen, und so den Lorbeerkranz erringen. Sein Gedicht soll als ›sacro poema‹ ein absolutes Kunstwerk sein« (S. 200).

Das dritte Kapitel zielt auf eine Gegenüberstellung von Dantes und Prousts Zeitkonzepten. Prousts Dante-Bezug ist relativ wenig erforscht; Stierle deckt einige bemerkenswerte implizite und explizite Dante-Zitate auf – am erstaunlichsten ist davon gewiss der Rekurs auf Dantes »veglio di Creta«, die mythische Inkarnation der »großen Zeitalter der Menschheitsgeschichte« (216), den Stierle in der Darstellung des alten Duc de Guermantes ausmacht (214-216).

Sind beide großen Werke durch den Prozess der neuzeitlich-modernen Säkularisierung bedingt, so suchen sie dieser, so Stierles abschließender Befund, die »sekundäre Transzendenz« des Kunstwerks entgegenzusetzen (S. 241): »Wenn Dantes Commedia den Augenblick bezeichnet, wo die christliche Erfahrung der Transzendenz unter den Bedingungen einer sich herausbildenden säkularen Welt des Florentiner Frühkapitalismus in die sekundäre Transzendenz des poetischen Werks eingeht, so bezeichnet Prousts *À la recherche du temps perdu* den Augenblick, wo die Erinnerung an christliche Transzendenz so gebieterisch wird, daß die Wand zwischen säkularer Welt und Transzendenz transparent zu werden scheint« (S. 242). Das Verhältnis zwischen irdischer Welt und Transzendenz gestaltet sich bei Dante und Proust jedoch gleichsam spiegelverkehrt. Setzt Dante die irdische Welt als Spenderin von Bildern ein, um die Jenseitswelt anschaulich zu machen, so wird bei Proust »die religiöse Sphäre zum metaphernspendenden Bereich für eine neue Erfahrung der Innerweltlichkeit. Wenn Ästhetisierung als säkulare Transzendenz bei Dante bedeutet, daß die säkulare Welt zur Metapher der religiösen wird, die gleichwohl die säkulare nicht mehr zu überwältigen vermag, wird bei Proust die religiöse Sphäre zum Reservoir des Metaphorischen für eine Innerweltlichkeit, die auf das transparent wird, was sie ausschließt« (S. 245). Prousts *Recherche* und Dantes *Commedia* inszenieren Momente der (immer prekären) auratischen Verdichtung (S. 247); zugleich sind sie selbst auratische Werke, dazu bestimmt, die Zeit zu überdauern.

Erstveröffentlichung in:
Deutsches Dante-Jahrbuch (87/88) 2012/13.

Karlheinz Stierle, *Zeit und Werk. Prousts À la recherche du temps perdu und Dantes Commedia*, München: Hanser 2008, 271 S.

Alexis Eideneier
In memoriam George Pistorius

Am 15. März 2014 – vier Tage vor seinem 92. Geburtstag – starb nach langer Krankheit George Pistorius, langjähriges Mitglied und Träger des ersten Preises der Marcel Proust Gesellschaft. Die Proustianer verdanken dem amerikanischen Romanisten vor allem eine in zwei Auflagen erschienene, ausführlich kommentierte Bibliografie, die die gesamte deutsche Proust-Rezeption minutiös (und teils in Kurzreferaten) dokumentiert. Verzeichnet die erste, 1981 erschienene Auflage noch 359 Einträge, so sind es in der zweiten, 2002 erschienenen bereits deren 1782 – eine überproportionale Steigerung, undenkbar ohne die bis dahin zwei Jahrzehnte währenden Aktivitäten und Publikationen der Marcel Proust Gesellschaft.

Das Jahr 1945 war für den jungen, 1922 in Prag geborenen Jiří Pistorius – wie wohl für jeden in seiner Generation – gleich in mehrfacher Hinsicht ein Jahr des Neubeginns: Er nahm ein Studium an der Karls-Universität auf (Tschechisch, Ästhetik und Vergleichende Literaturwissenschaft) und heiratete seine Frau Marie, mit der er bis zu ihrem Tod 2013 zusammenlebte. 1948 zogen die frisch Vermählten nach Paris, wo der neugierige Forscher seine Studien der Vergleichenden Literaturwissenschaft fortsetzte und zugleich Bildungs- und Kultursendungen für das tschechische Programm des französischen Rundfunks schrieb. Es folgte ein Studium der slawischen – insbesondere tschechischen – Philologie in Straßburg. 1958 wanderte das Paar in die USA aus: In Pennsylvania erhielt Pistorius seine erste Anstellung als Lehrer für Deutsch und Französisch und wurde in romanischen Sprachen promoviert. Der Ruf an das renommierte Williams College in Williamstown/Massachusetts erging 1963. Bis zu seiner Emeritierung im Jahr 1992 lehr-

George Pistorius nach Erscheinen seiner ersten Proust-Bibliografie im Jahr 1982 – dem Gründungsjahr der Marcel Proust Gesellschaft.

te Pistorius an der traditionsreichen Privat-Universität französische Sprache und Literatur. Von 1971 bis 1982 leitete er die Abteilung Romanistik.

Schon aus seiner Dissertation, die das Deutschland-Bild im französischen Roman zwischen den beiden Weltkriegen untersucht, lassen sich die zentralen akademischen Interessen von George Pistorius herauslesen: die französische Literatur des 19. und 20. Jahrhunderts und die deutsch-französischen Kulturbeziehungen des 20. Jahrhunderts. Im Rahmen dieser beiden Spezialgebiete schrieb er zahlreiche Monografien, Aufsätze und Rezensionen auf Französisch, Deutsch, Englisch und Tschechisch. Allein die Bibliografie seiner eigenen Werke umfasst knapp 300 Titel.

Obwohl seit 1964 offiziell US-Staatsbürger, legte der humorvolle, konservative Gentleman alter Schule seine »old-world manners« nie ab. Ihm war wichtig, das geistige und kulturelle Leben Europas auch jenseits des Atlantiks zu pflegen. Deshalb galt er seinen amerikanischen Kollegen, Freunden und Schülern als Verkörperung des europäischen Humanisten schlechthin. Der Enkel des bekannten Konzertpianisten und Smetana-Schülers Josef Jiránek liebte die klassische Musik und spielte selbst leidenschaftlich Klavier. Neben der Literatur begeisterte er sich für Kunstmuseen.

Über den Tod seines Verfassers hinaus wird der »Pistorius«, das durch umfangreiche Register und zahlreiche Querverweise so nützliche Standardwerk, ein unschätzbares Hilfsmittel aller Proustianer bleiben. Nicht unerwähnt sei an dieser Stelle die langjährige intensive Unterstützung, die George Pistorius durch seine Frau Marie erfahren hat. Ihre Ausbildung zur Bibliothekswissenschaftlerin und Bibliothekarin erwies sich nicht nur bei der Arbeit an der 1990 erschienenen André-Gide-Bibliografie, sondern auch bei beiden Editionen der Proust-Bibliografie als immenser Heimvorteil. Inzwischen sind seit der ergänzten und überarbeiteten Auflage von 2002 abermals

13 Jahre vergangen. Wünschenswert, aber schwer vorstellbar, dass sich ein ebenso belesener, ebenso sorgfältig vorgehender Bibliograf dem Thema »Marcel Proust und Deutschland« bald schon aufs Neue widmet.

Wulf Segebrecht
Ein Gedicht ist nicht diktierbar
Zum Tod der Lyrikerin Elisabeth Borchers

Mit ihren ebenso klangvollen wie gedankenreichen, auf äußerste Knappheit gebrachten Gedichten hat sich Elisabeth Borchers nicht nur in die Literaturgeschichte, sondern tief in das Gedächtnis derer eingeschrieben, denen Gedichte immer noch wichtig sind. Sie war ganz und gar Lyrikerin und ist gerade deshalb sehr zurückhaltend mit der Publikation eigener Gedichtbände gewesen. Sie war zugleich und keineswegs »nebenbei« eine leidenschaftliche Lektorin, zunächst bei Luchterhand, später bei Suhrkamp, und hat als solche mit untrüglichem Sinn für literarische Qualität viele Autoren entdeckt, gefördert, betreut und begleitet. Und sie war schließlich eine überaus kenntnis- und einfallsreiche, unermüdliche Herausgeberin von Anthologien, Kinderbüchern, Almanachen – eine unentbehrliche Mitarbeiterin ihres Verlegers Siegfried Unseld, der sie noch auf ihren Lesereisen mit Telefonaten verfolgte, um ihren Rat in aktuellen Verlagsangelegenheiten einzuholen.

In Homberg am Niederrhein 1926 geboren, wuchs Elisabeth Borchers im Elsass auf und lebte nach dem Krieg längere Zeit in Frankreich und in Amerika. 1959 wurde sie Mitarbeiterin von Inge Aicher-Scholl an der Hochschule für Gestaltung in Ulm, ging aber schon 1960 als Lektorin zum Luchterhand Verlag in Neuwied. Hier erschienen auch – nach einer Anthologie tschechischer Lyrik, die sie mit Peter Hamm im Verlag der Eremiten-Presse herausgegeben hatte – ihre ersten Bücher: die Lyrikbände *Gedichte* (1961) und *Der Tisch an dem wir sitzen* (1967, mit phantastischen Illustrationen von Günter Bruno Fuchs), eine kleine Sammlung ihrer Szenen und Spiele für den Rundfunk unter dem Titel *Nacht aus Eis* (1965) sowie ihre Erzählungen *Eine glückliche Familie und andere Prosa* (1970). Zusammen mit Günter Grass und Klaus Roehler gab sie seit 1966 Luchterhands Loseblatt Lyrik in Lieferungen heraus, jene inzwischen legendären halbmeterlangen Gedichtposter zum »Andiewandpinnen«.

Auch als Übersetzerin aus dem Französischen war sie für den Verlag tätig; so übertrug sie Jean Pierre Jouves Roman *Paulina 1880* (1964) ins Deutsche. Schließlich hat sie seit 1962, als ihr erstes Kinderbuch *Bi, Be, Bo, Ba, Bu – Die Igelkinder* erschien, eine Reihe weiterer Bücher für Kinder geschrieben, darunter *Und oben schwimmt die Sonne davon* (1965), *Ein Fisch mit Namen Fasch* (1972) und *Heute wünsche ich mir ein Nilpferd* (1975), das 1976 mit dem Deutschen Jugendbuchpreis ausgezeichnet wurde.

Süße Surrealität des Dichtens

Noch bei Luchterhand erschien 1961 ihr erster eigener Gedichtband, und schon das allererste Gedicht in diesem Buch löste, als es in der *Frankfurter Allgemeinen Zeitung* vorabgedruckt wurde, einen kleinen Skandal in Form von protestierenden Leserbriefen aus. Man las:

> *eia wasser regnet schlaf*
> *eia abend schwimmt ins gras*
> *wer zum wasser geht wird schlaf*
> *wer zum abend kommt wird gras*
> *weißes wasser grüner schlaf*
> *großer abend kleines gras*
> *es kommt es kommt*
> *ein fremder*

Elisabeth Borchers ist es mit diesem Gedicht ähnlich ergangen wie Paul Celan mit der »Todesfuge« und Günter Eich mit der »Inventur«: Man hat sie mit diesem Gedicht identifiziert und ihr Werk auf dieses Gedicht reduziert. Natürlich sträuben sich die Autoren mit guten Gründen gegen eine solche Festlegung und Einengung auf nur eines ihrer Gedichte. Elisabeth Borchers wollte dieses wunderbare surrealistische Gedicht zeitweise sogar aus der Sammlung ihrer frühen Texte eliminiert sehen, die Jürgen Becker 1976 herausgegeben hat. Es erschien dann doch wieder, und ich denke: zu Recht. In diesem Gedicht verbinden sich Partikel des Märchens, des Shantys, der magischen Zauberformel mit Elementen der Realität (Wasser, Gras, Abend) zu einem sinnverwirrenden Gebilde, zu einem Protokoll des Zustands zwischen Tag und Nacht, zwischen Wachen und Traum, in dem die Grenzen zwischen der Wirklichkeit des Bewussten und der des Unterbewussten verschwimmen. Gedichten ist es erlaubt, so schrieb Elisabeth Borchers damals zum Abschluss der heftigen Debatte, »der Realität – dem, was wir Realität zu nennen gewohnt sind und was doch nur unser Dahinleben und Daherreden ist – zu entfliehen, ihre eigene unnütze Realität zu finden und sei es die des Traums, in dem sich alles auf den Kopf stellt, und in dem doch alles geborgen ist in einer süßen Surrealität«.

Gebändigte Erfahrung

Als Dichterin der Surrealität und sogar der Realitätsflucht hat man sie daraufhin dingfest zu machen versucht, aber damit tut man ihrem lyrischen Werk Unrecht. Denn es zeichnet sich durch einen großen Reichtum an Formen und Klängen, an Gedanken und Bildern aus. Elisabeth Borchers ist durch viele Schulen gegangen und gehörte doch keiner ganz an. Man hört noch die vertraut-vertrackten Töne aus »Des Knaben Wunderhorn« und aus vielen schönen Kinderliedern, man nimmt an der romantischen Wortspiel-Freude teil und an den kühnen Bild-Kombinationen eines Hans Arp, man wird an der Auseinandersetzung mit Brechts lakonischer Dialektik ebenso beteiligt wie an ihren zugespitzten Dialogen mit Schriftstellern, bildenden Künstlern und Philosophen. Sie war zweifellos eine *poeta docta*. Einmal zitiert sie aus Wisława Szymborskas Gedicht »Ein Wort zur Pornographie« den Satz: »Es gibt keine schlimmere Ausschweifung als das Denken«; sie widerspricht mit der Gegenthese »Es gibt Schlimmeres als das Denken: Das Nichtdenken«.

Das freilich hat sie sich nie geleistet. Ihre vorzüglichsten Gedichte sind immer zugleich auch gedachte Gedichte, wohlkalkulierte Gebilde aus Klängen, Bildern, Vorstellungen, Anspielungen und Entsprechungen. Aber: »Ein Gedicht ist nicht diktierbar«, hat sie in der Selbstauskunft über ihr Gedicht »Reden wir nicht von der Landschaft« bekannt: »Es setzt nicht Kenntnisse voraus, sondern Erfahrungen«. Das ist kein Plädoyer für eine ungehemmte Mitteilung autobiographischer Intimitäten, die man in ihren Gedichten vergeblich suchen wird. »Erfahrung« ist vielmehr das Instrument, mit dessen Hilfe das bloß Intuitive und Emotionale gebändigt wird; Erfahrung ist Ausdruck der gedanklichen Besonnenheit und der Arbeit an der Form. Solche Erfahrungen bestimmen ihr lyrisches Werk durchgehend.

So vielseitig wie die Töne sind die Formen und Themen ihrer Gedichte. Auf pure Botschaften, auf bloße Zugehörigkeiten lassen sie sich jedoch nie festlegen. Weder für eine ökologische noch für eine feministische, weder für eine experimentell-artistische noch für eine agitatorisch-politische Position können sie in Anspruch genommen werden, obwohl alle diese Dimensionen der Erfahrungswirklichkeit in ihren Gedichten begegnen. Sie wollen nicht mitreden. Sie lassen sich eher als Gegenreden gegen voreilige Übereinkünfte verstehen. Solche Gegenreden auf die einfachste und direkteste, zugleich aber auch bildkräftige und pointierte Formel zu bringen – das ist vielleicht die größte poetische Leistung von Elisabeth Borchers.

Erstveröffentlichung: FAZ vom 27. September 2013

Ursula Voß
Erinnerungen an Siegfried Thomas (1927-2014)

Er war ein Proustianer der ersten Stunde, elegant und voller Verve, die hohe Stirn Sitz seiner Eloquenz, von gemessenen Gesten begleitet, der Blick gezielt auf das Hier und Jetzt gerichtet, nicht abschweifend in ein Jenseitiges. Dem Großneffen eines schlesischen Malers der nachromantischen Schule wurde Cézanne zum Kristallisationspunkt der Durchdringung von Welt- und Kunstwirklichkeit. Doch die Ratio obsiegte, das Hin zur Abstraktion, wo Natur sich in einer chemischen Formel verdichtet. Der Pflanzenschutz wurde seine Domäne. Mit penibel ausgefeilten Verträgen flog er um den Erdball, entdeckte irgendwann auf der Landkarte seiner verborgen gehüteten Herzkammer den magischen Ort Combray: Dahin hatte ihn seine innere Magnetnadel schon gelenkt, den frühen Proust-Leser.

Wurde er gefragt, wie er zur Literatur gekommen sei, verblüffte das Statement: über das juristische Wort. Proust erschloss sich dem Genauigkeitsfanatiker, zwang ihn zum noch intensiveren Hinschauen, zum Eindringen in die Tiefe der Dinge. Von da an gehörte Marcel Proust (stets sprach er den vollen Namen genüsslich aus) seine Verehrung. Das Plakat von WERK UND WIRKUNG mit dem Abbild des melancholischen Dandys im Frack mit Orchidee hing an der Tür zu seinem Arbeitszimmer. Auge in Auge mit dem Porträtierten betrat er es. Satz für Satz des Dichters inhalierend, Bonbons aus dessen Lieblings-Confiserie – ein Pariser Reisesouvenir – in den Mund nehmend zwecks imaginierter Transsubstantation. Das Spleenige verband ihn mit dem Adorierten, und der kauzige Humor. Bei Zusammenkünften wusste er Hedonisten und Hermeneutiker zu versöhnen, indem er mit den Begriffen lächelnd wie mit zwei Bällen jonglierte. Viele Veranstaltungen der Marcel Proust Gesellschaft endeten mit seinen spontan formulierten, elegant vorgetragenen Resümees und Laudationes. Bei Ansprachen bediente er sich gern des karikierenden Stiftes seines Idols, bei Romanlesungen spiegelte sich der vorgetragene Text auf seiner Miene als seelische Beglückung. Sie strahlte auf die Umsitzenden ab. Sie zu erbauen, griff er zur Feder und reflektierte die Venedig-Exkursion 1991, innere und äußere Anschauung der Serenissima miteinander verwebend, wobei er glaubte, Marcel führe ihn bei der Hand.

BUCHVERMERKE

2012

Michael Maar: Proust Pharao. Berlin: Berenberg 2012.

2013

Sophie Bertho / Thomas Klinkert: Proust in der Konstellation der Moderne – Proust dans la constellation des modernes. Berlin: Erich Schmidt 2013.

»Claude Simon«. Mit Beiträgen von Claude Simon, Rainer Warning, Irene Albers und Wolfram Nitsch. Sur la lecture XI. Köln: Marcel Proust Gesellschaft 2013.

Matei Chihaia / Katharina Münchberg (Hgg.): Marcel Proust: Bewegendes und Bewegtes. Paderborn: Wilhelm Fink 2013.

Sjef Houppermans / Nell de Hullu-van Doeselaar / Manet van Montfrans / Annelies Schulte Nordholt / Sabine van Wesemael (Hgg.): Revue Marcel Proust Aujourd'hui 10. La naissance du texte proustien. Amsterdam / New York: Rodopi 2013.

Luzius Keller: Proust 1913. Hamburg: Hoffmann und Campe 2013.

Jean Milly (Hg.): 2013. Centenaire de *Du Côté de chez Swann*. Bulletin Marcel Proust, n° 63, 2013.

Johanne Mohs: Aufnahmen und Zuschreibungen. Literarische Schreibweisen des fotografischen Akts bei Flaubert, Proust, Perec und Roche. Bielefeld: Transcript 2013.

Anka Muhlstein: Die Bibliothek des Monsieur Proust. Berlin: Insel 2013.

Borromäus Murr: Stoffe der Erinnerung. Marcel Proust im graphischen Werk von Manuel Thomas. Augsburg: Wißner 2013.

Reiner Speck: Robert Proust (1873-1935). Ein bedeutender Arzt im Schatten seines großen Bruders Marcel. In: D. Schultheiss / P. Rathert / U. Jonas (Hgg.): Wegbereiter der Urologie: 10 Biographien. Berlin / Heidelberg / München / Neu-Isenburg / Wien: Springer 2013.

Edi Zollinger: Proust – Flaubert – Ovid. Der Stoff, aus dem Erinnerungen sind. Paderborn: Wilhelm Fink 2013.

2014

Anita Albus: Käuze und Kathedralen. Geschichten, Essays und Marginalien. Frankfurt am Main: S. Fischer 2014.

Peter Brandes (Hg.): Proust-Lektüren. Hamburg: Dr. Kovač 2014.

Matei Chihaia / Ursula Henningfeld (Hgg.): Marcel Proust – Gattungsgrenzen und Epochenschwelle. Paderborn: Wilhelm Fink 2014.

Marc Föcking / Cornelius Borck (Hgg.): Marcel Proust und die Medizin. Berlin: Insel 2014 (Sechzehnte Publikation der Marcel Proust Gesellschaft).

Rubén Gallo: Proust's Latin Americans. Baltimore: Johns Hopkins University Press 2014.

Stéphane Heuet / Marcel Proust: Auf der Suche nach der verlorenen Zeit (Band 4). Namen und Orte: Namen. München: Knesebeck 2014.

Frank Oliver Jäger: Literarische Selbstinszenierung zwischen Transgression und Paradoxie. Zur Hybridisierung autobiographischen Schreibens bei Marcel Proust, Michel Leiris und Claude Simon. Freiburg: Rombach 2014.

Michael Maar: Tamburinis Buckel. München: C. H. Beck 2014.

Franz Maciejewski: Der Erinnerungskünstler. Eine literarische Fantasie um Marcel Proust. Lengwil: Libelle 2014.

Petrarca Proust et al. Reden und Schriften. Köln: Dr. Speck Literaturstiftung 2014.

Jacques Rivière: Der Deutsche. Erinnerungen und Betrachtungen eines deutschen Kriegsgefangenen. Aus dem Französischen und mit einem Nachwort von Daniele Raffaele Gambone. Düsseldorf: Lilienfeld 2014.

Hans Dieter Zimmermann: Französische Hauptstadt, deutsche Provinz. Marcel Proust und der große Krieg. Bad Kreuznach und das kaiserliche Hauptquartier. Aachen: Rimbaud 2014.

Rainer Moritz: Mit Proust durch Paris. Literarische Spaziergänge. Ditzingen: Reclam 2015.

Alexandra Schamel: Die ästhetische Schwelle. Räume der Allegorie bei Baudelaire und Proust. Paderborn: Wilhelm Fink 2015.

Barbara Ventarola: Transkategoriale Philologie: Liminales und polysystematisches Denken bei Gottfried Wilhelm Leibniz und Marcel Proust. Berlin: Erich Schmidt 2015.

CHRONIK

2013

20. Januar: »Marcel Proust. Sein Leben in Bildern und Dokumenten«. Buchvorstellung mit Reinhard Pabst in der Lengfeld'schen Buchhandlung, Köln.

7. Juni: Peter Natter referiert im Pavillon des Schlosscafés Hohenems zum Thema »Die verlorenen Paradiese. Marcel Proust – das wahre Leben ist die Literatur«.

30. Juni: Sommer-Matinée der Marcel Proust Gesellschaft im Hause des Präsidenten, mit Vorträgen von Giulia Agostini, Frank Jäger, Thomas Klinkert, Volker Roloff und Rebekka Schnell. Zwischen den Vorträgen Klaviermusik von Sung-Hee Kim-Wüst und Sunhee Kim-Nussbeck.

26.-31. Mai: Frankreich-Exkursion der Marcel Proust Gesellschaft nach Cabourg und Umgebung, Illiers-Combray, Chartres und Paris.

14. November: Une Journée avec Proust. Lektüren zum Hundertjährigen der *Recherche* an der Ruhr-Universität Bochum mit Vorträgen von Peter Goßens, Stephanie Heimgartner, Katja Papiorek, Monika Schmitz-Emans und Bernhard Stricker.

15. November: »Proust 1913«. Buchvorstellung und Lesung mit Luzius Keller in der Lengfeld'schen Buchhandlung, Köln.

17. November: Festakt »100 Jahre Swann« der Marcel Proust Gesellschaft im Kölner Museum für Angewandte Kunst mit Vorträgen von Andreas Isenschmid, Jürgen Ritte und Reiner Speck. Zwischen den Vorträgen Klaviermusik und Gesang mit Györgyi Dombrádi und Lambert Bumiller. Eröffnung der Ausstellung »100 Jahre Swann« in der Bibliotheca Proustiana Reiner Speck.

21. November: *Conférence sur Marcel Proust* mit Mireille Naturel in der Essener Buchhandlung »Proust Wörter und Töne«. Es moderiert Volker Steinkamp.

30. November-1. Dezember: Claude Simon in Deutschland. Colloquium und Ausstellung zum 100. Geburtstag von Claude Simon in der Kölner Bibliotheca Reiner Speck unter der Leitung von Irene Albers und Wolfram Nitsch. Vorträge von Barbara Basting, Marcel Bey-

er, Peter Brugger, Brigitte Burmeister, Alastair B. Duncan, Wolfram Nitsch, Rainer Warning, Cécile Yapaudjian-Labat. Zwischen den Vorträgen Claude-Simon-Lesungen von Bernt Hahn. Mit finanzieller Unterstützung der Marcel Proust Gesellschaft erscheint gleichzeitig die deutsche Erstübersetzung von Claude Simons »Le poisson cathédrale« (»Der Fisch als Kathedrale«) in der Reihe »Sur la lecture«.

2014

26. Mai: Im Berliner Institut français diskutieren Uta Felten, Luc Fraisse, Cécile Leblanc, Volker Roloff und Karlheinz Stierle über die Figuren Madame Verdurin, Saint-Loup und Charlus im Zusammenhang mit der Kriegsdarstellung in der *Recherche*. Es moderiert Fabrice Gabriel.

27. Mai: Internationales Colloquium »Proust et la guerre« an der Universität Leipzig unter der Leitung von Uta Felten und Philippe Wellnitz mit Vorträgen von Luc Fraisse, Angelika Hoffmann-Maxis, Cécile Leblanc, Kristin Mlynek-Theil, Patricia Oster-Stierle, Volker Roloff und Karlheinz Stierle.

29. Juni: Sommer-Matinée der Marcel Proust Gesellschaft im Hause des Präsidenten mit Vorträgen von Donatien Grau, Claudia Hanisch, Andrea Kreuter, Wolfram Nitsch, Jürgen Ritte und Georg Sterzenbach. Zwischen den Vorträgen Proust-Lesung von Bernt Hahn und Klaviermusik von Christoph Schnackertz.

2. September: Claude Simon: »Der Fisch als Kathedrale«. Buchvorstellung der mittlerweile vollständig übersetzten »Quatre leçons« durch Andreas Isenschmid in der Lengfeld'schen Buchhandlung, Köln. Es moderiert Wolfram Nitsch.

24.-28. November 2014: Proust-Literaturtage auf Schloss Elmau mit Beiträgen von Elisabeth Edl, Luzius Keller, Rainer Moritz, Andreas Platthaus, Jürgen Ritte und Reiner Speck. Proust-Lesungen von Christian Brückner, Vorführung des Films »Céleste« von Percy Adlon.

11.-14. Dezember: 4. Marcel Proust-Tage im Hotel Gasthof Krone in Hittisau/Österreich.

2015

23. März: Bernd-Jürgen Fischer stellt in der Kölner Bibliotheca Proustiana Reiner Speck seine Neuübersetzung der *Recherche* vor. Es moderiert Rainer Moritz. Bernt Hahn liest aus der neuen Ausgabe.

25.-27. Juni: Internationales Symposion der Marcel Proust Gesellschaft in Köln unter der Leitung von Wolfram Nitsch und Jürgen Ritte zum Thema »Marcel Proust et la Grande Guerre«. Weitere Informationen auf www.marcel-proust.de

PUBLIKATIONEN DER MARCEL PROUST GESELLSCHAFT

Materialienbände zu Symposien (Insel Verlag)

I · Marcel Proust. Werk und Wirkung. Hrsg. von Reiner Speck. 1982

II · Marcel Proust. Lesen und Schreiben. Hrsg. von Edgar Mass und Volker Roloff. 1983

III · Marcel Proust. Werk und Lektüre. Zur Literarästhetik von Marcel Proust. Von Volker Roloff. 1984

IV · Marcel Proust. Motiv und Verfahren. Hrsg. von Edgar Mass. 1986

V · Marcel Proust. Bezüge und Strukturen. Studien zu »les plaisirs et les jours«. Hrsg. von Luzius Keller unter Mitarbeit von André Oeschger. 1987

VI · Sprache und Sprachen bei Marcel Proust. Hrsg. von Karl Hölz. 1991

VII · Marcel Proust. Schreiben ohne Ende. Prousts recherche im Spiegel ihrer textkritischen Aufarbeitung. Hrsg. von Rainer Warning. 1994

VIII · Marcel Proust und die Philosophie. Hrsg. von Ursula Link-Heer und Volker Roloff. 1997

IX · Marcel Proust und die Kritik. Hrsg. von Dieter Ingenschay und Helmut Pfeiffer. 2000

X · Marcel Proust und die Belle Époque. Hrsg. von Thomas Hunkeler und Luzius Keller. 2002

XI · Marcel Proust – Orte und Räume. Hrsg. von Angelika Corbineau-Hoffmann. 2003

XII · Marcel Proust und die Künste. Hrsg. von Wolfram Nitsch und Rainer Zaiser. 2004

XIII · Marcel Proust. Die Legende der Zeiten im Kunstwerk der Erinnerung. Hrsg. Von Karlheinz Stierle und Patricia Oster-Stierle. 2007

XIV · Marcel Proust und die Korrespondenz. Hrsg. von Karin Westerwelle. 2010

XV · Marcel Proust und die Musik. Hrsg. von Albert Gier. 2012

XVI · Marcel Proust und die Medizin. In Zusammenarbeit mit Cornelius Borck herausgegeben von Marc Föcking. 2014

hors série (Suhrkamp Verlag)
Marcel Proust. Zwischen Belle Époque und Moderne. Katalog der Hamburger Proust-Ausstellung. Hrsg. von Reiner Speck und Michael Maar. 1999

hors série (Suhrkamp Verlag)
Marcel Proust: Sur la lecture. Tage des Lesens. Faksimile der Handschrift aus der *Bibliotheca Proustiana Reiner Speck*. Mit Transkription, Kommentar und Essays von Jürgen Ritte und Reiner Speck. 2005

hors série (Snoeck) Cher Ami: Marcel Proust im Spiegel seiner Korrespondenz von Jürgen Ritte und Reiner Speck. 2009

hors série (MARCEL PROUST GESELLSCHAFT) Matei Chihaia: Promovieren über Proust. 100 akademische Versuche. 2010

Proustiana (Insel Verlag)
I	1984
II/III	1985
IV/V	1987
VI/VII	1988
VIII/IX	1991
X/XI	1992
XII/XIII	1993
XIV/XV	1994
XVI/XVII	1995
XVII/XIX	1997
XX	1998
XXI	2001
XXII	2003
XXIII	2005
XXIV	2006
XXV	2007
XXVI	2010
XXVII/XXVIII	2013

Sur la lecture (MARCEL PROUST GESELLSCHAFT)

Sur la lecture I
Rudolf Steiert: Proust für Anfänger 1995, 82 Seiten, Broschur

Sur la lecture II
Reiner Speck: Zum Gedenken an die gemordeten Kathedralen 1996, 96 Seiten, Broschur

Sur la lecture III
Ursula Link-Heer: Benjamin liest Proust
1997, 120 Seiten, Broschur

Sur la lecture IV
Thomas Klinkert: Lektüren des

Todes bei Marcel Proust
1998, 166 Seiten, Broschur

Sur la lecture V
Hans Holzkamp: Proust im
Spiegel des Surrealismus
1999, 107 Seiten, Broschur

Sur la lecture VI
Michael Magner: Ansichtskarten
2000, 156 Seiten, Broschur im Schuber

Sur la lecture VII
Renate Schauer: Luftspiegelungen – Allegorie der Namen
2006, 122 Seiten, Broschur

Sur la lecture VIII
Ursula Voß: Die schöne Jüdin
2007, 154 Seiten, Broschur

Sur la lecture IX
Volker Roloff: Proust und
Tausendundeine Nacht
2009, 148 Seiten, Broschur

Sur la lecture X
Marcel Albert: Proust und
die Bibel
2010, 225 Seiten, Broschur

Sur la lecture XI
Claude Simon
2013, 134 Seiten, Broschur

MITGLIEDERVERZEICHNIS

Dr. Christoph Abegglen, Depotstr. 48, CH-3012 Bern
Prof. Dr. Norbert Abels, Theodor-Heuß-Str. 1, 61440 Oberursel
Prof. Dr. Karl-Ernst Ackermann, Steinackerstr. 85, 53797 Lohmar
Petra Adenauer, Räderscheidtstr. 12, 50935 Köln
Dr. Giulia Agostini, 76 rue de la Fédération, F-75015 Paris
Heinz Albers, Tunnkoppelring 51, 22359 Hamburg
Prof. Dr. Irene Albers, Münchener Str. 26/27, 10825 Berlin
P. Dr. Marcel Albert, Abtei Gerleve, 48727 Billerbeck
Prof. Dr. Mechthild Albert, Backhausweg 20, 55288 Udenheim
Arnold Alberts, Forstweg 10, 32584 Löhne
Annette Alberts, Forstweg 10, 32584 Löhne
Dr. Malte Albrecht, Ründerother Str. 6, 51109 Köln
Edith Alter, Waldstr. 7, 42111 Wuppertal
Ingrid Altner, Karl-Storch-Str. 11, 23795 Bad Segeberg
Karl-Martin Ammon, Derendinger Str. 91, 72072 Tübingen
Karin Bachem, Viktor-Schnitzler-Str. 13, 50935 Köln
Dr. Rolf Bahlke, Am Trockenbusch 10, 64297 Darmstadt
Patrick Bahners, FAZ, Königinstr. 11, 80539 München
Teresa Löwe-Bahners, FAZ, Königinstr. 11, 80539 München
Paulette Bansac, Bruechstr. 185, CH-8706 Meilen
Sabine Barth, Erlenweg 10, 51147 Köln
Dr. Thomas Bartsch, Willy-Brandt-Str. 58, 68723 Plankstadt
Prof. Dr. Robert Battes, Neuenhof 3, 53721 Siegburg
Reinhard Bauer, Senefelder Str. 28, 50825 Köln
Irmtraud Beck, Alte Talstr. 30, 73732 Esslingen
Dr. Claudia Becker, Erlenstr. 50, 44795 Bochum
Günter Becker, Nußbaumerstr. 68, 50823 Köln
Hans Becker, Obere Karspüle 7, 37073 Göttingen
Dr. Axel Bell, Drususgasse 1-5, 50667 Köln
Dr. Catharina Berents, Lentzenweg 24, 25348 Glückstadt
Prof. Dr. Sophie Bertho-Varga v. Kibed, Burgunderstr. 19, 79104 Freiburg
Georg Bertschik, Carl-Duisberg-Str. 321, 51373 Leverkusen
Sabine Bertschik, Carl-Duisberg-Str. 321, 51373 Leverkusen

Dr. Waltraud Bertz-Neuerburg, Clara-Viebig-Str. 14,
  40237 Düsseldorf
Dr. Ingrid Beutler-Tackenberg, Fontanestr. 33, 42657 Solingen
Helga Bieger, Heideweg 31, 50226 Frechen
Prof. Dr. Helmut Bieger, Heideweg 31, 50226 Frechen
Dr. Roderich Billermann, Erzberger Str. 21, 78224 Singen
Renate Binder, Hültzstr. 32, 50933 Köln
Dr. Raymond Bloch, Streulistr. 22, CH-8032 Zürich
Elke Bock, Lehrhohl 12a, 56077 Koblenz
Richard Bock, Lehrhohl 12a, 56077 Koblenz
Ursula Bode-Schultze, Laupendahler Landstr. 9, 45239 Essen
Hans Böhning, Ubierring 47, 50678 Köln
Nina Boie, Oranienburger Str. 6, 10178 Berlin
Reiner Bonnet, Weingarthalde 40, 73540 Heubach
Brigitte Bonsen, Am Erlkönig 150, 47608 Geldern
Renate Both-Ellor, Remigiusstr. 6, 50999 Köln
Udo Brandhorst, Haydnstr. 15, 50935 Köln
Dr. Wilhelm Braun, Aachener Str. 665, 50933 Köln
Ursula Bruck, Aloys-Schulte-Str. 29, 53129 Bonn
Wilhelm Bruns, Rathausstr. 7, 49168 Bad Iburg
Prof. Dr. Hans Helmut Bünning, Universitätsstr. 2, 86159 Augsburg
Ursula Bunte, Siegesstr. 6, 30175 Hannover
Hans J. Carstens, Ludwigstr. 8, 50999 Köln
Helene Carstens, Ludwigstr. 8, 50999 Köln
Prof. Dr. Matei Chihaia, Obergrünewalder Str. 8a, 42103 Wuppertal
Kay Clausen, Beethovenstr. 31, 24943 Flensburg
Prof. Dr. Detlev Claussen, Wolfsgangstr. 39, 60322 Frankfurt / Main
Prof. Dr. Jürgen Court, Ölbergstr. 30, 50939 Köln
Olaf Creß, Tannenbergstr. 92, 70374 Stuttgart
Christian Däubler, Hektorstr. 5, 10711 Berlin
Dr. Isolde de Vries, Robert-Koch-Str. 36, 20249 Hamburg
Dr. Claudia Delank, Bleibtreustr. 15-16, 10623 Berlin
Roland Delbos, Oelbergstr. 1, 53757 St. Augustin
Margret Deuse, Frankfurter Str. 254, 51147, Köln
Prof. Dr. Werner Deuse, Frankfurter Str. 254, 51147 Köln
Hildegard Dombrowski, Gustav-Freytag-Str. 8, 50825 Köln
Monika Domning, Altkönigstr. 4, 65779 Kelkheim im Taunus

Dr. Pia Claudia Döring, Ludwigstr. 1, 48153 Münster
Dipl. ing. Dr. Klaus Dürrschmid, Lorenz-Weiss-Gasse 3/4, A-1140 Wien
Ute Eckstein, Königswarterstr. 64, 90762 Fürth
Heide Edel, Kitschburgerstr. 7, 50935 Köln
Monica Ehses-Breitbach, Vierzehn-Nothelfer-Str. 10a, 55124 Mainz
Prof. Manfred Eichel, Bamberger Str. 31, 10779 Berlin
Annemarie Eickhoff, Scheurenstr. 14, 40215 Düsseldorf
Dr. Alexis Eideneier, Bismarckstr. 117, 52066 Aachen
Kristin Eilert, Bleichstr. 48, 60313 Frankfurt / Main
Dr. Hans-Werner Eirich, Am Elfengrund 77, 64297 Darmstadt
Karl-Philipp Ellerbrock, Döllstädtstr. 20, 99423 Weimar
Dr. Philipp Engel, Heinrich-Roller-Str. 26, 10405 Berlin
Prof. Dr. Siegfried Engelbrecht-Vandré, Zum Wördeholz 7,
  32130 Enger
Prof. Dr. Ulrich Ernst, Mommsenstr. 34, 50935 Köln
Princesse Justine Esfandiary, 71, rue Leblanc, F-75015 Paris
Niklas Ettwig, Barmbeker Str. 191, 22299 Hamburg
Wolfgang Faets, Rheinstr. 10, 47495 Rheinsberg
Iris Faller, Knappenweg 93, 70569 Stuttgart
Ulla Faßbender, Rolander Weg 25, 40629 Düsseldorf
Marlies Fehsenmeier, Bergstr. 158a, 69121 Heidelberg
Prof. Dr. Ricardo Felberbaum, Haubensteinweg 25, 87439 Kempten
Dipl. theol. Gerd Felder, Breul 13, 48143 Münster
Prof. Dr. Harald Feldmann, Ludwig-Beck-Str. 13, 37075 Göttingen
Regine Feldmann, Ludwig-Beck-Str. 13, 37075 Göttingen
Prof. Dr. Uta Felten, Seelingstr. 34, 14059 Berlin
Dr. med. Vera Fiedler, Penningrode 27, 59368 Werne/Lippe
Dr. Michael Fisch, Belziger Str. 72, 10823 Berlin
Dr. Bernd-Jürgen Fischer, Knesebeckstr. 20/21, 10623 Berlin
Katrin Fischer-Junghölter, M. A., Gabelsbergerstr. 12, 44789 Bochum
Prof. Dr. Jörg Fleischhauer, An der Vorburg 9, 52072 Aachen
Maria-Ilona Fleischhauer, An der Vorburg 9, 52072 Aachen
Dr. Friedrich Flemming, Schillerstr. 11, 23795 Bad Segeberg
Prof. Dr. Marc Föcking, Heckende 13, 22143 Hamburg
Joanna Izabela Formella, Roningweg 27, 44319 Dortmund
Prof. Dr. Luc Fraisse, 34, rue de la baronne d'Oberkirch,
  F-67000 Strasbourg

Hildegard Frank, Lindenthalgürtel 81, 50935 Köln
Dietrich Frey, Stewardstr. 15, 14169 Berlin
Anna Friebe-Reininghaus, Im Hasengarten 33, 50996 Köln
Andrea Frodl, Obere Weidenstr. 3, 81543 München
Harald Fuchs, Föttinger Zeile 18, 12277 Berlin
Doris Fulda, Mauerstr. 87, 44532 Lünen
Prof. Jost Funke, Bgm. Spitta-Allee 3i, 28329 Bremen
Ingeborg Fürbringer, Juttastr. 2, 90480 Nürnberg
Peter Fürbringer, Juttastr. 2, 90480 Nürnberg
Christa Fürnkranz, Lenaugasse 12, A-3411 Weidling bei Wien
Dr. Wolfram Gabler, Beerenstr. 58, 14163 Berlin
Hannelore Gall, Waldhauserstr. 20, 72076 Tübingen
Dr. Birgit Gallhöfer, Lindauer Str. 63, 50935 Köln
Christoph Gallhöfer, Am Südpark 13, 50968 Köln
Gilberte Gebhard, Plöck 83, 69117 Heidelberg
Prof. Dr. Wolfgang Geisthövel, Parkstr. 18a, 50968 Köln
Josephina Gencic, Margeritenweg 3, 82205 Gilching
Dr. Marlis Gerhardt-Mössner
Dr. Barbara Germer, Bitterstr. 7b, 14195 Berlin
Prof. Dr. Paul Geyer, Schumannstr. 107, 53113 Bonn
Dr. Boris Roman Gibhardt, Tieckstr. 26, 10115 Berlin
Prof. Dr. Albert Gier, Mönchhofstr. 17, 69120 Heidelberg
Dr. Werner Gieselmann, Im Sandforst 12a, 40883 Ratingen-Hösel
Susanne Giesen, Königswinterstr. 7, 50939 Köln
Andreas Ginhold, Pestalozzistr. 56a, 10627 Berlin
Karin Girke, Hochstr. 10, 76530 Baden-Baden
Erika Girod, Heuelstr. 15, CH-8032 Zürich
Walter Glößner, Wiesenstr. 8, 66121 Saarbrücken
Krystyna Gmurzynska-Bscher, Paradeplatz 2, CH-8001 Zürich
Marie-Hélène Gobin, Frickestr. 65, 20251 Hamburg
Christoph Gödde, Oppenheimer Landstr. 57, 60596 Frankfurt/Main
Prof. Dr. Siegfried Gohr, Neusser Str. 29, 50670 Köln
Prof. Henning Goldbaek, Rosengade 16, 3a, DK-1309 Kopenhagen
Dr. Hanno Goltz, Am Waldpark 8, 50996 Köln
Prof. Dr. Dr. Bernhard J. Gonsior, Eifelstr. 14, 50677 Köln
Gertrud Gonsior, Eifelstr. 14, 50677 Köln
Rita Gonsior-Zabelberg, Bodinusstr. 7, 50735 Köln

Daniel A. Gottschald, Wiegenrain 21, 36286 Neunstein
Dr. Sabine Grimkowski, Friedhofstr. 26, 76530 Baden-Baden
Max Grimminger, Platanenweg 14, 73430 Aalen
Dr. Dieter Groll, Parkstr. 2a, 51427 Bergisch Gladbach
Mara Gruber, Krugstr. 12, 90419 Nürnberg
Andreas Günther, Göhlbachtal 64, 21073 Hamburg
Dr. Klaus Günther, Kastanienallee 19, 50968 Köln
Rose-Marie Hagen, Charlotte-Niese-Str. 15, 22609 Hamburg
Hildegard Hahn, Friedrich-Schmidt-Str. 68-70, 50933 Köln
Prof. Dr. Claudia Hammerschmidt, Burgsdorfstr. 7a, 13353 Berlin
Dr. Claudia Hanisch, Graf-Emundus-Str. 42, 50374 Erftstadt
Dr. John Hartung, Schloßstr. 88, 12163 Berlin
Dr. Ina Hartwig, Metzlerstr. 32, 60594 Frankfurt / Main
Ulrich Haß, Mainzer Str. 73, 50678 Köln
Dr. Peter Heckel, Im Langenfeld 7B, 61350 Bad Homburg
Yvonne Heckmann, c/o Wittig, 243 Boulevard Raspail, 75014 F-Paris
Luitgard Heidelbach, Dagobertstr. 55, 50668 Köln
Dr. med. Alfred Heiliger, Viktor-Schnitzler-Str. 19, 50935 Köln
Renate Heiliger-Tüffers, Viktor-Schnitzler-Str. 19, 50935 Köln
Sandra Heinig, Schartgasse 3, 50676 Köln
Zuzanna-Teresa Heinrich-Sterzenbach, Am Gilligert 14,
   77948 Friesenheim
Christiane Heintze, Am Alten Berg 28, 63303 Götzenhain
Gabriele Henke-Böck, Teckstr. 56, 70190 Stuttgart
Dr. Ursula Hennigfeld, Adolfstr. 50, 49078 Osnabrück
Docteur Jean-Paul Henriet, 29, Ave. de Verdun, F-14390 Cabourg
Dr. Peter Herbstreuth, Forststr. 7, 14163 Berlin
Dr. Sigrid Herzog, Hackerstr. 9, 12163 Berlin
Cornelia Hesse-Berndorff, Am Glueeler Bach 9, 50935 Köln
Marianne Heusler, Zwengauerweg 18, 81479 München
Philipp Heusler, Rümannstr. 59, 80804 München
Stuart Hewer, Hegenwiese 6, 61389 Schmitten
Dr. Franz X. Hiergeist, Annaberger Str. 262a, 53175 Bonn
Dr. Alexander Hildebrand, Klarenthaler Str. 2, 65197 Wiesbaden
Prof. Dr. Angelika Hoffmann-Maxis, Kurt-Eisner-Str. 42,
   04275 Leipzig
Prof. Dr. Werner Hofmann, Am Holderstrauch 36, 65207 Wiesbaden

Gretel Holbe-Berger, Münchner Str. 90, 85757 Karlsfeld-Rothschwaige
Petra Hollenbach, Brabanter Str. 8, 50674 Köln
Prof. Dr. Achim Hölter, Fischerstr. 55, 40477 Düsseldorf
Angelika Holthaus, Ötigheimer Weg 21, 76467 Bietigheim
Rainer Homann, Kiefernweg 26, 50354 Hürth
Dr. Renate Hörisch-Helligrath, Hostackerweg 15/1, 69198 Schriesheim
Dr. Gottfried Hornberger, Dammenweg 4, 79285 Ebringen
Prof. Dr. Wilhelm Hornbostel, Asternplatz 2, 12203 Berlin
Dr. Fernand Hörner, Brehmstr. 82, 40239 Düsseldorf
Claudia Horst, Wachmannstr. 92, 28209 Bremen
Dr. Stefan Horsthemke, Dagobertstr. 90, 50668 Köln
Maria Horsthemke, Davertstr. 22, 48163 Münster
Dr. Wolfram Hörth, Joseph-Vollmer-Str. 12, 77799 Ortenberg
Edith Hübinger, Ehrenstr. 26, 50672 Köln
Michael Hucht, Heinrich-Blömer-Weg 14, 53127 Bonn
Prof. Dr. Walburga Hülk-Althoff, Werseaue 59, 48157 Münster
Dirk H. Hummel, Rudolfstr. 7, 65197 Wiesbaden
Manfred Hürlimann, Krugstr. 12, 90419 Nürnberg
Helga Icking, Frankfurter Str. 10, 45886 Gelsenkirchen
Urs Isenegger, Steinäckerstr. 16a, CH-5442 Fislisbach
Andreas Isenschmid, Pestalozzistr. 45, 10627 Berlin
Edward Jaeger-Booth, Markgraf-Christoph-Str. 54, 76530 Baden-Baden
Oliver Jahn, AD, Condé Nast Verlag, Karlstr. 23, 80333 München
Peter Jakobsmeier, Stuhllindenstr. 12, 56459 Winnen
Karl Jankowski, Fürst-Pückler-Str. 36, 50935 Köln
Dr. Konstanze Jankowski, Friedrich-Schmidt-Str. 34, 50933 Köln
Drs. Siebo M. H. Janssen, Hoverstr. 3, 53179 Bonn
Prof. Dr. Uwe Japp, Guiollettstr. 50, 60325 Frankfurt/Main
Barbara Jaritz, Schadowstr. 11, 60596 Frankfurt/Main
Hannelore Jordans, Parkstr. 71, 50968 Köln
Dr. Ralf G. Kahrmann, Kerpener Str. 45a, 50937 Köln
Prof. Dr. Hans Karbe, Lindenhof 11, 50937 Köln
Anna Bettina Kasan, Schwalbenweg 18, 23909 Bäk
Margarita Luisa Kaske, Johann-Bueren-Str. 3, 50933 Köln

Dr. Judith Kasper, Isola della Giudecca 939, I-30311 Venezia
Dr. Ulrich Kaufhold, Eibenweg 3, 52353 Düren
Dr. Jörg Kees, Hauptmannsreute 41, 70192 Stuttgart
Monika Kegelmann, 16, rue Durantin, F-75018 Paris
Ruth Keller, Rudolfstr. 76, 52070 Aachen
Prof. Dr. Luzius Keller, Hadlaubstr. 94, CH-8006 Zürich
Prof. Dr. Jürgen Keßler, Akazienstr. 13, 10823 Berlin
Prof. Dr. Marianne Kesting, Biggestr. 17, 50931 Köln
Sylvia Kindlein, Fundstr. 26, 30161 Hannover
Ulrich Kirch, Blissestr. 30, 10713 Berlin
Klaus Kischel, Königsberger Str. 3, 91522 Ansbach
Prof. Dr. Konrad Klapheck, Mozartstr. 2, 40479 Düsseldorf
Hartmut Klemann, Wellingbüttler Weg 18, 22391 Hamburg
Marianne Kley, Bettinaplatz 1, 60325 Frankfurt/Main
Carmen Klingen, Marienstr. 40, 52399 Merzenich-Golzheim
Dr. Cathrin Klingsöhr-Leroy, Prinzregentenstr. 71, 81675 München
Prof. Dr. Thomas Klinkert, Alemannenstr. 70c, 79117 Freiburg
Prof. Dr. Joachim Klosterkötter, Räderscheidtstr. 1, 50935 Köln
Dr. Ursula Klosterkötter, Räderscheidtstr. 1, 50935 Köln
Ignaz Knips, Steinstr. 38-40, 50676 Köln
Karl-Heinz Knupfer, Markusplatz 31, 50968 Köln
Anna Kohlöffel, Daimlerstr. 54, 70372 Stuttgart
Prof. Dr. Jocelyne Kolb, Smith College, USA-1063 Northhampton, MA
Ingeborg Kolisch
Prof. Dr. Hartmut Kraft, An der Ronne 196, 50859 Köln
Klaus Krause
Dr. Dietrich Krekel, Burgstr. 30, 51427 Bergisch Gladbach
Otto Kreuz, Am Kirchplatz 8, 82340 Feldafing
Inge Krüll, Aachener Str. 665, 50933 Köln
Ludger F. Krych, Stockhausener Str. 15a, 53578 Windhagen
Prof. Dr. Jürgen Kühnel, Friedhofstr. 5, 88085 Langenargen
Dr. Arnd D. Kumerloeve, Hombergstr. 1, 50996 Köln
Prof. Dr. Harald Kundoch, Auenweg 14, 50996 Köln
Dr. Burkhard Kunstein, Burgunderweg 11, 50354 Hürth
Dr. Ute Kunstein, Burgunderweg 11, 50354 Hürth
Dr. Tobias Kunstein, Burgunderweg 3, 50354 Hürth
Barbara Kusak, Frundsbergstr. 23a, 82064 Straßlach

Tom Asbjoern Kvaale, Mozartstr. 2, 50674 Köln
Hildegund Laaff-v. Kienle-Reum, Stammheimer Str. 2, 50735 Köln
Prof. Dr. Helmut Lamm, Klosterstr. 86, 50931 Köln
Landesbibliothekszentrum Rheinland-Pfalz, Otto-Mayer-Str. 9, 67346 Speyer
Dr. Theo Langheid, Lindenburger Allee 9, 50931 Köln
Klaus Lauer, Friedrichstr. 4, 79410 Badenweiler
Philipp Lauer, Labbronnerweg 94, 72270 Baiersbronn
Véronique Lebichot-Nowotnik, Münstereifelerstr. 61, 50937 Köln
Horst Lehnert, Erphostr. 26, 48145 Münster
Herbert Lindermayr, Fregestr. 36, 12161 Berlin
Prof. Dr. Ursula Link-Heer, Kampstr. 11, 45529 Hattingen
Dr. Maria Locher, Lindauer Str. 16, 88069 Tettnang
Dr. Henner Löffler, Krieler Str. 14, 50935 Köln
Prof. Dr. Dirk A. Loose, Jürgensallee 30, 22609 Hamburg
Prof. Dr. Hans-Joachim Lope, Weidenhäuser Str. 35, 35037 Marburg
Prof. Dr. Christoph F. Lorenz, Sebastianstr. 16, 50735 Köln
Dr. Katharina Lübbe
Dr. Stefan Lüddemann, Paradiesweg 11, 49082 Osnabrück
Dr. Michael Maar, Am Waldhaus 33, 14129 Berlin
PD Dr. Michael Maier, Wilseder Str. 21, 12169 Berlin
Michael Malert, Erdmannstr. 14, 22765 Hamburg
Horst Matrong, Ubierring 7, 50678 Köln
Ruth Maus, Schmitburger Str. 17, 50935 Köln
Stefan Mayer, Telemannstr. 46, 20255 Hamburg
Dr. Klaus Mayer, Am Damsberg 114, 55130 Mainz
Bernhard Meier, Friedrichsgaber Weg 172, 22846 Norderstedt
Fabian Meinel, Oberer Grenzweg 42, 91077 Neunkirchen am Brand
Dr. Paul Meister, Im Sesselacker 48, CH-4059 Basel
Herbert Meyer-Ellinger, Unter den Ulmen 1a, 50968 Köln
Dr. Helmut Miernik, Im Heidkamp 16, 40489 Düsseldorf
Dr. Hermann Mildenberger, Helmholtzstr. 11, 99425 Weimar
Kristin Mlynek-Theil, Rathenaustr. 22 B, 04416 Markkleeberg
Dr. Viktoria Möhring-Wunderlich, Haydnstr. 7, 50935 Köln
Renate Mölk, Höltystr. 7, 37085 Göttingen
Iris Mönch-Hahn, 37, Boulevard Saint Germain, F-75005 Paris
Prof. Dr. Rainer Moritz, Eppendorfer Landstr. 24, 20249 Hamburg

Dipl. Hdl. StDir. Klaus Morscheid, Graf-Werder-Str. 10,
  66740 Saarlouis
Volkmar Mrasek, Waldstr. 13, 29320 Hermannsburg
Walburga Mück, Römerstr. 67 b, 70180 Stuttgart
Prof. Dr. Marcel Muller, 1221 Island Dr., USA-48105 Ann Arbor, MI
Heide Müller, Hymgasse 35, 40549 Düsseldorf
Klaus Müller, Keltenweg 132, 22455 Hamburg
Margrit Müller, Lindenallee 3 a, 50968 Köln
Michael Müller, Malsenstr. 48, 80638 München
Dr. Renate Müller-Buck, Rappenberghalde 74, 72070 Tübingen
Dr. Daniel Müller Hofstede, Kolpingstr. 65, 48147 Münster
Elke Müller-Risse, Max-Linde-Weg 8, 23562 Lübeck
Prof. Dr. Katharina Münchberg, Universität Trier, Fachbereich II
  Romanistik, 54286 Trier
Ralf Münnich-Mück, Römerstr. 67 b, 70180 Stuttgart
Dr. Peter Natter, Niederbahn 44, A-6850 Dornbirn
Prof. Dr. Dr. Frank Natterer, Vredenweg 8, 48161 Münster
Susanne Neuerburg, Eichkuhle 23, 53773 Hennef
Anneli Katharina Neumann, Julius-Leber-Str. 1, 51427 Bergisch
  Gladbach
Dr. Florian Neumann, Waisenhausstr. 29, 80637 München
Dr. Michael Neumann, Voglerstr. 15, 01277 Dresden
Prof. Dr. Irmgard Nickel-Bacon, Piusstr. 27, 50823 Köln
Dr. Knut Nievers, Elsasser Str. 15, 28211 Bremen
Manfred Niewöhner, Roonstr. 35, 42115 Wuppertal
Dr. Johannes Nilges, Preusweg 47, 52074 Aachen
Prof. Dr. Wolfram Nitsch, Wendelinstr. 98, 50933 Köln
Andreas Nitsch, Karlstr. 17, 64625 Bensheim
Hubert Nord, Jahnstr. 5, 67354 Römerberg
Dr. Stephan Nowotnick, Uni Wuppertal, Gauss-Str. 20,
  42097 Wuppertal
Heike Ochs, Suhrkamp Verlag AG, Pappelallee 78-79, 10437 Berlin
Prof. Dr. Kai Ohrem, Universität Mozarteum Salzburg, Mirabellplatz
  1, A-5020 Salzburg
Anne Ossenberg, Koblenzer Str. 60, 50968 Köln
Prof. Dr. Patricia Oster-Stierle, Rotenbühler Weg 28,
  66123 Saarbrücken

Ilona Pabst, Quellenweg 22, 65520 Bad Camberg
Reinhard Pabst, Quellenweg 22, 65520 Bad Camberg
Helena Parada, Eiskellerberg 1, 40213 Düsseldorf
Irmgard Perfahl, Mayrhansenstr. 29, A-4060 Linz
Roger Perret, Aemtlerstr. 30, CH-8003 Zürich
Prof. Dr. Achim Peters, Gut Tüschenbek 15, 23627 Groß Sarau
Mayumi Denise Pfundtner, Max-Stromeyer-Str. 9, 78467 Konstanz
Gregor Alexander Piel, Schönhauser Allee 184, 10119 Berlin
Dr. Maria Platte, Maistr. 31, 80337 München
Eveline Pochadt, Hauptstr. 31, 49635 Badbergen
Dr. Henning Rasner, Friedrich-Schmidt-Str. 58 d, 50933 Köln
Prof. Dr. Alexander Rauchfuss, Birkenstr. 27, 66119 Saarbrücken
Cordula Anja Reichart, Wilhelmstr. 41, 80801 München
Hans Reinhard, Andersenstr. 31, 69469 Weinheim
Ulrich Reininghaus, Im Hasengarten 33, 50996 Köln
Hellmut Reinke, Taunusstr. 1, 12161 Berlin
Christian Renn, Kolpingstr. 17, 79787 Lauchringen
Norbert Renner, Markeeweg 11, 53340 Meckenheim
Prof. Dr. Rolf Günter Renner, Fuchsstr. 1, 79102 Freiburg
Werner Rentschler, Hungerbergstr. 68, 71364 Winnenden
Sylvia Rexing-Lieberwirth, Zeppelinstr. 6, 69121 Heidelberg
Thomas Ribi, Biberlinstr. 48, CH-8032, Zürich
Matthias Riepen, Johannesweg 28, 50859 Köln
Walburga Riepen, Johannesweg 28, 50859 Köln
Erika Ritte, Gleueler Str. 191/93, 50935 Köln
Prof. Dr. Jürgen Ritte, 50, rue Lhomond, F-75005 Paris
Prof. Dr. Volker Roloff, Bernt-Notke-Weg 6, 81927 München
Romanisches Institut der Universität Zürich, Zürichbergstr. 8,
  CH-8032 Zürich
Marianne Röminger, Rennebergstr. 11, 50939 Köln
Hans-Dieter Rosenbaum, Markt 7, 15938 Golßen
Christian Rößner, Zur Rothöhe 13, 97631 Bad Königshofen
Dr. Christine Ruhrberg, Philipp Reclam jun., Siemensstr. 32,
  71254 Ditzingen
Werner Ruland, Katharina-Esser-Str. 17, 47877 Willich
Carsten Saenger, Kastanienallee 3, 50968 Köln
Dr. Norbert Salenbauch, Wolfstr. 9, 73033 Göppingen

Olaf Salié, Neusser Str. 87, 50670 Köln
Doris Sasse, Kirchweg 28, 50858 Köln
Babette Schaefer, Lichtingerstr. 18, 81243 München
Renate Schauer, Calle Chirimoya 13, Urb. de Famara,
    ES-35558 Caleta de Famara
Ellen Schellinger, Narzissenstr. 36/1, 72108 Rottenburg
Martin Scheufens, Sindorfer Str. 25, 50127 Bergheim
Dr. Thomas Scheuffelen, Turmstr. 16, 73728 Esslingen am Neckar
Franz Josef Scheuren, Grünewaldstr. 19, 50933 Köln
Ursula Scheuren, Grünewaldstr. 19, 50933 Köln
Dr. Maximilian Schießl, Fahneburgstr. 21, 40629 Düsseldorf
Dr. Vera Schilling, Geibelstr. 54, 47057 Duisburg
Jochen Schimmang, Nelkenstr. 34, 2612 Oldenburg
Jürgen Schlömp-Röder, Berkaer Str. 38, 14199 Berlin
Markus Schlüter, Lily-Braun-Weg 4, 80637 München
Prof. Dr. Elisabeth Klara Schmid, Sömmerringstr. 9, 60322 Frankfurt/
    Main
PD Dr. Wolfgang Schmidt, Helmstr. 11, 10827 Berlin
Matthias Schmitz, Wilmans Park 38, 22587 Hamburg
Petra Schmitz, Emmastr. 7, 50937 Köln
Carl-Eduard Schmitz-Engels, Ernst-Reimbold-Str. 1, 50996 Köln
Prof. Dr. Manfred Schneider, Elzstr. 19, 45136 Essen
Dr. Rebekka Schnell, Hübnerstr. 11, 80637 München
Dr. Anna Schönauer
Dr. Alfred Schommer, Bodenstedtstr. 49, 81241 München
Annette Schrohe, Georg-Fröhder-Str. 35, 55128 Mainz
Jun-Prof. Dr. Gregor Schuhen, Olpener Str. 137-139, 51103 Köln
Dr. Rudolf Schumacher, Kuthstr. 48, 51107 Köln
Marianne Schüssler, Julius-Brecht-Str. 7, 22609 Hamburg
Prof. Dr. Peter-Klaus Schuster, Wielandstr. 26, 10707 Berlin
Dr. Eberhard Schuth, Rheingoldstr. 7, 76133 Karlsruhe
Martin Schwander, Am Hang 9, CH-4125 Riehen
Eckart Schwarz van Berk, Ottilie-Hoffmann-Str. 6, 28213 Bremen
Hans Christian Schwenker, Hamsterbau 5, 31303 Burgdorf
Janine Schwerteck, Schloßbergstr. 30, 72070 Tübingen
Martin Setzke, Suhrsweg 6, 22305 Hamburg
Ernst Seulen, Hammerschmidtstr. 45, 50999 Köln

Prof. Dr. Michael Siedek, Rethelstr. 1, 50933 Köln
Rudolf Siegle, Edmund-Weiss-Gasse 3/11, A-1180 Wien
Dr. Hans Ulrich Sieveking, Lortzingstr. 23, 51375 Leverkusen
Irene Sieveking, Lortzingstr. 23, 51375 Leverkusen
Jürgen Simon, M. A., Max-Planck-Str. 15, 57074 Siegen
Nadine Skowronek, Metzstr. 18, 81667 München
Gerhard Sohst, Mittelweg 66, 20149 Hamburg
Prof. Dr. Michael-Karl Sostarich, Drusenbergstr. 95, 44789 Bochum
Dr. Gisela Speck, Brahmsstr. 17, 50935 Köln
Prof. Dr. Reiner Speck, Brahmsstr. 17, 50935 Köln
Prof. Dr. Ulrike Sprenger, Gartenstr. 21 a, 78462 Konstanz
Dr. Andrea Stahl, Schulweg 17, 57399 Kirchhundem
Christian Stede, Oberstr. 14, 42107 Wuppertal
Cornelia Steinbach, Hossenhauser Str. 187, 42655 Solingen
Uwe Steinberg, Voigtelstr. 31, 50933 Köln
Dr. Georg Sterzenbach, Rheingoldstr. 10, 80639 München
Dr. Regina Stier-Buth, Bismarckstr. 83, 42115 Wuppertal
Prof. Dr. Karlheinz Stierle, Rotenbühler Weg 28, 66123 Saarbrücken
Gisela Stockburger, Cronstettenstr. 33, 60322 Frankfurt/Main
Horst Stohrer, Hymgasse 35, 40549 Düsseldorf
Dr. Olaf Stricker, St. Apern-Str. 9, 50667 Köln
Jürgen Styrsa, Teichhofstr. 10, 34132 Kassel
Wolfram Stutz, Schulstr. 3, 95355 Presseck
Prof. Dr. C. Bernd Sucher, Grillparzerstr. 51, 81675 München
Hanspeter Suwe, Klein Winsen 20, 24568 Winsen/Holstein
Ludger Tabeling, Alter Steinweg 40, 48143 Münster
Dr. Jolanda Taglicht, Eckertstr. 6, 50931 Köln
Dr. Stephanie Tasch, Meinekestr. 4, 10719 Berlin
Helmut Terjung, Düsseldorfer Str. 14-16, 51063 Köln
Dr. Felicitas Termeer, Thorn-Prikker-Str. 8, 58093 Hagen
Dr. Helga Thalhofer, Heßstr. 58, 80798 München
Cornelia Thelen, Werthmannstr. 11, 50935 Köln
Christa Theobald, Stübbenhauser Str. 26, 40822 Mettmann
Dr. Christiane Theobald-Gabler, Beerenstr. 58, 14163 Berlin
Mario Thiel, Leher Heerstr. 48, 28359 Bremen
Claudia Thomas, Berliner Str. 7, 68161 Mannheim
Ursula Thorn Prikker, Friedrich-Schmidt-Str. 68-70, 50933 Köln

Günter Tiedt, Utbremer Ring 209, 28215 Bremen
Gisela Tschauner, Winandswiese 28, 50226 Frechen
Sophia Ungers, Friedrich-Schmidt-Str. 56c, 50933 Köln
Dr. Josef Urlinger, Im Heimeck 7, 66123 Saarbrücken
Patrizia Valentini, Im Zollhafen 13 A, Halle 12, 50678 Köln
Gerda Valerius, Kaiserstr. 4, 32423 Minden/Westfalen
Ursula Varnholt, Brabantstr. 48, 52070 Aachen
Prof. Dr. Barbara Ventarola, Universität, Am Hubland,
    97074 Würzburg
Dr. Victoria Vogel, Schwabstr. 39, 72074 Tübingen
Michael Vogler, Narzissenstr. 36/1, 72108 Rottenburg
Verena Voigt, Kanalstr. 36, 24159 Kiel
Rolf Vollmann, Am Markt 5, 72070 Tübingen
Dr. Wibke von Bonin, Wiethasestr. 25, 50933 Köln
Prof. Dr. Kirsten von Hagen, Sinderhauf 1, 58540 Meinerzhagen
Axel H.W. von Schellenberg, Roonstr. 4, 69120 Heidelberg
Dr. Guntram von Schenck, Hausherrnstr. 32, 78315 Radolfzell
Martin Vorberg, Immenhof 35, 22087 Hamburg
Michael Voss, Up de Schanz 22, 22609 Hamburg
Ursula Voß, Biggestr. 19, 50931 Köln
Christoph Vowinckel, Unter den Ulmen 1a, 50968 Köln
Giovanna Waeckerlin-Induni, Weinhaldenstr. 12, CH-8645 Iona
Helga Wagner-Gottsmann, Kasseler Weg 25, 53639 Königswinter
Lisa Waldeck-Eckstein, Mahirstr. 3, 81925 München
Prof. Dr. Ilse Walther-Dulk, Hugo-Eckener-Str. 9, 70184 Stuttgart
Prof. Dr. Rainer Warning, Ludwig-Thoma-Str. 3a, 82223 Eichenau
Mechthild Warnking-Wick, Fehrenstr. 23, CH-8032 Zürich
Dr. Angelika Wedel, Straße der Republik 11, 65203 Wiesbaden
Martine Weghmann, Spiesergasse 14-16, 50670 Köln
Luise Wehle, Schneebeerenweg 7, 85072 Eichstätt
Prof. Dr. Winfried Wehle, Schneebeerenweg 7, 85072 Eichstätt
Helga Weingarten, Kölner Weg 6, 50858 Köln
Ursula Weiss-Brummer, Kreuzweg 4c, 83700 Rottach-Egern
Ingrid Wessel, Fürstenweg 36c, 33102 Paderborn
Ivo Wessel, Lehrter Str. 57, Haus 2, 10557 Berlin
Prof. Dr. Marc André Wiegand
Dr. Dagmar Wieser, Lutertalstr. 74, CH-3065 Bolligen

Dr. Helga Willinghöfer, Kartäuserwall 19-21, 50678 Köln
Petra Wilpert, Weg zur Mühle 17 b, 21244 Buchholz in der Nordheide
Prof. Dr. Inge Wimmers, 4 Tall Timbers Drive,
    USA-8540 Princeton, NJ
Leo Winkler, Diepenbenden 21, 52076 Aachen
Rolf Winnewisser, Schiibe 5, CH-5408 Ennetbaden
Dr. Martin Wirtz, Bleibtreustr. 15-16, 10623 Berlin
Dr. Wolfgang Wunderlich, Haydnstr. 7-9, 50935 Köln
Hans Werner Wüst, Im Hasengarten 12, 50996 Köln
Prof. Dr. Ulrich Wyss, Grüneburgplatz 1, 60629 Frankfurt/Main
Prof. Dr. Rainer Zaiser, Schillerstr. 13, 24116 Kiel
Dr. Heike Zambo-Curtze, Seilerstätte 15/16, A-1010 Wien
Dr. Harald Zapf, Königswarterstr. 64, 90762 Fürth
Elke Zebedies, Halkettstr. 6, 30165 Hannover
Dr. Anne-Lotte Zech, Donauweg 7, 50858 Köln
Prof. Dr. Hans Dieter Zimmermann, Zehntwerderweg 147 a,
    13469 Berlin
Gisela Zimmermann-Thiel, Eldernstr. 22, 53909 Zülpich-Bürvenich
PD Dr. Edi Zollinger, Forchstr. 275, CH-8008 Zürich

Ehrenmitglieder

S. E. Henri Froment-Meurice, 23 rue de Civry, F-75016 Paris

Verbundene Institutionen

Société des amis de Marcel Proust et de Combray, 4-6 rue du Dr Proust,
    F-28120 Illiers-Combray
Marcel Proust Vereniging, p/a Universiteit van Amsterdam, Afdeling
    Franse Taal en Cultuur, Spuistraat 134, NL-1012 VB Amsterdam

Verstorbene Mitglieder

Elisabeth Borchers-Carlé, Frankfurt/Main
Dr. Hans Jürgen Herkenhöner, Hennef
Jürgen Kraefft, Naumburg/Saale
Renate Krekel, Bergisch Gladbach

Dr. Marie-Luise Mellinghoff, Köln
Prof. Dr. George Pistorius, USA-Williamstown, MA
Dr. Heinz Theobald, Mettmann
Dr. Siegfried Thomas, Odenthal

VORSTAND DER MARCEL PROUST GESELLSCHAFT

Präsident: Prof. Dr. Reiner Speck, Brahmsstr. 17, 50935 Köln
  (info@dmpg.de) Fax 0221 – 43 66 38
1. Vizepräsident: Prof. Dr. Jürgen Ritte, 50 rue Lhomond,
  F-75005 Paris (juergen.ritte@dmpg.de)
2. Vizepräsident: Prof. Dr. Rainer Moritz, Eppendorfer Landstr. 24,
  20249 Hamburg (rainer.moritz@dmpg.de)
Generalsekretär: Dr. Alexis Eideneier, Bismarckstr. 117,
  52066 Aachen (alexis.eideneier@dmpg.de)
Schatzmeister: Dr. Georg Sterzenbach, Rheingoldstr. 10,
  80639 München (georg.sterzenbach@dmpg.de)

Erweiterter Vorstand:

Reinhard Pabst, Quellenweg 22, 65520 Bad Camberg
  (reinhard.pabst@dmpg.de)
Ivo Wessel, Lehrter Str. 57, Haus 2, 10557 Berlin
  (ivo.wessel@dmpg.de)